高校党员教育重点研究成果

改革与创新：新时期高校党员教育研究

郭 婷 著

中国原子能出版社
China Atomic Energy Press

图书在版编目（CIP）数据

改革与创新：新时期高校党员教育研究 / 郭婷著.—北京：中国原子能出版社，202.12（2023.1重印）

ISBN 978-7-5221-1140-7

Ⅰ.①改… Ⅱ.①郭… Ⅲ.①中国共产党－高等学校－党员－教育研究 Ⅳ.① D261.42

中国版本图书馆 CIP 数据核字（2020）第 245075 号

改革与创新：新时期高校党员教育研究

出　　版　中国原子能出版社（北京海淀区阜成路 43 号 100048）
责任编辑　刘东鹏
责任印刷　赵明
印　　刷　河北宝昌佳彩印刷有限公司
经　　销　全国各地新华书店
开　　本　787 mm × 1092 mm　1/16
印　　张　11.5
字　　数　350 千字
版　　次　2020 年 12 月第 1 版　　　2023 年 1 月第 2 次印刷
书　　号　978-7-5221-1140-7
定　　价　65.00 元

出版社网址：http：//www.aep.com.cn

前言

积极吸收高校优秀青年学生入党，做好新形势下的党员发展工作和教育管理服务工作，对提高党员发展质量，提高党员队伍整体素质，培养中国特色社会主义事业合格建设者和可靠接班人。

做好党员发展对象培训工作，是党的组织建设的一项重要任务。十九大报告指出要“增强党员教育管理针对性和有效性”。中组部、中宣部、教育部党组联合印发的《关于进一步加强高校学生党员发展和教育管理服务工作的若干意见》明确指出，高校学生党员是学生中的骨干分子，学生党员队伍建设是高校党的建设的基础工程。教育部党组印发的《普通高等学校学生党建工作标准》指出：“对发展对象应进行短期集中培训，时间一般不少于 3 天（或不少于 24 个学时），培训突出思想入党和政治引领，并结合社会实践和志愿服务等进行党情国情教育。”

高校是汇聚人才的高地，是培养人才的基地，是开拓创新的阵地，在国家经济社会发展全局中居于重要地位。加强党对高校的领导，加强和改进高校党的建设，是办好中国特色社会主义大学的根本保证。高校党的建设要始终坚持用中国特色社会主义理论体系武装党员、教育师生，认真深入开展好“两学一做”学习教育常态化制度化工作，大力开展创建学习型党组织活动，推动高校党员干部和广大师生不断深化对党的理论创新成果的认识；要做好抓基层、打基础工作，健全高校党的各级组织，明确职责任务，加强指导督促，严格按照标准和程序把优秀知识分子和大学生吸收到党内来，充分发挥基层党组织的战斗堡垒作用和党员的先锋模范作用；要坚持改革创新，继承和发展高校党的建设在长期实践中形成的成功方法，又要不断创新和丰富高校党的建设有效管用的新方法，不断增强高校党建工作的生机活力。

本著作者郭婷，女，1982 年 2 月出生，湖北人，汉族，本科学士学位，高级助理研究员。2004 年至今就职于广东外语外贸大学南国商学院，曾任广东外语外贸大学南国商学院校团委干事、副书记、书记；学校工会副主席等，现任广东外语外贸大学南国商学院管理学院党总支书记。主要从事党建工作研究及学生工作研究方向。在校期间荣获学校优秀女教职工；学校三八红旗手称号；党员示范岗先进个人；多次被评为学校先进工作者、优秀工会干部、优秀共产党员。被钟落潭镇党委授予优秀共产党员称号；曾获广东省、广州市优秀共青团干部称号等。

编者

目录

第一章　形势及理论基础

第一节　高校学生党员教育面临的形势

学生党员教育历来与学校的办学模式、教育教学改革密切相关，党员培养质量是高校人才培养质量的重要考量。在当前高校教育规模不断扩大、基础学科拔尖人才培养改革不断深化的新时期新形势下，学生党员教育如何有效吸收教学改革的成果与经验，越来越受到研究者和高校学生党建工作者的关注。

一、学生党员教育面临的新形势

（一）学生思想状况复杂化对学生党员教育提出新的任务

当今世界正朝着多极化、经济全球化、文化多样化发展，社会朝信息化纵深发展，在世界格局形势的影响下，大学生的思想不断受到冲击。在新的形势下，高校在不断深化基础学科拔尖人才培养改革的进程中，学生接触社会越来越广，获取信息的途径越来越便捷，国际形势与社会形势对他们的影响也更加突出。

随着网络时代的到来，信息技术的快速发展，大学生了解国际形势、思想潮流的途径越来越便捷，接受信息的途径明显增多，思想空前活跃，开拓创新意识显著增强。与此同时，由于学生所处环境及自身的认识水平的差异等原因，大学生对形势的认识和判断差异很大，大学生思想觉悟层次较过去更为复杂。

学生思想状态复杂化，这对学生党员教育提出了新的任务。相对于本科院校的学生而言，高校学生准入分数较低，学生素质差异大、素质层次较复杂，这使得高校学生在政治素质、文化成绩、纪律观念、生活习惯等各方面都存在较大的差距，这些因素会造成学生对新思想、新潮流（如价值观、自由观、民主观）的理解与接受变得更加复杂，坚定学生党员组织信仰难度更大。因此，高校学生党员队伍建设要面临更复杂形势，更需要加强科学的世界观、人生观教育；更需要结合学生实际，增强青年学生识别和抵制各种错误思潮的能力，进一步巩固学生党员的根本信仰。为此，高校学生党员教育面临的新任务是：一方面，要求学生党建工作，尤其学生党员教育教师，要充分发挥教师在党员教育中的主导作用，运用形式多样的方法与手段，强加对学生党员的引导与教育。另一方面，需要加强学生党员队伍的自主学习能力。只有通过提升学生党员自主学习能力，使学生自觉学习党的理论，自我提升政治素质，才能自觉抵制各种不良思想的侵蚀。

（二）社会对人才质量的高要求对学生党员教育提出新的要求

当今，我国面临复杂的国际形势，国家的发展和综合实力提升的关键，归根到底是对高质量人才的培养。在新的国际形势下，我国社会经济与世界全面接轨，国家经济长期向好的基本局面得到保持，发展前景相当广阔。但是，我国经济发展不平衡、不协调、不可持续的问题仍然突出，如何解决这些问题，需要依靠一大批优秀人才。社会对人才质量的要求越来越高，为了适应这种形势，高校必须培养和提高学生的综合素质。

学生党员是先进青年的代表，他们有向党组织靠拢、追求上进的内在动力。学生党支部要加强对他们的培养和教育。当前社会，建设中国特色社会主义国家对又红又专的人才的需求没有变，即要求学生党员既需要有优秀的思想政治素质，又需要有过硬的专业素质。培养政治素质、职业素质与心理素质优秀，学习能力全面发展的新一代学生党员，是社会对学生党员教育提出的新要求。高校学生由于种种历史原因，他们的文化学习能力起点较低、理论知识理解与接受能力偏低，对他们的培养教育需要更加细致和更有耐心，党支部需要结合他们的学习能力、思想状况、理解接受能力等因素，因材施教，努力把学生党支部办成学生党员教育的学校，帮助学生党员提升包括政治素质、职业素质、心理素质与自主学习能力在内的综合素质。

为此，做好新形势下的高校学生党员教育，必须准确把握社会对人才质量的需求，培养符合社会人才需求的高质量党员。高校学生党员教育要树立大人才观，即党员教育不仅要培养优秀的政治素质，也要培养符合社会人才需求的综合素质。高质量的党员培养，不是简单地将优秀人才吸引到党组织，然后进行思想政治素质教育，而更应该是立足基层党组织，把党支部办成教育党员的学校，将政治素质与高质量人才的综合素质有机融合，建立党组织又红又专的人才培养机制，争取为社会输送一大批高质量的党员。

（三）基础学科拔尖人才培养改革对学生党员教育提出新的课题

当前，高校正在不断深入开展基础学科拔尖人才培养实践与教育模式改革，高校学生党员教育呈现出一系列新的变化。一是，高校学生党员培养时间相对紧迫。按照党员发展的程序，入党积极分子考察期一年、预备党员预备期通常为一年，如果再加上入党申请人

六个月的考察期，一名党员的成长时间通常为两年半或者更长的时间。然而，高校学制普遍实行基础学科拔尖人才模式，学生在学校学习任务就更加重要，这意味着高校学生党员发展时间相对紧迫。二是，毕业后实习期学生党员跟踪培养教育存在困难。实习期间，学生由学校和实习单位协同管理，由于学生各自工作岗位的作息时间不相同、地理位置不集中，学校很难集中学生党员在同一时间返校并开展组织生活；实习学生巡回指导主要是由专业教师组成，以专业实践问题辅导为主，很少顾及学生党员教育；此外，实习单位对学生党员的合作培养积极性不高。高校的学生实习单位大多为中小企业或民营企业，大部分缺少规范的党组织或未建立党组织，无法对学生进行培养和考察发展，即使存在党组织，也难以投入额外的精力关注和支持实习学生的党建工作。三是，学生党员教育基础学科拔尖培养相对滞后。虽然高校院在专业教学方面的基础学科拔尖人才培养取得丰硕成果和经验，但是学生党员的基础学科拔尖人才培养却相对滞后。主要表现在：校内对入党积极分子的培训缺乏校企合作共育机制；学生党支部党员教育存在政治素质与职业素质、心理素质、学习能力相分离的风险，不注重引入企业行业因素；实习期间学生党员教育校企合作力度不够，不少学生党员仅以普通学生身份参加顶岗实习，没有突显对学生党员的培养与教育。

这些高校学生党员教育的新现象新变化，是需要学生党员教育工作者不断深入研究的新课题，需要不断改革创新、开拓进取，才能提高学生党员的教育质量，培养出高标准、高质量的学生党员。

二、学生党员教育存在的机遇和挑战

当前，高校学生党员教育步入新的常态，学生党员教育面临更加复杂的形势。在国际上，随着政治、经济多元化的发展，各种思想思潮不断冲击当代的大学生，学生思想状况变得更加复杂多样。在国内，我国社会经济发展进入以结构优化、动力转换、转型升级为主要特征的新常态，社会对人才质量的要求越来越高，对学生党员质量提出新的要求。基础学科拔尖人才培养形势下，要求学生党员政治素质、职业素质、心理素质与自主学习能力全面发展。在此形势下，高校学生党员教育面临一系列的机遇和挑战。

（一）高校学生党员教育的机遇

面临的机遇主要有：一是，推动学生党员素质培养综合化。中国特色社会主义国家经济的发展，需要培养大量符合中国经济建设需求的应用型人才。其中，政治素质合格是保障社会主义国家经济建设正确前进方向的根本核心。学生党支部要努力建设成学生党员教育的学校，充分利用学生党支部的政治引领作用，坚持党员政治素质培养，全面推动学生综合能力的发展。二是，促进学生党员教育改革向纵深化发展。社会对人才培养质量的高要求，正在推动着高等教育基础学科拔尖人才培养的深入改革。高校学生党员教育需要充分利用好专业教育基础学科拔尖人才培养改革的成果，积极推动学生党员教育改革与创新，实现学生党员教育与基础学科拔尖人才培养的深度融合。三是，为党员教育师资优化带来便捷。社会对人才的需求与基础学科拔尖人才培养的目标归根到底是对综合素质人才的培养。学生党支部要努力将学生党员培养成又红又专的高标准、高质量的党员，这是顺应社会人才需求的必然要求。将学生党支部办成教育党员、培养人才的学校，就需要学生党支部拥有优秀的师资团队。党员教育师资团队建设应树立基础学科拔尖人才培养理念，主动引入企业优秀人才。不少高校通过基础学科拔尖人才培养模式改革，凝聚了一大批优秀企业技术员，学生党支部要吸引这些企业人才加入学生党员教育师资团队。通过师资队伍改革，促进学生党员教育改革与创新。

（二）高校学生党员教育的挑战

高校学生党员教育面临的挑战主要有：一是，学生党员教育的压力增大。从思想上看，学生党员的思想状态更加复杂，对他们的教育引导需要更加精细、更加耐心。从学生党员队伍结构层面看，广义的学生党员队伍包括入党申请人、入党积极分子、预备党员和正式党员。在学生党员培养的不同阶段，学生党员的思想状态各不相同、各有特点，这为学生党员的教育带来巨大的压力。二是，学生党员教育基础学科拔尖改革深化步履维艰。

校企合作、基础学科拔尖是高校人才培养的成功经验，是应用型人才培养的有效路径。然而，学生党员教育基础学科拔尖开展却相对滞后，在党员教育校企深度合作方面缺乏长效机制，存在“剃头挑子一头热”的现象，学校与企业对学生党员教育的认识不一致，企业参与热情偏低。三是，学生党员综合素质培养力度仍待提升。社会对人才质量的要求越来越高，以政治素质为核心、综合素质全面发展是中国特色社会主义国家经济发展对人才的根本需求。为此，学生党支部对党员的培养不能仅局限于思想政治素质的培养，更需要适应时代要求，不断改革创新，优化师资队伍，革新培养模式，坚持以政治素质培养为核心，促进学生党员职业素质、心理素质、能力素质的全面发展。

三、以改革创新开创党员教育新局面

（一）强化学生党支部建设，发挥支部思想政治教育核心作用

在新的形势下，学生党支部需要不断加强自身的组织建设，夯实党支部的战斗力，为学生党员凝心聚力。学生党支部作为党在高校的基层组织，是联系广大青年学生的天然桥梁。高校通过加强学生党支部建设，筑牢组织阵地，配强高校学生党员教育的师资，努力把学生党支部办成教育党员、培养人才的学校，从而充分发挥党支部在高校学生思想政治教育中的核心作用，为国家和社会培养又红又专的高标准、高质量的新党员。

（二）改革党员教育师资结构，强化“教师主导，学生主体”地位

在新的形势下，学生党员教育更应该突出综合能力与综合素质的培养。为此，学生党员教育师资需要进一步改革升级。当前，不少高校学生党员教育主要是以思想政治素质培养为主，师资队伍主要由思想政治理论深厚的思想政治课程教师、党建经验丰富的学院领导干部担任，师资队伍知识结构单一。新形势下，学生党员教育主要是综合能力与综合素

质的培养，学生党员教育中需要突显“教师主导，学生主体”的双主体地位。学生党员教育需要改革创新，吸引企业优秀人才、学校优秀教师补充党员教育师资，通过开展党员教育导师制辅导，突出教师的主导地位，着重培养学生党员的学习能力、心理素质、职业能力，以学生党员为主体，帮助学生党员达到自我提升的目的。

（三）创新党员教育模式，吸收基础学科拔尖人才培养的新成果

教育部《关于全面提高本科教育教学质量的若干意见》中明确指出要培养学生实践能力、创造能力、就业能力和创业能力，培养学生的这些能力需要有充分的实训条件。为此，在新的形势下，学生党员教育要积极利用好学校在基础学科拔尖人才培养实践中的既有成果，积极推动学生党员教育改革创新，实现党员教育与基础学科拔尖人才培养模式深度融合。

高校学生党员教育应该结合新时代人才培养的需求，积极探索支部党员教育的新方法新手段，不断引进企业优秀人员充实党员教育师资，将党员教育融入企业、行业元素，创新吸收基础学科拔尖人才培养的成功经验，依靠强有力的师资团队加强对学生党员的综合素质的辅导与训练。

（四）强化党员自主学习能力培养，促进党员素质自我提升

在新的形势下，高校学生党员教育需要强化党员自主学习能力的培养。特定的教育特点给党员教育带来新的形势特点，主要是：一方面，高校学生在学校的时间实质上只有4年，在这4年里需要完成所有公共理论课程、专业理论课程与专业实训课程的学习，学习压力非常大，可灵活支配的学习时间相当少。为此，学生参加党校党课培训的时间相对被动，难以安排，有的学生甚至被迫放弃学习机会。另一方面，高校学生在校外的实习期间，学校对学生党员的跟踪培养力度不够。

由此可见，高校对学生党员自主学习能力的培养力度依然不够，学生党支部党员教育需要加强对学生党员自主学习能力的培养，才能够帮助他们在繁杂的任务与紧迫的时间中开展自主学习，达到思想政治素质与职业素质、心理素质的全面发展与提升。

随着社会对人才要求的不断提高，学生党支部只有切实加强党员教育，通过优化师资、改革教育模式、培养综合素质人才，培养出符合社会需求的高质量学生党员，才能够使学生党支部真正成为教育党员、培养党员的学校，才能充分发挥学生党支部在人才培养中的政治引领作用。

第二节　高校学生党员教育改革的理论基础

高校学生党员教育改革与创新是社会对高质量人才需求的必然趋势和应然结果。学生党员队伍教育改革与创新，是高校学生党员教育融合基础学科拔尖人才培养实践经验与理

念的渐进性、方向性的探索，是学生党员教育模式的新尝试。

自教育部发布《教育部等六部门关于实施基础学科拔尖学生培养计划2.0的意见》以来，国内各高校纷纷开展基础学科拔尖人才培养模式探索，并取得了丰硕的成果。随着社会对人才的要求越来越高，政治素质“红”、专业素质“专”的应用型人才是中国特色社会主义建设的核心人才。在基础学科拔尖人才培养模式下，学生党员教育又一次面临培养怎样的人、如何培养人的反思与追问。学生党员的素质取决于其自身的素质，培养学生党员何种素质又直接取决于教育的内容与模式。中共中央在《关于加强和改进新形势下高校思想政治工作的意见》中明确指出，需要培养“对中国特色社会主义和中华民族伟大复兴中国梦充满信心，培养又红又专、德才兼备、全面发展的中国特色社会主义合格建设者和可靠接班人”的人才培养目标。为此，新形势下，这一宏伟目标正成为高校学生党员队伍教育改革的目标追求。

一、高校学生党员教育改革的应然分析

（一）社会对人才需求的必然趋势

当前，国际激烈的竞争归根到底是人才竞争，各国间对人才资源的抢占从未停息过。我国经济正处在转型升级期，是中华民族伟大复兴中国梦逐步实现的关键时期，我国经济建设比任何时候、任何时期都更加需要高水平人才的支持。培养“对中国特色社会主义和中华民族伟大复兴中国梦充满信心，培养又红又专、德才兼备、全面发展的中国特色社会主义合格建设者和可靠接班人”的高标准、高质量人才，是我国社会对人才的根本要求。

因此，在新的形势下，高校基层党组织，尤其是学生党支部，需要树立“大人才”学生党员培养理念，积极把党支部办成教育党员、培养人才的学校。“大人才”培养观念重在培养又红又专、德才兼备、全面发展的高质量新党员。因此，学生党员教育要改革创新，在坚持政治引领的基础上，拓展对学生党员职业素质、心理素质、自主学习能力等综合素质的培养，才能完成培养“对中国特色社会主义和中华民族伟大复兴中国梦充满信心，培养又红又专、德才兼备、全面发展的中国特色社会主义合格建设者和可靠接班人”的历史使命。

（二）基础学科拔尖人才培养的必然要求

教育部明确指出，本科教育需要“大力推行基础学科拔尖，突出实践能力培养，改革人才培养模式”，这明确了高校学生的培养主要以职业能力培养为主线的总体设想。中共中央在《关于加强和改进新形势下高校思想政治工作的意见》中又进一步指出，对中国特色社会主义和中华民族伟大复兴中国梦充满信心，培养又红又专、德才兼备、全面发展的中国特色社会主义合格建设者和可靠接班人。为此，在新形势下，基础学科拔尖人才培养赋予了学生党员教育新的内涵，既需要重视职业能力的培养主线，又需要着重培养人才的政治自信、德才兼备、全面发展。高校基础学科拔尖人才培养的深层推进，必然推动学生

党支部党员教育的深层改革，也必然要求学生党支部在基础学科拔尖人才培养中充分发挥思想政治引领的核心作用。

因此，学生党员教育只有通过改革创新，引入基础学科拔尖人才培养的新成果、新经验，才能够与基础学科拔尖人才培养模式相融相长，才能够培养符合国家建设需求的高质量的新党员。

（三）自主学习能力培养的必然要求

新形势下，人才的培养关键是能力素质的培养。高校学生党员教育必须坚持以培养学生自主学习能力为发力点，做到党员教育精准发力。学生党支部通过完善导师制度，制定符合学生党员能力特点的辅导方案，发挥导师主导、学生主体的教育功能，帮助学生党员培养自主学习能力，掌握自我提升的方法和途径。

学生党员面临纷繁复杂的国际形势、社会形势，只有培养他们自主学习能力，激发他们的学习自信，帮助他们自觉提升政治素质，自觉吸收正能量，自觉抵制不良思潮和风气，才能确保党员质量的稳步提高。

二、高校学生党员教育改革的理论基础

高校学生党员教育改革的实质是实现学生综合素质的提升。学生党员教育改革进一步拓展了以完善学生政治素质为核心的教育方法。促进职业素质、心理素质与学习自信等综合能力的全面发展。为此，学生党员教育需要在党员教育模式、师资团队、课程内容等方面加以创新。以下将从合作育人、导师制理论、积极心理学理论三个方面为学生党员教育寻找理论支持，进一步从理论层面推动高校学生党员教育改革与创新。

（一）党员教育的合作育人理论

合作教育最早萌芽于欧洲，是将学习与工作结合在一起的教育模式，它将教育突破校园的范畴，鼓励学生到社会中去获得基本的实践技能，突出培养学生的职业能力。随后美国、加拿大、英国、德国、日本等国家均发展了自己的合作教育。世界教育合作协会（WACE）将合作教育界定为："将课堂上的学习与工作中的学习结合起来，学生将理论知识应用于实践中，然后将在工作中遇到的挑战和见识带回学校，促进学校的教和学。"由此可见，合作教育更突出学生"在做中学，学做结合"的育人理念。这也是基础学科拔尖人才培养模式实践的理论指导之一。

将合作教育理论引入学生党员教育，有一个关键性的落脚点就是"学习与工作相结合"。这一点为学生党员教育实现基础学科拔尖模式提供了理论指导。合作教育理论中，"工作"即企业、行业元素，是开展校企合作的基本内容。学生党员教育可以结合学生将来工作的企业、岗位的特征，规划合作教育模式，合理融合企业行业元素。

（二）党员教育的导师制理论

英国的导师制最为著名，它起源于牛津大学的本科生导师制。它为英国社会培养了一

大批优秀人才。英国的导师制主要特点是为学生提供各种各样的辅导和帮助，导师的一个工作目的就是想办法接近学生，积极与学生进行思想交流，解决学生学习、生活、工作中遇到的问题。在英国，每一名本科生配一名导师，每名导师有 5 ~ 35 名本科生。

在我国，研究生教育、本科生教育、高校生都引进了导师制，但是，在学生党员教育中引入导师制模式却很少有研究。在学生党员教育中引入导师制模式，有利于发挥导师接近学生，积极与学生交流思想的优势，培养学生自主学习、自行解决问题的能力，帮助学生掌握自我提升的方法和手段。

（三）党员教育的积极心理学理论

积极心理学于 20 世纪末起源于美国，并迅速引起世界范围的关注。积极心理学理论的主要观点是：专注研究人的积极方面，如积极的情绪体验、健康人际关系、兴趣与能力培养等。积极心理学重点在关注人的强项和美德，致力个体体验幸福与成就。

将积极心理学理论引入学生党员教育，使学生党员教育立足于学生党员的优势、能力特点，因材施教，培养学生党员的学习自信，促进他们快乐学习。

三、高校学生党员教育改革的保障体系

（一）党员教育的共育平台

完善学生党员教育导师制模式，使导师制成为校企合作共育的有力平台。合作办学、合作育人的主要内容就是要把行业因素、企业因素等工作因素引入学生教育活动中。在学生党员教育中，借助导师平台，积极将实训基地、企业资源、企业人员、企业文化引入的学生党员教育过程，形成教学环境、师资团队、党员培养的合作共育。

（二）党员共育的技术创新

技术支持是保障党员教育校企合作有效推进的关键。校企合作双方应从党员教育的环境创设、技术装备、团队建设、资源建设、教育活动等方面形成共育技术支持体系。只有提供有力的技术支持体系，才能保障校企合作共育的深度开展。校企合作共育需要学校在技术管理体系方面大胆尝试，主动建立基于企校合作的学生党员管理与培养体系。

（三）党员共育的长效机制

学生党员教育校企合作需要在党员教育的环境创设、技术装备、团队建设、资源建设、教育活动等五个维度形成深度融合。学校与企业需要在每个维度的合作中积极构建动力机制、运行机制、激励机制、交流机制与责任机制，积极探索与构建学生党员教育合作培养的长效机制，保障校企合作的深度融合。

（四）党员共育的支持体系

支持体系是学生党员教育校企合作共育的重要保证。基于当前高校基础学科拔尖人才培养改革的现状，本文从三个方面探讨学生党员共育的支持体系构建：一是，构建政策体系。

高校应该积极研究和出台政策，力求在政策上加以引导、鼓励与保障。二是，构建组织体系。建立以学生党支部为落脚点的组织体系，通过以导师团队建设为发力点，积极引入基础学科拔尖学员教育模式。三是，构建管理体系。学校与企业共同制订学生党员教育管理体系，完善导师交流机制、健全学生党员共同教育管理体系，建立基于学生党支部的校企党员教育管理体系。

总而言之，党员教育改革是高校学生党员教育与发展的必然要求，是社会对高质量人才要求的必然结果，是顺应社会发展的必然途径。高校学生党员教育只有通过改革创新，才能够实现“培养对中国特色社会主义和中华民族伟大复兴中国梦充满信心，培养又红又专、德才兼备、全面发展的中国特色社会主义合格建设者和可靠接班人”的宏伟目标。

通过加强学生党员教育改革与创新的理论研究，从理论层面探索改革与创新的机制及其影响因素，为进一步推动教学实践的改革与创新提供理论参考框架，从而有效促进学生党员教育的改革与创新。

第二章　高校基层党组织建设工作的方法创新

创新是一个民族进步的灵魂，是一个国家兴旺发达的不竭动力，也是一个政党永葆青春的源泉。随着经济全球化的发展，发达国家仍然是世界经济的主导力量，在全球研发、科技发展、产业创新中占据主导地位；中国、巴西等新兴经济体的迅速崛起，日益成为世界经济的重要引擎。一代人有一代人的使命，一代人有一代人的担当。作为执政党的中国共产党，我们有“天翻地覆慨而慷”的豪迈感，也有“而今迈步从头越”的紧迫感，面临着机会与挑战共存的新时代，我们只有加强学习，开拓进取，革故鼎新、励精图治，团结带领全党全军全国各族人民共同奋斗，才能在各种经济、政治力量的博弈中把握主动权。

党的十八大报告中提出“建设学习型、服务型、创新型的马克思主义执政党，确保党始终成为中国特色社会主义事业领导核心”。是我国继“创新型国家”“创新型高校”提出后，再一次提出的“创新型党组织”，将“创新”作为党组织建设工作的主题，进一步丰富了党的理论建设成果。高校作为人才培养、科学研究、社会服务和文化传承创新的主要基地，是创新型党组织建设的主要战场，在高校加强创新型党组织建设，对于加快一流大学和一流学科建设，落实立德树人的根本任务，实现高等教育内涵式发展以及社会整体创新进步有着重要的意义。

在十九大报告中，习近平总书记指出，创新是引领发展的第一动力，是建设现代化经济体系的战略支撑；要推进党的基层组织设置和活动方式创新；实践没有止境，理论创新也没有止境。世界每时每刻都在发生变化，中国也每时每刻都在发生变化，我们必须在理论上跟上时代，不断认识规律，不断推进理论创新、实践创新、制度创新、文化创新以及其他各方面创新，这集中反映了我们党改革创新的政治品质。马克思主义政党本质上就是创新的，富有创新精神是建设马克思主义学习型政党的目标机制。建设创新型的马克思主义执政党，要求不断推进党的建设实践创新、理论创新、制度创新，使党的建设不断适应

党的事业发展的新需要。

第一节　高校创新型党组织建设途径探索的基本方法

一、明确创新型党组织概念，把握建设方向

在全面深化改革的时代大背景下，人们对于社会中的制度等方面，都有着更多的创新需求。创新型党组织建设在人们对于社会发展的新期待中应运而生。而创新型党组织作为新时期党建方面提出的新要求，出现的时间还不长，还在发展阶段，根据现有的研究成果，对高校创新型党组织的定义是“坚持从实际出发，根据实际情况对党的基层组织设置和活动方式创新等进行调整、更新，以适应社会发展要求和时代潮流的党组织”。

习近平总书记在十八届五中全会精神专题研讨班上指出，新发展理念要落地生根、变成普遍实践，关键在于认识和行动。从认识论和方法论层面，深刻阐述把新发展理念落到实处的基本方法。

首先，创新型党组织建设要从认识论层面深学笃用，“知之愈明，则行之愈笃”确立新发展理念，需要不断学、深入学、持久学，领会好、领会透；需要结合历史学、多维比较学、联系实际学，在时间与空间的审视中，在历史与现实的观照中，认识新发展理念的真理力量，使之变成改造客观世界的物质力量。要用好辩证法，对贯彻落实新发展理念进行科学设计和施工，既要把握新发展理念的指导意义，也要有专业思维、专业素养、专业方法；既要坚持系统的观点，做到相互促进、齐头并进，也要坚持“两点论”和“重点论”的统一，区分轻重缓急、抓住主要矛盾。在高校中学习和工作的老师和同学思维活跃，对新的事物有很大的好奇心。但在当前多种社会思潮互相涌动的大前提下，活跃思维容易受到不良思潮的影响和利用。所以，在高校创新型党组织建设途中，一定要在认识论层面注意思想引领，传播社会主流价值观。

其次，创新型党组织建设要从方法论层面创造性实践“非知之难，行之惟难”，倘若讲起来头头是道、做起来蜻蜓点水，改革发展只能原地踏步。落实新发展理念，需要落实主体责任、抓好贯彻执行，需要创新手段、守住底线。既要发挥改革的推动作用，积极探索、大胆试验，又要发挥法治的保障作用，注重运用法治思维和法治方式；既要积极主动、未雨绸缪，下好先手棋、打好主动仗，又要见微知著、防微杜渐，做好应对任何矛盾风险挑战的准备。高校创新型党组织的建设应立足培养人才、科学研究、社会服务、文化传承创新等具体环节，形成“党建+”大党建格局。统一思想、凝聚共识、振奋精神，围绕提升学院党建工作科学化水平，抓班子、带队伍、强素质、提能力，着力提升基层党组织服务改革、服务发展、服务师生、服务党员的能力，为教育事业发展提供坚强的政治、思想、组织保障。

二、明确创新型党组织方向，辩证分析创新型党组织建设优势和障碍

当前，国内外形势正在发生深刻复杂变化，经济全球化程度的不断加深，各国之间的联系不断紧密，既迎来了很好的机遇，又面临着巨大的挑战，在这样的时代大背景下，我们只有登高望远、居安思危，勇于变革、勇于创新，永不僵化、永不停滞，才能团结带领全国各族人民决胜全面建成小康社会，奋力夺取新时代中国特色社会主义伟大胜利。

（一）高校创新型组织建设有利条件

在高校中建设创新型党组织，有其独特的优势。高校中的学生和教师群体素质和专业素养在社会中处于较高水平，部分师生也已在学业和科研上取得了一定的成就。而绝大多数高校中的党员，更是高校学生、教师等群体中最优秀和杰出的代表，这就使高校中的党组织成员素质始终保持在一个较高的水平，他们自身的科研创新水平，结合所掌握的理论知识，能让高校中创新型党组织的建设活动在一个较高的水平上进行，此外，高校本身的氛围较为宽松，有机会、有途径让更多新想法充分而自由地表达，这样可以在理论和制度的创新上给高校党组织成员带来更多的启发，也为充分表达这样的想法提供更好的环境基础。这些不同的思想产生，并加以诸多具体的实践形式，便能为高校创新型党组织的具体建设提供更多的新思路和新方法。

（二）阻碍高校创新型党组织建设的不利因素

当前高校党组织在自身创新型组织建设中，也面临着一些不利因素。首先是在高校的行政体制中，对于党务工作有着比较具体的安排，对于相关的工作方式也有着明确的规定和较为成型的经验。这的确促进了高校党务工作更加明确化、有效化，但也是在这样的一种由长期工作形成的思维惯性下，一些党务工作人员在面对新问题时，习惯于使用旧有的经验而不善于创新思维方式。这就造成了在高校党组织建设中会出现照搬照抄过去的案例和经验的情况，新颖的形式和活动出现得较少，使得高校党组织的建设水平提升不够理想。另外，一些高校党组织的评比活动，在促进党组织自身建设的同时，也让一些党组织负责人有了一种“实用主义”的心态。这体现在一些高校党务工作者不追求形式的新颖和内容上的创新，而是照搬过去的经验和固定的模式，为自己所在的党组织取得建设成果这样的心态，使得党组织的建设往往只注重成果数量的积累，而不重视在新时期发展背景下进行党组织建设的多种创新。这样的“实用主义”，最终就会造成党组织成员对于创新的忽视，不仅在党组织创新建设上不会取得显著成果，也会制约今后党组织成员创新发展意识的培养，对整体创新环境建设有着较为不利的影响。

三、围绕高校特色，积极探索创新型党组织建设

（一）从高校运行机制和工作理念上推进创新

在高校中进行创新型党组织建设，就应在具体的工作中，通过改进工作方法，结合高校工作中学生党员的实际需求和教师党员的实际工作情况，针对发生的具体问题，创新领导和组织建设机制，为创新活动的开展提供一个良好的环境，如当学生或教师在进行科研创新活动中遇到困难时，其所在党组织可以自身为平台，展开相关的研讨交流活动，党组织内部的其他成员对其给予一定的支持；或以党组织为单位，定期开展学术沙龙、思想交流活动。通过此类形式，既可以对进行创新活动的人员提供有效支持和坚实保障，又可以对相关工作的开展进行有效的指导和监督，保障在具体的学术、科研工作中方向不出现偏差，这也是在高校的具体环境下，对创新型政党建设的一种积极探索。

在开展创新型党组织的有关建设活动当中，不可忽视的一项工作便是对创新观念的强调与重视。十八大以来，通过对国家治理采用的新方法、新手段，已经给整个社会带来了新的风气，这为创新活动的开展提供了非常好的社会基础。但同时也要认识到，仍有少部分人固守过去的一些旧观念、旧思想不愿改变。一些工作人员不善于与时俱进，不放弃一些旧有的、不符合社会新特点的工作做法。特别是在高校工作中，这种情况一旦出现，会直接影响作为未来创新事业中坚力量的青年群体的创新积极性，对创新活动的进行带来极大的负面影响、对高校党组织的工作而言，固化甚至僵化的工作思维方式也将直接影响党组织对于高校发展的正确领导。应通过创新工作教学、创新事务研讨等形式，把创新的概念深入高校党组织的每一个成员中去，切实重视创新型党组织的建设工作，这样才能真正实现进行“创新”这一工作的意义。

（二）围绕高校的人才培养职能落实创新

高校当前最重要的一项职能，就是为社会培养更多的高水平、高素质，并且适应社会发展的优秀人才。从这一方面来看，我们要着力加强创新型人才培养，落实到党组织就是对创新型党员的培养。在《中共中央、国务院关于深化教育改革全面推进素质教育的决定》中明确指出：“高等教育要重视培养大学生的创新能力、实践能力和创业精神，普遍提高大学生的人文素质和科学素质。”这表明，党和国家对创新型人才的培养工作，始终放在相当高的层面来关注。当今世界是科技创新的竞争，“谁能在创新上下先手棋，谁就能占据主动”而科技创新的一个重要方面，就是对创新型人才的培养工作。这是可持续发展战略“以人为本”在科技创新工作中的必然要求，也将对我们国家的未来发展打下坚实的基础。在高校中，可以针对创新方面开设有关的课程，并把创新能力的培养和创新成果的取得融入人才的综合评价体系之中，摒弃过去的“唯成绩论”，从制度上真正鼓励、保障学生主动进行创新能力学习。

作为起到模范带头作用的共产党员，在这一方面要对自身做出更高的要求。每一名党员，都要在实际的工作和生活中，勤于学习，善于学习，不断提升自身的政治理论素质和科学文化素质。通过在学习上的优秀表现，为进行创新活动打下坚实的基础。同时，要敢于创新，勇于创新。在高校中，学生和教师队伍内部水平也存在着一定的差异，这就更加要求在高校中的党员，通过学习和工作上的创新思维方法，带动身边的同学、同事。只有善于创新，才能为各项工作的开展打开新的大门。因循守旧或仅借鉴别人的经验，必将会对自身工作的开展起到消极作用。

习近平总书记指出："历史和现实都告诉我们，只有创新型的国家才能实现繁荣富强，只有创新型的民族才能兴旺发达，只有创新型的政党才能永葆先进性。"作为建设创新型国家、创新型政党的一个重要阵地，高校更要提升其内部党组织创新型建设的水平。高校党组织以自身的创新型建设，能够带动创新型高校的发展，推进高校科研工作的创新和进步。不仅如此，高校党组织的具体实践能为党的整体创新型建设提供有益、成熟的经验，从而为全社会的创新进步起到积极的带头作用。高校创新型党组织的建设，必将成为创新型政党、创新型国家建设的关键一环，并为这一目标的实现提供重要力量。

第二节　高校创新型党组织建设途径探索的具体要求

党的十九大报告指出，我们党深刻认识到，实现中华民族伟大复兴，必须合乎时代潮流、顺应人民意愿，勇于改革开放，让党和人民事业始终充满奋勇前进的强大动力。我们党团结带领人民进行改革开放新的伟大革命，破除阻碍国家和民族发展的一切思想和体制障碍，开辟了中国特色社会主义道路，使中国大踏步赶上时代。实践没有止境，理论创新也没有止境。世界每时每刻都在发生变化，中国也每时每刻都在发生变化，我们必须在理论上跟上时代，不断认识规律，不断推进理论创新、实践创新、制度创新、文化创新以及其他各方面创新。高校创新型党组织建设既是个重大的理论问题，也是一个重大的实践问题，要准确把握其与学习型党组织建设、服务型党组织建设的关系，在明确其重要任务的基础上，探索建设的有效路径。

一、厘清一个关系

加强高校创新型党组织建设，要理清高校创新型党组织建设与学习型、服务型党组织建设三者之间的关系，这是创建好高校创新型党组织的前提和基础。高校学习型、服务型、创新型（以下简称"三型"）党组织建设是马克思主义执政党建设新的工程，三者统一于马克思主义执政党和中国特色高等教育事业发展的伟大实践。首先，高校"三型"党组织建设实践主体一致。从发展阶段与所处背景来看，"三型"党组织建设重心各有侧重，但是高校在"三型"党组织建设中，学习、服务和创新的主体是教师群体和学生党员干部，只有教师群体和学生党员干部自身积极参与党组织建设，才能不断促进和提高高校党的建

设科学化水平，更好地推进学校事业发展和高等教育改革。其次，高校“三型”党组织的价值归宿一致，党的组织建设无论是在目标定位，还是在建设内容、活动载体等的选择上，都是以服务于最广大师生员工的根本利益作为一切学习服务、工作创新的出发点和落脚点。因此，高校“三型”党组织建设是个有机整体，学习型党组织建设是高校“三型”党组织建设的基础，服务型党组织建设是高校“三型”党组织建设的目的、创新型党组织建设是高校“三型”党组织建设的动力。

二、把握一条主线

高校创新型党组织建设要始终围绕保持党的先进性、纯洁性建设这条主线展开。习近平总书记曾指出，先进性和纯洁性是马克思主义政党的本质属性，贯穿于党的性质、宗旨、任务和所有工作中。这种先进性和纯洁性，必须通过坚持不懈地加强党的自身建设才能继承与创新，我们党组织开展的“两学一做”学习教育、“三严三实”专题教育、“创先争优”等活动，都是在新的形势下保持党的先进性和纯洁性的积极探索。

高校创新型党组织建设要从思想上和政治上加强党的先进性和纯洁性建设，从教师及学生思想教育入手，引导教师党员、学生党员认真学习并实践中国特色社会主义理论体系，特别是习近平总书记系列重要讲话精神，加强自身党性修养和党性锻炼，学习和弘扬社会主义核心价值观，做社会主义核心价值观的坚定信仰者、积极传播者、模范践行者，用自己的模范行为和高尚人格感染群众、带动群众，要从巩固党的阶级基础和群众基础上加强党的先进性和纯洁性建设，坚持以马克思主义为指导，全面贯彻党的教育方针，始终把实现好、维护好、发展好最广大师生员工根本利益作为检验先进性和纯洁性的试金石，在不断促进学校事业与教师成长发展和为学生成长奠定科学思想基础的实践中体现党的先进性和纯洁性。要从提高学校各级党组织领导干部素质上加强党的先进性和纯洁性建设，建设好领导干部队伍，坚持在实践中培养、考察、锻炼、使用干部，推动领导干部以率先垂范的实际行动体现党的先进性和纯洁性，要从夯实学校各级党组织基础上加强党的先进性和纯洁性建设，把抓基层、打基础作为一项持久的战略任务，坚持地抓下去，不断提升学校基层党建工作科学化水准。要从改善学校各级党组织内部工作制度及工作机制上加强党的先进性和纯洁性建设，坚持围绕中心、服务中心，充分将党的组织建设和学校各项事业深度联合，创新加强制度建设，健全以党章为根本、以民主集中制为核心的制度体系，全面贯彻落实党委领导下的校长负责制，依托理论中心学习组、党政联席会等制度，不断增强学校各级党组织自我净化、自我完善、自我革新、自我提高的能力，为保持党的先进性和纯洁性提供制度保证。

三、落实三大任务

一是高校创新型党组织建设要把落实高校宣传思想工作会议精神作为重大任务。高校在推进创新型党组织建设过程中，要充分认识加强和改进高校宣传思想工作，牢牢掌握高校意识形态工作领导权、话语权是一项重大而紧迫的战略任务，各级党的组织要深入落实开展中国特色社会主义和中国梦宣传教育，加强拥有中国特色、时代特征的高校哲学社会科学学术理论体系和学术话语体系组建，进一步增强理论认同、政治认同、情感认同，不断激发广大师生投身改革开放事业巨大热情，凝心聚力共筑中国梦；要加强社会主义核心价值观教育、道德教育和实践，提升师生思想道德素质，使社会主义核心价值观内化于心、外化于形，成为全体师生的价值追求和自觉行动；要壮大主流思想舆论，牢牢掌握高校意识形态工作领导权、话语权，不断巩固马克思主义指导地位；要推动文化传承和创新，建设具有中国特色、体现时代要求的大学文化，培育和弘扬大学精神，把高校组建成为精神文明组建的示范区和辐射源，促进社会主义先进文化组建，增强国家文化软实力；要立足学生全面发展，努力构建全员全过程全方位育人格局，形成教书育人、实践育人、科研育人、管理育人、服务育人长效机制，增强学生社会责任感、创新精神和实践能力，全面落实立德树人根本任务，努力办好人民满意教育。

二是高校创新型党组织建设要把落实高校思想政治工作会议精神作为重大任务。高校在推进创新型党组织建设过程中，要深入贯彻党的十八大以来党中央关于高校工作的决策部署，各级党组织要围绕思想政治工作面临的新情况、新任务、新课题，和高校基层党组织不同程度存在的组织软弱涣散、工作弱化、效应递减等问题，在坚持党对高校的领导，坚持社会主义办学方向，坚持全员全过程全方位育人，坚持遵循教育规律、思想政治工作规律、学生成长规律，坚持改革创新的原则下，通过加强和改进党的领导与基层党建工作，不断推进高校思想政治工作改革创新，依托课堂教学和各类思想文化阵地，借助和发挥哲学社会科学育人功能，全面强化师生员工的思想理论教育和价值引领，使高校成为巩固马克思主义指导地位、发展社会主义意识形态的重要阵地。

三是高校创新型党组织建设要把弘扬和培育社会主义核心价值观作为主要任务。高校在推进落实创新型党组织建设的过程中，要充分认识到培育和践行社会主义核心价值观是推进中国特色社会主义伟大事业、实现中华民族伟大复兴中国梦的战略任务。党的十八大以来，习近平总书记多次就培育和践行社会主义核心价值观做出重要论述、提出明确要求，并且特别指出，青年的价值取向决定了未来整个社会的价值取向，而青年又处在价值观形成和确立的时期，抓好这一时期的价值观养成十分重要。高校各级党的组织要深入学习贯彻习近平总书记这一重要讲话精神，坚定不移把立德树人作为教育的根本任务，把培育和践行社会主义核心价值观作为教育事业改革发展的基础工程，把培育和践行社会主义核心价值观的任务落实到基层，使之融入基层党组织建设之中，融入师生员工日常教学、工作和学习中，充分发挥党组织的战斗堡垒作用、党员和干部的模范带头作用、青年学子的生力军作用，形成人人践行社会主义核心价值观的生动景象。

第三节　高校创新型党组织建设途径探索的长效机制

创新型党组织的建设关键在于建立科学的机制来推进和保障，通过制度性规则、总体性规定、整体性规范，保障创新型组织建设的正常开展科学合理的机制是创新型党组织建设的基础，主要包括三个方面：一是推动领导机制的建设；二是激发动力机制；三是做好经费保障机制；四是实施推进创新型党组织建设的条件保障机制。

一、高校创新型党组织建设的领导机制

抓好高校创新型党组织建设工作，关键在领导，责任在班子。高校创新型党组织建设的领导机制应包含两个方面：一是实行“一把手”负责制，明确各级党委主要负责同志第一责任人，亲自抓，负总责。二是健全工作机制。建立党委统一领导、宣传部门牵头协调、有关部门分工负责、各级党组织积极参与的工作机制，建设创新型党组织，需要高校党政领导高度重视，建立健全组织领导体系，为创新型党组织建设提供组织保障，高校党政领导应切实认清自己肩负的责任，以强烈的创新意识、高度的使命感和积极的进取精神，发挥带头作用、领导作用和示范作用，以狠抓落实的实际举措和率先垂范的实际行动，来推动创新型党组织的建设。要确立党委统一领导，主要领导具体负责、各部门分工协作的领导机制，突出“一把手”总负责的主体地位，从而形成由主要领导亲自抓，分管领导具体管，宣传、组织等部门分工落实、协调合作的组织保障体系，以此构建职能清晰、齐抓共管的建设工作网络和党建格局，不断强化高校党组织的协调功能，创新党员学习、工作、服务等的方式方法，不断丰富和推进马克思主义理论创新，开拓马克思主义理论发展的新境界，使高校的创新型党组织建设取得富有实效、令人满意的效果。

二、高校创新型党组织建设的动力机制

高校创新型党组织建设过程中，需要源源不断的动力，要把各级党组织和党员干部创新情况的考核与干部的使用、晋升、奖惩及评优挂钩，发挥创新强大的激励和动力作用。把创新情况作为民主评议、综合考评党员的重要依据，形成注重创新的用人导向，从而激励和带动广大党员更加重视创新工作的开展，要通过开展“学习标兵”“服务标兵”“创新标兵”等评选活动，树立典型、评选典型和表彰典型，对实践中的先进典型人物和事迹进行大力宣传，使党员干部能够在思想认识上、具体实践中对建设创新型党组织产生认同感，自觉将创新作为促进党和国家事业发展的推动力量，积极参与创新活动。要根据实际情况，制定公开透明、规范有序的激励和制约措施，突出对创新意识、创新形式以及创新效果的

考评，使考评细化、量化成师生可感知、好评价的制度，将党组织工作的“软”任务上升为“硬”指标，建立和形成健全的激励和约束机制。

三、高校创新型党组织建设的经费保障机制

经费投入是队伍、平台建设和活动开展的物质保障，如果经费投入不到位，就可能对队伍发展、组织机构、环境平台、活动实施等产生制约作用。高校创新型党组织的建设离不开经费的投入，在建设的过程中，必须建立科学合理的经费投入管理机制，设立专项资金，加大经费投入，为高校创新型党组织的建设提供良好的经费保障。同时，要确保党组织建设资金专款专用，严格经费使用，发挥投入经费的最大效用。

四、高校创新型党组织建设的工作创新机制

首先，要创新教育活动内容。以“不忘初心、牢记使命”等师生当中的热点议题为基础，通过学生喜闻乐见的方式展现出来，充分结合学科专业特点、创造性地开展创新活动。其次，要创新教育活动路径。坚持把立德树人作为中心环节，遵循思想政治工作规律，遵循教书育人规律，遵循学生成长规律，探索思想政治教育进课堂、进社区等的有效路径，不断提高工作能力和水平，开辟大学生思想政治教育工作新阵营，不断进行基层党组织工作的创新。最后，要创新教育活动载体。积极开发和运用各种载体开展基层党组织工作，创建立体、开放、互动的党建工作平台，要运用新媒体新技术，使工作活起来，推动基层党建工作传统优势同信息技术高度融合，增强时代感和吸引力，使党组织建设和教育活动达到吸引人、打动人、说服人的目的。

第四节　围绕不同的探索途径，建设高校创新型党组织

一、围绕“学习理念”，开展好理念创新

（一）转变学习理念，建立共同愿景

高校承担着人才培养、科学研究、社会服务和文化传承创新的职能，就要求高校不断创新党组织的建设，提倡先进的学习理念，对传统的学习行为和模式认真深入反思，从中汲取经验并改革创新，将学习内化为主动的内在需要，引导教师和学生党员重视组织学习行为，树立先进的学习理念，营造良好的学习氛围，首先树立先进“学习需求”理念，由“要我学习”向“我要学习”转变。其次是树立“素质学习”理念，由“学历文凭论”向“能力素质论”转变。再次是树立“终身学习”理念，由“一学永逸”向“永无止境”转变。

高校创新型党组织建设要求全体党员要常怀“本领恐慌”“知识危机”意识，养成良好的学习习惯。从实际需求出发，搭建自主学习平台，力求党组织成为党员学习的主课堂，培养健康正面的学习兴趣，营造浓郁的学习氛围，满足师生党员开阔眼界、获取知识、适应岗位的要求。高校党员要在共同目标的激励下，发挥一个支部就是一座堡垒，一名党员就是一面旗帜的先锋模范作用。鼓励融合创新高校原有的民主生活会、批评与自我批评，使之成为适合进行集体学习的有效工具，培养党员个体之间相互形成良好合作的个性品格。高校创新型党组织中作为主体团队，既是行政团队，也应成为研讨小组。即围绕要解决的问题、按照自由平等原则建立探索型的学习交流小组，充分发挥个人主动性、积极性和创造性，实现联合团队作战，提升整体合力和整体效能。

（二）拓展学习内容，推进四个正确认识

高校创新型党组织的建设要不断地丰富、拓展学习内容。首先，要正确认识世界和中国发展大势，加强马克思主义理论学习。学习马克思主义就是要在具体的学习、工作和生活中融会贯通其基本的立场、观点、方法，从我们党探索中国特色社会主义的不断认识和改造实践中。认识和把握人类社会发展的历史必然性，认识和把握中国特色社会主义的历史必然性，不断树立为共产主义远大理想和中国特色社会主义共同理想而奋斗的信念和信心；其次，正确认识中国特色和国际比较，加强党的路线方针政策的学习。高校党员要全面客观认识当代中国、看待外部世界，要了解我们党和国家事业的发展历程，汲取历史经验，正确了解党和国家历史上的重大事件和重要人物；再次，要正确认识时代责任和历史使命，不忘初心、砥砺奋进。要适应市场经济需求，要加强中国优秀传统文化的学习，用中国梦激扬青春梦，激励师生党员自觉将个人理想追求融入国家和民族的事业中；最后，要正确认识远大抱负和脚踏实地，加强岗位业务知识的学习。不断提高自己的业务水平，把远大抱负落实到实际具体行动中。

（三）构建学习机制，培养党员系统思考的能力

高校创新型党组织建设是一项具有长期性和复杂性特征的工作，只有健全科学、合理的学习机制，才能有效激发高校创新型党组织建设的生机和活力。首先，要健全党委中心组学习制度，抓好领导班子。高校党委要进行学习内容的创新，丰富的学习载体规范学习内容；要注重学习形式的创新，采取调查研究、主题教育、理论探讨、考察交流等多种学习形式，提高学习效率；要扩大学习群体，共同学习、互相促进。要坚持理论与实践相结合的学习，不断增强领导班子科学谋划大事、汇聚发展合力的能力。其次，完善考核评价制度，激发党员干部的学习力需要积极探索建立科学有效的学习考评机制，制定评分细则，把高校党员的学习考核结果纳入党员干部选拔使用重要依据。第三，要完善监督制度，增强党组织的执行力。要与时俱进地创新党组织的学习教育监督机制，努力确保学习的实效性。将要求转化成操作性措施，并通过绩效量化考评体系，形成重视学习、坚持学习的鲜明导向。认真推进“两学一做”学习教育常态化制度化，确保从严治党从“软任务”转化

成“硬指标”，增强党组织的执行力。

二、围绕“工作方法”，促进好服务创新

目前高校的服务还有待提升，主要体现在服务体系不健全，缺乏党内激励、关怀、帮扶、心理疏导、就业指导等服务机制；缺乏直面地方经济发展和社区人才培训需求的服务机制；舆情收集、落实反馈机制，以及服务质量考核机制等方面也有待于完善。因此，高校党建工作方法要注重实践性和实效性。巩固群众教育实践活动中整顿“四风”的成果，克服党组织学习敷衍、浮于形式，学用脱节、不求实效等问题。在反对官僚主义方面，要强化高校党组织服务理念，解决脱离师生、脱离实际、责任淡漠，对师生利益不关心而导致的官本位主义严重等问题。我们在工作方法上要重视长效性、实效性、实践性、创新性。

高校党建工作方法的创新领域很多例如，建立高校领导干部轮岗制，行政干部和党务工作岗位上的干部轮岗，使其主动调整知识结构，完善知识体系，成为理论深业务精的领导，提高决策水平；创新领导干部选拔制度，把一批善学、会学、理论素养高、群众口碑好具有开拓创新精神的党员选进领导班子或者作为后备干部，形成正确的用人导向，从而引导广大高校党员干部把会学习、愿服务、敢创新作为自觉追求的目标；制定高校党务工作者骨干培训规划，在培训时间、培训对象、培训效果等方面做出制度性规定，同时加强培训的监管和考核以及培训效果的跟踪。提高服务能力，完善队伍建设，进一步完善干部培训选拔、管理监督、激励保障、考核评价等机制，打造一支能适应高等教育事业发展要求、服务意识强、服务作风优、服务能力强的干部队伍。高度重视党员教育。通过教育，深化党员角色意识、使命意识、宗旨意识，自觉把服务当成一种责任，一种追求，一种境界。

在开展创新型党组织的建设活动中，不可忽视的一项工作便是对创新观念的强调与重视。十九大以来，通过对国家治理采用的新方法、新手段，已经给整个社会带来了新的风气，这为创新活动的开展提供了非常好的社会基础。但同时也要认识到，仍有少部分人固守过去的一些旧观念、旧思想不愿改变，一些工作人员不善于与时俱进，不放弃一些旧有的、不符合社会新特点的工作做法，特别是在高校工作中，这种情况一旦出现，会直接影响作为未来创新事业中坚力量的青年群体的创新积极性，对创新活动的进行带来较大的负面影响。对高校党组织的工作而言，固化甚至僵化的工作思维方式也将直接影响党组织对于高校发展的正确领导。应通过创新工作教学、创新事务研讨等形式，把创新的概念深入高校党组织的每一名成员中去，切实重视创新型党组织的建设工作，这样才能真正实现进行“创新”这一工作的意义。

所以，作为起到模范带头作用的共产党员，在这一方面要对自身做出更高的要求。每一名党员，都要在实际的工作和生活中，勤于学习，善于学习，不断提升自身的政治理论素质和科学文化素质。通过在学习上的优秀表现，为进行创新活动打下坚实的基础。同时，要敢于创新，勇于创新。在高校中学生和教师队伍内部水平也存在着一定的差异，这就更加要求在高校中的党员，通过学习和工作上的创新思维方法，带动身边的同学、同事。同时，党组织建设要体现科学发展观的思想。坚持服务群众、服务发展的理念，切实尊重党员和

教职员工的主体地位，把教职员工的现实需要作为服务的根本出发点和落脚点，使党的上级组织服务下级党组织，党组织服务党员，党的各级组织和党员共同服务教职员工及学院科学发展，紧紧围绕教学科研中心工作，真心实意地为教职员工做好事、办实事和解难题。要坚持以服务为本，融管理、教育于服务之中，围绕服务主题，想教职员工之所想，急教职员工之所急，建立上下连贯的服务体系，整合党务政务资源，从服务之中汲取教育管理的能量，简化办事程序，为教职员工提供一系列利民、便民活动。只有善于创新，才能为各项工作的开展打开新的大门。因循守旧或仅借鉴别人的经验，必将会对自身工作的开展带来巨大的消极作用。

三、围绕“健全机制”，督促好组织创新

高校创新型党组织建设要督促好组织创新，要从健全服务体系，创新考核制度，完善监督机制抓起，依靠制度机制本身具有的长期性、稳定性，使处在被动、教条的高校党建工作呈现出现代、科学、有序、生动又富有人情味的气息。

第一，要健全服务体系。高校党建服务体系包括服务广大师生员工的体系和服务地方经济发展的体系。应在学校党委和基层党支部的领导下，建立各种反映和维护师生利益的服务平台，如为大学生职业发展服务的就业创业指导平台，帮助贫苦学生的助学公益平台等。还要完善党、政、工、团密切合作服务于地方企业发展、社区职业技能培训的工作体系。良好的服务体系为高校各项改革的进一步发展注入爱的活力，形成团结和谐促发展的良好局面。

第二，要建立健全组织领导机制。高校要成立创建创新型党组织活动领导小组，在学校党委的领导下，具体负责学校创建创新型党组织活动的领导、组织、检查和督促工作。

第三，要创新考评制度。为保证服务的长期性、实效性，要将服务工作纳入高校党建工作的考评体系。突出对服务意识、服务能力以及服务效果的考评，把广大师生员工满意不满意作为考评高校党组织和党员干部服务效果的第一标准，切实提高广大师生员工的满意度。考评要细化、量化成师生能感知、好评价的制度：从而改变以往考核目标模糊、考核方式单一的模式。

第四，要完善党建工作的监督机制。除传统党建模式下的党内监督，还应该根据信息时代的新特点加强舆论监督、群众监督主要是利用互联网等各种新媒体，通过党务微博、微信、电子信箱、建立 QQ 群等，开辟网上交流平台，打通舆情上下流通的渠道。积极开展“创新标兵”的评选和表彰活动。建立长效的管理监督机制。同时应进一步健全党员的组织生活、领导干部双重组织生活制度，并强化党内民主监督，建立健全广大党员参与党内民主生活的长效机制和接受党组织和广大师生员工评议、监督的长效机制，真正做到让党员“长期受教育，永葆先进性”。

第五，健全和完善党组织的工作机制、保障机制和考评机制，形成建设创新型党组织的常态机制、激励机制、长效机制，营造有利于创新的现实环境，形成鼓励创新、爱护创新、尊重创新、支持创新的浓厚氛围。

第六，建立长效的学习教育机制。鼓励广大教职工党员和学生党员加强学习教育，从理论学习制度、学习方法、学习考核等方面，建立长效的学习教育机制，是高校基层党组织的首要任务。当前，尤其要结合高等教育发展的新趋势，以及学校改革发展面临的新情况、新问题，不断深化学习内容，改进学习方法，拓展学习渠道，要充分借鉴先进性教育活动中一些行之有效的做法，使学习更加符合高校党员的特点和需求，收到更多的实效。

第七，建立长效的密切联系师生员工的机制。党的全心全意为人民服务的宗旨，要求高校的党员干部必须牢固地树立群众观念，把一切工作的出发点和落脚点都放在为广大师生员工服务上。一是要建立并完善党员领导干部联系民主党派成员、离退休教职工、党外知识分子、中青年骨干教师以及学生代表的机制。二是要建立并完善师生员工考核评价党员和党员领导干部的机制。三是要建立并完善党员和党员领导干部为广大师生员工排忧解难、办实事办好事的机制，使党员和党员领导干部更好地率领师生员工去实现学校的奋斗目标。

四、围绕“人才培养”，落实好教育创新

随着经济全球化和社会的发展，培养创新型人才成为高校的主要任务之一。《中共中央、国务院关于深化教育改革全面推进素质教育的决定》中明确指出：“高等教育要重视培养大学生的创新能力、实践能力和创业精神，普遍提高大学生的人文素质和科学素质。”所以，围绕人才培养，创新工作理念和工作载体，提高管理水平和服务意识，营造良好的育人环境，落实好教育创新是高校创新型党组织建设的必然要求。

在人才培养过程中，高校创新型党组织应紧紧围绕立德树人的根本任务，积极拓展新形势下大学生思想政治教育的有效途径，把党务工作与班级、学生组织等的管理工作，把管理服务同教育引导工作结合起来。实现全员育人、全过程育人、全方位育人的良好氛围和工作机制，创造有利于提高人才培养质量的教学，科研和生活环境，同时根据培养对象的特点，分别从“发挥优势、抓在关键、落到实处”三个方面，发挥基层党组织和党员队伍的先锋模范作用，实实在在地落实好教育创新。

首先，发挥优势，全员育人，高校党组织善于做学生思想政治教育工作的党员和领导干部较多，党员队伍整体素质较高，对党的路线方针政策和基本理论知识较熟悉。高校创新型党组织应遵循思想政治规律、教书育人规律、学生成长规律开展形式多样，内容丰富的思想政治服务活动。通过组织生活和政治学习活动，为广大学生党员做合格党员提供思想政治服务，帮助广大学生解决问题，认识问题，服务于校风学风建设，发挥好党组织的战斗堡垒作用，在人才培养过程中，高校创新型党组织要紧密围绕教育教学中心工作，充分发挥教学主阵地、主课堂、主渠道、主价值、主机制的作用，以服务者和指导者的角色，为学生的发展提供咨询和帮助。指导学生根据自身的特长和发展所需知识、技能结构，选择相应的选修课程、社会工作和合适的工作岗位；指导学生学会自我管理学习时间，自我管理学习环境，合理利用学习资源，自我评价学习效果；指导学生掌握交往技巧，参与各种有益的社会实践活动，帮助他们避免一些消极无为的生活方式。

其次，抓住关键，全过程育人。高校创新型党组织要把实际的党务工作与人才培养工作有机结合，把全心全意为人民服务的理念贯穿于人才培养工作各项管理的全过程。注重调查研究和听取合理化建议，重视结合学生实际情况解决具体问题，按照公正公平公开的原则，处理与学生切身利益有关的评优评奖和就业等问题，树立起服务育人的意识。要建立科学的党务工作评价体系，量化活动措施，注重绩效管理，将创新型党组织服务人才培养工作作为考核工作实绩的重要内容。进一步优化绩效管理，把教育管理服务指导等工作成效贯穿于人才培养系统加以考核，形成全过程育人的良好氛围和工作机制。

最后，建立科学合理管理方式，全方位育人。高校创新型党组织要注重制度化管理与人性化管理相结合，合作管理与过程管理相结合，权威管理与民主管理相结合的方法，让好的管理方法影响学生。在管理过程中，要树立以学生为本的教育理念。按发展需要培养人的策略，贯彻以教育对象发展为核心的价值原则。为教育对象的成才创造条件，为教育对象的发展提供咨询建议。由侧重统一化管理，模式化管理教育，转变为注重针对性服务，个性化管理的服务模式，用科学的方法和出色的工作，教育引导学生，发挥学校整体育人的效能。

五、围绕“网络媒体”，打造好媒体创新

创新高校基层党组织建设模式已经成为适应新形势新任务的必然要求，现如今，网络媒体的普及和应用改变了人们的生活，同时也已经成为大学生日常学习生活中必不可少的一部分。网络媒体具有生动形象且具有选择性的特点，其生动形象可选择的特点开创了一个极具鲜明个性特色的新型教育模式，能够使广大学生在网络媒体中耳濡目染地接受教育，并能实现自我学习、自主教育。

传统的网下教育方式和网上教育方式都存在着一定的利弊。在时效性和互动性方面，网下教育存在一定的缺陷。而在亲身的交流方面，网上教育方式又缺乏面对面交谈的亲近感，这使得党组织成员之间的距离逐渐疏远，也容易造成党员学生的组织观念淡薄。权衡两种教育方式的利弊，我们可以将网下教育和网上教育相结合。传统的网下教育是网上传播平台的基础，而网上传播平台是对传统网下教育的补充和延伸。这样使得网上和网下的教育合为一体，对增强高校基层党组织管理的时效性起了重要作用。

创新网络教育平台。应利用好朋友圈、腾讯QQ空间、微信、贴吧等为代表的多种重要网络社区平台，由高校各基层支部书记负责对重要的网络社区平台进行管理，辅导员统一以“网络党支部”的称呼入驻网上社交平台。把重要的思想政治教育的理论、政策、活动等信息在网络社区上权威发布，吸引大学生的目光，指引大学生形成正确的价值观。并且鼓励广大学生干部们在网络上积极分享具有“正能量”的思想,发挥学生干部的带头作用,使思想政治教育的信息在网络上得以广泛传播，形成一个思政教育的网络新乐园。让广大学生看到他们生活、工作及学习中最真实的一面。带动广大学生向党组织靠拢,向优秀看齐。

推动基层组织管理。“网上党支部”的建立方便了与外出党员的联系，有助于更好地对其管理。以往在传统的党建工作中，出现了许多因流动群体而不便于教育管理的情况，

从而弱化了党支部整体性功能。“网上党支部”的建立就能很好地解决这个问题，且它具有跨时间、跨地域的特性，能够形成完备的组织结构，因此它提升了基层党组织的凝聚力和向心力气目前，在网络管理方式采用实名制的情况下，使得网站成员信息较为规范化，这便于广大师生党员进行不同程度的资源共享。例如，享受网站的消息阅读、资料下载、意见反馈等。在网络社区中,可以多多进行评选先进个人及团体活动,如评选“榜样青年”“优秀党员”“年度先锋人物”“优秀社团”等。这些评选优秀个人可以使广大师生党员们产生互动，也让榜样的力量更好地融入基层组织生活中。高校思想政治教育依靠网络这一新型平台开展活动的效果显著，具有其他载体不具备的优势。利用好网络的即时性和快速传播性，就能够在多方面服务于高校的思想政治教育建设。

管建和谐网络文化。高校应酌情增加有关新媒体素养等相关内容的教育。可以使大学生正确清楚地认识网络这一新型沟通媒介的性质及其功能，丰富他们的知识，拓宽他们的视野，让他们逐渐培养起独立思考分析的能力，学会判断网上信息的真实性。在大量的网络信息面前，能够坚守底线，正确处理，不迷信不传谣。还鼓励大学生们利用好网络媒体的优势特点，分布积极向上具有“正能量”的内容，营造良好的网络文化。

网上网下双管齐下。在网络媒体上，由于微信，微博等交流平台的互动性强、交流性方便，可在这些平台推出有利于学生健康且富有吸引力的版块，同时添加党的理论研究成果。为增强高校基层党组织的辐射力和感染力，可添加评论互动进行交流谈心等活动。在网络环境下，师生之间可以依据网上的热门问题进行双向沟通，而辅导员可以和作为教育的主体一起主动与作为客体的学生党员把待定的主题进行更深入探讨。如此一来，不仅能及时把握学生党员的思想动态、快速统一思想认识，还能更加有针对性地开展网上和网下的思想引领，能更好地帮助学生形成正确的价值观。

要想促进高校基层党组织的创新建设，加强信息化建设，就应正确对待网络媒体发展所带来的新的机遇和挑战。因此，必须正确把握网络的规律，根据网络的规律，不断推陈出新，积极建设和完善网络党支部，实现网络党支部与实体党支部的高度对接及深入融合。

第五节　高校创新型党组织建设要处理好的若干关系

高校创新型党组织是学校依据国家教育发展改革与形式需要，借助于党在高校各个建设时期所取得的经验和高校自身具有的独特组织优势、文化优势、资源优势等，在高校党委的组织领导下，通过厘清一个关系、把握一条主线、落实三大任务，围绕“传统文化”，引导好文化创新；围绕“学习理念”，开展好理念创新；围绕“工作方法”，促进好服务创新；围绕“健全机制”,督促好组织创新；围绕“人才培养”,落实好教育创新；围绕“网络媒体”，打造好媒体创新，不断提高基层党组织和全体党员的理论水平、创新意识和创新能力，激

发教师和学生党员的工作与学习热情，服务于学校的人才培养、科学研究和文化传承。在高校中建设创新型党组织，这是一个大胆的尝试，也存在很多的困难，如高校创新型党组织与高校基层党建的关系，如何平衡二者的权重等，只有把这些问题的区别与关系弄明白，才能对高校创新型党组织建设有一个全面正确的认识，才能更好地促进高校创新型党组织建设工作的开展。

一、高校创新型党组织建设要更好地服务高校基层党建工作

首先，高校创新型党组织建设是为了更好地服务高校党建工作，绝不是另辟新地重起炉灶。高校基层党建工作经过长时间的探索、实践、总结、凝练，已经形成一套比较成熟的模式。高校创新型党组织的建设，通过以新的理念、新的视角、新的方法拓宽党的建设理论研究思路，为基层党建工作的理论创新和实践创新拓展新的空间。通过“大党建”的思路应对新挑战、新机遇，跳出传统“就党建论党建”思路的局限性。通过高校基层党建工作的创新，使工作更加科学系统，服务性更强，实现全心全意为人民服务的宗旨。高校创新型党组织的建设既要仰望星空，也要脚踏实地，必须注重与时代结合，与历史结合，将先进的理念和方法融入党建工作中，切实解决好教师和学生关注的热点问题，大水漫灌和精准滴灌相结合，使高校基层党建工作更好地回答高校培养什么样的人、如何培养人和为谁培养人这个根本性的问题。

二、高校创新型党组织建设要为思想政治提供有效的支持

党的十九大以来，习近平总书记就思想政治教育工作发表了一系列重要论述，特别是在全国高校思想政治工作会议上的重要讲话，集中体现了总书记的教育思想。习近平总书记强调，我国有独特的历史、独特的文化、独特的国情，决定了我国必须走自己的高等教育发展道路。我国高等教育发展方向要同我国发展的现实目标和未来方向紧密联系在一起，为人民服务、为中国共产党治国理政服务，为巩固和发展中国特色社会主义制度服务，为改革开放和社会主义现代化建设服务。因此，积极推动高校创新型党组织建设，能有效为高校思想政治教育提供支持。高校创新型党组织要勇于打破陈旧观念束缚和传统思维定式，把思想理念从不适应时代要求、不利于工作发展的桎梏中解放出来，以思想认识新飞跃打开工作新局面。高校创新型党组织的本质要求就是因事而化、因时而进、因势而新，要求党组织在做教育的过程中，做到遵循思想政治工作规律、遵循教书育人规律、遵循学生成长规律，不断提高工作能力和水平。做好高校思想政治工作的主力队伍为辅导员，而辅导员又是高校党组织的重要组成部分高校创新型党组织要着力培养一批熟悉基层、勤于奉献、敢于创新的骨干队伍，建好一批基层思想政治工作的基础平台和阵地，建立一套推动基层思想政治工作发展创新的有效机制，做到在“围绕中心工作抓党建”的基础上，“抓好党建创新促发展”的目标。

三、高校创新型党组织建设为校园文化建设营造良好氛围

高校创新型党组织的建设与校园文化的建设密不可分。创新型党组织的建设是校园文化建设的重要途径，创新型党组织建设所形成的学习理念、文化理念、创新氛围对校园文化品位的提升影响重大。高校创新型党组织在建设的过程中，通过突出创新意识和持续创新动力两大特征培育创新型人才。鼓励创新型人才不断运用现有知识、推陈出新，提出新理论、新思想、新方法，探索未知世界，求证实务本质，培育一批不断寻求自我发展与不断提升核心竞争力的教师群体，一群充满活力和激情，富有创造与创新精神的学生群体。教师群体和学生群体将这种创新精神反作用于师德师风建设、学风建设和文化活动，为校园文化建设提供完整的组织体系和有效工作渠道。

高校创新型党组织建设是一项长期性复杂性的系统工程，不论对改进高校党组织的领导方法和工作制度，对创新高校党建工作的理念、机制和手段，对保持高校党的先进性建设都是一种大胆有益的尝试，是一个值得继续探索、完善、发展的过程。我们不仅要打赢当前的“遭遇战”，用积极慎重的态度去认真地探索、研究、解决眼前存在的突出问题，更要着眼长远发展，加强日常建设，锲而不舍，久久为功，赢得“阵地战”的最终胜利。

第三章　高校创新型党组织建设的主要目标及其工作体系

建设创新型党组织，既是全面从严治党的客观要求，又是学习型党组织和服务型党组织建设的动力源泉。高校要成为国家创新体系和经济发展的生力军，就必须加强创新型党组织建设。通过准确定位高校党组织的特性，正确把握高校创新型党组织指导思想，明确高校创新党组织建设目标，梳理高校创新型党组织建设路径，从而构建高校创新型党组织工作体系。

第一节　高校创新型党组织建设的主要目标

开展高校创新型党组织建设，需要我们首先明确创新型党组织本身具有的特性，明确其建设目标，才能更好地有的放矢，从而树立创新意识、抓住创新关键、搭建创新平台、推动创新实践。

一、高校创新型党组织的特有属性

明确高校创新型党组织特性是建设创新型党组织的首要条件。如果失去其特性，则不能称为创新型党组织。具体有以下三点：

（一）政治性是创新型党组织的政治属性

基层党组织的政治属性与发挥服务功能从来都是一致的、统一的。抓基层强基础，构建坚强的基层战斗堡垒，就需要我们坚持政治属性和服务功能两手抓，将政治功能寓于服务功能之中，以服务功能体现政治功能，使两者共同促进发展。突出政治功能，以政治功能引领服务功能。政治属性也是所有党组织的共同属性。

（二）创新性是创新型党组织的本质属性

创新是高校党组织永葆生机和活力的源泉。创新意识是创新型党组织的集中反映，是创新型党组织的支撑。高校党组织要把创新精神贯彻到日常工作的各个环节中，把创新作为开展各项工作的驱动力；激发广大师生党员的创新思维，维护广大师生党员的创新情感，凝聚广大师生党员的创新意志，使创新成为广大师生党员的自觉行为。创新是高校党组织把握时代脉搏的动力。高校是各种新思想、新理论的汇集地，对创新人才的培养、创新体系的建设，高校的作用至关重要。因此，高校党组织建设应立于理论创新的潮头，把握时代脉搏，解决时代命题，不断推进改革创新，为高等教育事业发展提供坚强的政治保证和思想引领。

（三）引领性是创新型党组织的社会属性

高校创新型党组织建设要时刻体现党在教育事业中的政治引领，要坚持学术方向的引领，引领哲学社会科学发展的学术方向，引领学术研究为人民服务，为社会主义服务、坚持立德育人目标的引领。打造“大思政”格局，充分发挥党政管理部门、学生管理和服务部门以及思想政治理论课的功能，抓好大学生“铸魂工程”，真正有效地发挥立德育人的引领功能，立足高等教育事业现代化发展的引领。高校党组织要准确把握面临的内外部环境和阶段性特征，聚焦战略目标，解决突出问题，为人才培养和社会发展服务，促进各项事业顺利推进。

二、高校创新型党组织建设的主要目标

对于高校基层党组织来说，“育人”和“服务”是两大中心思想。高校创新型党组织建设就是在“育人”上的创新和“服务”上的创新，主要目标应包括如下几个方面。

（一）发挥政治核心作用，努力建设素质能力过硬的高校创新型党组织

1. 提升高校党组织贯彻落实和服务管理的能力素养

高校党组织应由“被动服务”向“主动服务”观念转变。长期以来，受到传统“官本位”思想的影响，很多党建工作者的服务意识不强，履行服务职责时不是以广大师生的利益为价值导向，而是以上级领导的考核结果为价值导向。因此，高校基层党组织在服务过程中，必须转变思想观念，由只为应付上级领导的“被动服务”向真心实意为民的“主动服务”观念转变，做到三个“主动服务”：一是要适应信息化时代，主动学习新技术新知识，不断丰富自身的信息服务能力素养；二是要积极主动、热情地解决师生反馈的问题；三是要经常主动深入基层进行调查研究，及时了解广大师生的需要，特别是特殊困难群体，对他们的利益诉求要尽量想办法解决。

高校基层党组织要整合高校党务资源，建立健全服务保障制度。高校基层党组织服务功能的发挥需要健全的服务制度做保障，但是基层党组织由于自身的从属性，手中可用的

资源有限，这制约了服务功能的实践效果。因此，必须从整个学校的宏观层面入手，整合高校党务资源，理顺各职能部门的职责，形成上下联动畅通、共同为师生服务的良好氛围。一是整合人力、物力、财力，确保党支部活动的开展、服务场地的设施设备、人员配备和待遇有规划和保障。二是通过互联网技术，把党建工作融入教学、科研、学生教育管理、教师教育管理、党支部建设等各个方面，做到资源共享，共同建设。三是建立服务考评体系。通过科学、量化的考核评价方法，注重师生考核评价满意度的权重，将考核结果作为干部提拔和各类评优的依据。四是建立和完善相关服务制度，健全基层党组织服务体系，切实保障师生的利益。时代在发展，但是共产党“全心全意为人民服务”的政治本色始终不变。高校基层党组织作为党联系师生员工的桥梁和纽带，必须紧跟时代发展的步伐，转变服务理念，增强服务意识，积极创新服务方式和手段，完善服务机制与体制。总之，只有与时代同频共振，才能谱写出更美的乐章。

2．确保高校党组织的政治核心、战斗堡垒作用充分发挥

高校党组织是高校的政治核心，基层党组织要一贯坚持以基层党政联席会议为载体，支持行政积极主动地开展工作，加强党政工作沟通。基层党组织参与教学、科研、学科建设等重大事项的决策，并发挥好监督保障作用，为实现高校党政决策的民主化、科学化起到积极的推动作用。同时高校是培养德、智、体全面发展的社会主义建设者和接班人的重要阵地。而党建工作作为我党各项指导方针落到实处的最有力支持，在整个高校基层党组织建设过程中的重要地位日益明显。笔者认为，高校基层党组织开展的创优争先活动有机地衔接了保持共产党员先进性教育活动以及深入学习实践科学发展观活动，更是为高校基层党组织解决各种党政建设问题提供了契机。然而，在当前社会主义现代化建设不断推动作用下，新时期高校的教学、科研、学生活动已经突破了传统意义上的院系所、教研室、年级、班级的范围。这些形态各异的组织形式中基层党员的关系日益松散，各种校务公开、依法治校等基层民主形式活动也无法落到实处，这无疑严重影响着高校基层党组织战斗堡垒作用的实现及发挥。鉴于此，高校基层党组织在开展各类型创优争先活动中需要不断深化我党工作科学化水平，增强党员教育管理的有效性。就我国而言，大部分高校基层党组织党员的自我规范意识较强，普遍尊重规律、重视实效，因此本书认为高校党组织的工作必须要做到程序精简高效、目标切实可行、形式服从内容等。只有这样才能使高校基层党组织的战斗堡垒作用得到最大限度的实现及发挥。

（二）贴近师生致力创新，努力打造具有自身特色的高校创新型党组织

1．凝练特色文化，凝聚创新型党组织队伍力量

党员作为党组织肌体的一分子，必须充分意识到自己是推动校园文化建设重要的一员，增强自己的使命感、荣誉感，充分发挥自己的先锋模范作用。校园文化是在校园日常活动中发生的和人际交往中产生的，具体表现在党员师生在长期的工作学习中所凝练出来的教风、学风、校风。基层党员要用自己的行为影响周围群众，加强理论武装、加强能力

建设、加强自身修养。同时，还要注重加强基层党组织和普通群众的联系，搭建起基层党组织发挥作用，密切联系群众的工作平台。使基层党员成为一面旗帜，引领更多的师生关注校园文化建设，通过基层党员的自身实践，发挥党员师生在校园文化建设中的辐射作用，充分发挥基层党组织的组织和引领作用，发挥党员的典型示范作用，引领校园文化良好发展。教师党员可以充分发挥自身专业的优势，成为专业领域的带头人，引领本专业的建设和研究课题。同时，教师作为传道授业解惑者，对培养学生成长成才，形成师生互动的良好学校氛围有重要作用。学生党员是最接近群众的组织群体，他们对周围同学的带动作用是巨大的。加强学生党员的思想政治教育有助于树立他们的公仆意识、宗旨意识、引领意识，带领周围同学为校园文化的建设做出贡献。同时，带动周边同学互相帮助、互相促进、互相尊重，形成良好的校园氛围。落实基层党员的主体地位，尊重广大群众的权益和需要，通过激发基层党员的主体意识，坚持党员的教育管理与关怀服务并重，切实从思想上、工作上、生活上激励、关心、帮助基层群众，增强党员的荣誉感、自豪感和归属感，把基层党组织建成团结凝聚党员的坚强战斗堡垒。

2. 重视实践学习，强化创新型党组织活动阵地

先进的党组织需要鲜活的活动载体，实践活动更贴近学生需求，更顺应时代的召唤，已经成为党组织开展活动的有效途径。许多高校将实践活动列为学生党支部建设的必要环节，通过开展志愿服务、实践调查等活动，倡导学生党员到基层和人民中去，让青春之花绽放在祖国最需要的地方，谱写充满激情和奋斗的人生历程。通过参与实践活动，学生党员的党性意识和社会责任感不断加强，学习能力不断提升，真正做到在实践中学习，创新了党支部的活动形式，激发了党支部的组织活力。

实践是对所学知识的再学习、再认识。在当前的高等教育中，课堂教学是大学生教育的主要形式，课堂学习中获得的理论知识往往很难直接运用于现实生活。通过参加实践活动，可以弥补专业学习的不足，把抽象的理论知识逐渐转化为分析和解决问题的能力；通过与社会各阶层广泛深入的接触、交流，可以提高大学生人际交往能力和应变能力；通过参与实践活动，可以提高大学生的组织协调能力和创新能力。

3. 服务师生和社会，突出创新型党组织目标方向

党的基层组织只有植根人民、造福人民，才能让党始终立于不败之地。全心全意为人民服务是党的根本宗旨，开展公益活动是对为人民服务的最好途释。公益是一种态度，人们在日常生活中从小事做起，助人为乐、乐于奉献、相互关爱。在高校开展公益活动就是要强调植根高校的广大师生解决好重视与服务的关系，树立为师生服务、为社会服务的理念，把时间、精力和知识运用到为师生服务中去，同时引领党员师生、入党积极分子积极参与公益活动。高校基层党组织在组织青年引导青年方面有着自己独特的政治优势，在日常的政治指导及教育过程中要坚持积极指导高校各团学组织开展活动，党组织的活动辐射面广、影响力大、参与人数多，能够及时、迅速地把“为人民服务”的理念不断地灌输到同学们的头脑中，让大学生树立“人人公益”的思想。

高校基层党组织创新组织的活动形式要始终坚持理论联系实际，注重实施的效果，以公益活动为导向建设创新型特色基层党组织。通过开展精心的组织和设计，分阶段完成各项目标，从大学生公益现状的调查研究，了解大学生目前的公益现状。通过公益知识竞赛和各种公益主题活动使党员师生、入党积极分子积极参与，增强组织的凝聚力，并进一步提高党员的思想境界，把服务的意识融入自己的一言一行中。同时通过开展公益活动的形式，引领大学生树立正确的入党动机，并在开展活动时培养学生艰苦奋斗无私奉献的优良品质。

（三）合理整合规划，建设具有良好组织结构的高校创新型党组织

1. 改革是关键

高等学校是高知识群体集中的地方，担负培养合格建设者和可靠接班人的重任。近年来，中央多次就加强民办高校党的基层组织建设下发文件，对加强民办高校（独立学院）党的建设做出了明确的规定。独立学院系级党总支是学院党委工作的基础，是学院党组织的全部工作和战斗力的基础，是学院党组织联系广大党员、师生的桥梁和纽带，在和谐校园建设中担负着推动发展，服务师生、凝聚人心、促进和谐的重要责任。独立学院的改革、发展与稳定，离不开院系党组织的政治核心作用。党总支直接面对教师和学生，认真贯彻落实党中央和上级党组织的精神，加强系级党总支的组织建设，对于全面贯彻党的教育方针、坚持社会主义的办学方向和促进学校的稳定协调健康发展；对于加强和改进大学生的思想政治教育、不断提高人才培养质量；对于加强民办高校党的建设具有重要的意义。

2. 服务是目标

高校党组织直接面向教师和学生，具体领导、组织或协调学校的教学、科研或管理等各项工作，是将党的指导思想落实到高校各项工作中的组织载体，是把科学理论变成巨大物质力量的桥梁和纽带。而党组织的先进性是通过一个个具体的党员的先进性体现出来的，所以，加强高校教师党员队伍管理是高校党组织工作的一个重要方面。教师党员队伍管理得好不好，直接影响到党组织作用的发挥。反过来，教师党员先锋作用的发挥和积极性的调动，又离不开党的组织，要依靠党的基层组织的培养、教育，为其提供良好的外部环境和工作舞台，二者相辅相成。

高校党组织是教师党员队伍管理的组织保证。党组织是高校的政治核心，只有充分体现其先进性，才能对教师党员进行引导和教育，从而扩大党组织的影响力、凝聚力和战斗力。但是，党组织的这种核心作用不是自发形成的，而是取决于自身的工作，因为“党组织工作只有‘有位’，才能‘参与’；只有‘参与’，才能‘有为’；只有‘有为’，才能‘有威’。”学校党组织必须树立全心全意依靠教师的指导思想，广开民主渠道，使学校的各项政策都能得到广大教师的真心拥护。高校党组织只有不断加强领导班子建设，充分发挥党组织的战斗堡垒作用和党员先锋模范作用，才能引导和帮助思想上积极要求上进的教师入党，扩大党在知识分子和高校教师中的影响；才能鼓励教师党员主动承担教学、科研和科技产业的繁重任务，提高自身业务能力，体现党员的先进性和代表性日。

3. 队伍是关键

高校基层党组织担负着培养马克思主义接班人的重大任务，提高党员干部的思想理论水平是目前高校党的建设的一项紧迫而重要的任务。为此，基层党组织要以严肃认真的政治态度、强烈的政治责任感以及高度的政治觉悟，组织全体党员，深入研究和学习党的指导思想，完整、准确地理解党的思想理论体系，从而为高校基层党建工作打下坚实的基础。因此，思想理论建设在高校基层党组织建设中至关重要。

当前形势下，高校基层党组织应该从科学合理的定位、加强领导方式和制度的创新以及体现人文关怀等方面开展工作，加强队伍建设，在学校内部营造和谐奋进的事业环境，使党员队伍建设在学校发展中发挥更大的作用。

一是要突出重点，把人才队伍建设作为工作重点。着重抓好专业技术队伍建设，大力推进“人才强校”战略，在办学规模不断扩大的情况下，把重点放在有效解决师资职称结构的高校称、高学历、科研成果的高层次等问题上，实现人才资源的优化组合和合理配置，加快构筑人才队伍建设的新高地，促进学科发展。

二是要创造条件，使优秀人才脱颖而出。抓好学科带头人和骨干教师队伍建设，不仅要探索人才考核和选拔任用机制，还要不断创新人才培养模式，建立人才机制来吸引人才、关心人才、理解人才，要用人所长，不拘一格选人才，为人才脱颖而出创造条件。

三是要搭建舞台，使优秀人才施展才华。要重视如何体现和实现人才价值的问题。改变以往用“堵”和“卡”的办法去限制人才的流动，减少人才流失。在新形势下，努力做到感情留人、待遇留人、事业留人。要想人才之所想，急人才之所急，努力营造良好的校园环境、工作环境、生活环境，实现人才价值的最大化。

（四）优化环境配置，创造具有良好组织环境的高校创新型党组织

1. 创造良好的学习环境

中国有句古话“近朱者赤，近墨者黑”，很形象地描述了环境对人学习、对人成长的重要性。一个良好的环境，无论是优美的校园、整洁的教室、先进的教学设备等硬件设施，还是良好的校风、学风、强大的师资、先进的教学理念以及和谐的内外部氛围等软件条件，都有利于教学活动周而复始地高效运转，并能很好地陶冶学生情操，净化学生的心灵，激励学生勤奋努力、积极向上，有效促使学生全面发展、健康成长。由此可见，良好学习环境的重要性不言而喻。当前，从我国教育环境来讲，学校环境就是狭义上的学习环境。教育事业、培养人才不是学校一方之责，更非其一方之力，需统筹学校、家庭、社会等各方力量共同来塑造有效的学校环境，共同致力于中国教育事业健康持续发展。而依托家庭，分散无处抓；依靠社会协调，复杂且时间跨度大；唯有依托学校这个平台主导塑造有效的学习环境，能更好地行使“理头绪”“扎辫子”的功能。这就要求学校上到校领导，下到教职工，都要树立百年树人的育才精神，不浮躁、不功利，扎实教学研究、积极传教授业。另一方面，需要学校履行好服务职能，创新办学理念，完善教学考核，为教职工提供良好的发展平台和空间，更为其发展提供持续的“充电”机会，免除其后顾之忧，使其能以更

饱满的热情投身教学活动，引导学生积极向上，乐学、爱学、好学。

2. 创造良好的文化环境

高校推进创新型党组织建设，与校内外文化环境密切相关。因此，建设高校创新型党组织，需要打造良好的文化环境。通过改造社会文化大环境，营造校内文化微环境，发挥文化环境的熏陶作用。

第一，改造社会大环境。社会大环境作为社会背景，是人类长期生产和生活过程中逐步形成的意识形态体系，并对人们的生产和生活产生直接或间接的影响。时代不断发展，社会大环境也日渐复杂，高校创新型党组织建设受社会大环境中经济因素、政治因素和科技因素的影响。因此，推进高校创新型党组织建设，需要努力改造社会大环境，主要从经济环境、政治环境和科技环境的角度开展改造工作。首先，改造经济环境，提供物质保障，为高校党组织开展活动提供充足的学习设备、教学资源和师资队伍。其次，改造政治环境，提供政治支撑。通过改造政治环境，旨在保证高校创新型党组织的建设工作顺利开展。最后，改造科技环境，提供技术支持。科技是第一生产力，学习最新的科学知识，掌握先进的技术手段，为高校创新型党组织建设工作提供智力支撑，使高校党组织的建设工作从宣传、组织到考评的每一个环节都能够科学、高效地开展。

第二，营造校内文化微环境。任何一个组织的建设都要受到文化环境的影响和制约，高校创新型党组织建设更要注重营造校内文化微环境，发挥文化的熏陶作用。首先，加强物质文化建设。所谓物质文化环境，是指影响高校全体师生工作、学习和生活的物质条件的综合。高校开展创新型党组织建设，需要加强物质文化环境建设。例如，开展组织活动所需的基地建设，创新型党组织建设所需的平台建设等。其次，加强精神文化环境建设。高校的精神文化环境是高校广大师生的教风、学风、价值观念、生活信念和思想意识的集合体，其核心是科学精神、人文精神和校风。高校精神文化环境起着核心的作用，对于物质文化环境和行为文化环境起着主导和制约的作用。要实现人人为高校创新型党组织建设献计献策的良好风尚。最后，加强行为文化环境建设。把创新型党组织建设工作贯穿于具有娱乐性和学术性的活动之中，实现与广大师生喜闻乐见的学习与生活实际相结合，形成潜移默化的影响。

3. 创造良好的舆论环境

建设高校创新型党组织，旨在通过开展学习活动，提高高校党组织与全体党员师生的综合实力。通过统一思想、凝聚力量、积极进取、锐意创新，以适应新的形势和环境。为促进此目标的实现，需要营造良好的舆论环境，通过强有力的校园舆论，提供思想动力和精神引导。为了营造良好的舆论环境，主要从两个方面着手：加大宣传力度，营造舆论氛围；树立榜样，重视典型的作用。

首先，加大宣传力度，营造舆论氛围。想要创造良好的舆论环境，要从强调建设创新型党组织建设的战略意义上着手。在具体落实宣传工作时，要把握宣传内容和宣传方式。针对宣传的内容：必须紧密结合党中央有关党的最新方针路线，必须服务于科教兴国和人才强国战略的任务要求，必须紧紧围绕马克思主义学习型政党建设的基本要求。针对宣传的方式：应当与广大师生喜闻乐见的学习和生活紧密结合，把宣传的内容具体化、生活化、生动化，应当充分实现从群众来到群众中去，了解群众的真实需求与反馈，让广大师生感到真实、可触动。

其次，树立榜样，重视典型的作用。通过树立榜样，提升建设工作的号召力和感染力。在高校开展创新型党组织建设，是一项系统的工程，需要及时总结经验。通过抓典型、树榜样的方法一步一步推进，实现由点到面，最终形成全局发展。关于榜样的选择，需要从严。第一，榜样必须具有先进性，体现时代特征。在高校创新型党组织建设的过程中，榜样能够认真自觉地学习党的十九大精神。第二，榜样需要有广泛的群众基础。榜样必须令广大群众感到亲切、认同。只有对榜样表示认可，才能够实现向榜样学习；只有以榜样为方向，才能够实现自我完善和自我超越。广大师生党员通过努力，实现从“向榜样学习”变成“被学习的榜样”，营造榜样辈出的校园氛围。

第二节　高校创新型党组织建设的基本原则

一、坚持精心培育积极引导的原则，注重改变党员思维方式培养创新思维

（一）坚持引导党员改善思维方式

有些学者认为文化可以作为一种行为变量，用实证方法进行研究，并具有很大的行为学意义。思维方式作为指引个体行为的一个重要文化认知变量，确实对个体的应对方式具有一定的导向作用。由于长期生活在中国文化氛围中，大学生的思维方式深受中国传统哲学思想的影响，大学生思维的协变性、整体性及变化性正是传统中国文化整体和谐认知观的体现。这表明思维方式作为人类文化现象的深层本质，是一个较为稳定的文化变量。同时，由于群体类别的不同，大学生的思维方式也表现出一定的差异性，呈现出浓郁的专业和地域特色。

要重视不同地域大学生的思维方式特点，加强彼此的沟通交流、增强彼此的适应和融合。长期专业学习和训练的不同也影响到学生的认知和思维方式，因此大学教育要注重科学技术与人文理性的融合，提高大学生整体综合认识问题的能力，这对于大学生运用成熟、积极的策略和方式，应对生活和学习问题有着重要的意义。同时也要关注大学生思维方式的发展特点，以便针对性地开展工作。总之，中国文化博大精深、影响深远。尤其传统中国文化所蕴含的心理调适思想，对于认识、应对和解决心理问题有着重要的实际作用。

（二）坚持培育党员增强原动力

高校党组织应注重党员入党愿景，入党愿景分为个人愿景、团队愿景和组织愿景三个层次。高校党组织要重视党员个人愿景的挖掘和提升。要坚持因人而异，通过对党员学习愿景的征集、组织正反辩论、开展深度谈心等有效方式，广泛发动党员，在反复讨论的基础上予以积极鼓励和大力引导。要重视根据教职员工的工作和专业特点、工作难点和发展方向等，建立创新型党组织。要坚持把团队或组织愿景与党员个人愿景充分结合起来，把组织的目标与个人的发展充分结合起来，努力使创新型党组织的建设既充分发挥出党员的先锋模范作用、发挥出党组织的战斗堡垒作用、有力地提升党组织的执政能力，也有效地促进党员个人的发展不断取得满意的成效，让党员在分享彼此愿景的基础上，对共同愿景衷心接受并自觉承诺和积极践行，以此不断增强党员工作学习生活原动力。

（三）坚持培育党员增强自身素质

马克思说过："理论只要说服人，就能掌握群众；而理论只要彻底，就能说服人，所谓彻底，就是抓住事物的根本。但是，人的根本就是人本身。社会本身，即处于社会关系中的人本身，对于社会发展诸关系的认识与把握，根本在于对人的把握，说到底在于对人的思想的把握和引导。"因此，推进创新型党组织建设必须充分尊重党员主体地位，尊重党员首创精神，贴近他们的需求，感受他们的内心体验，了解他们的疾苦，实现他们的抱负。以创新型党组织建设为载体实现搭建沟通平台、完善诉求机制、建立制度规范、开辟成长阵地的愿景，使各级党员乐意把党的思想理论内化为共同认同的行动指南和行为规范，对社会主义核心价值体系产生感情和意识上的归属感和行为能力，使党组织真正成为党员增强党性修养、提高思想觉悟的大熔炉，成为党员学习新知识、增长新本领的高校创新型党组织。

二、坚持创新服务突出实践性原则，注重培养党员创新实践能力

（一）坚持重点突出原则

高校创新型党组织要坚持围绕加强自身建设，重点突出让人民满意的办学思想，即党员干部受教育，人民群众得实惠。二者紧密关联：党的自身作风不断趋于好转、卓有成效；群众必然会从执政党作风建设的加强和改善中直接受益、获取实惠，满意度自然会不断提高。这便要求在活动施展中，要严格按照党要管党原则和从严治党方针，严格对照"照镜子、正衣冠、洗洗澡、治治病"的总要求，真抓实做、综合治理、全面改进、整体提高。一是要加强党员队伍建设，尤其是加强对外出、出国（境）党员的跟踪管理，加大不合格党员处置力度，畅通不合格党员出口，保持党的先进性和纯洁性。二是要重点加强领导干部的教育和管理。政治路线确定之后，干部就是决定性因素，直接关系到学校各项路线方针政策的贯彻力、执行力和落实力。只有建设一支高素质干部队伍，才能确保党始终成为学校

科学发展的坚强领导核心。三是要严格贯彻执行中央关于改进工作作风的八项规定，通过加大巡视、暗访和问责力度以及鼓励师生员工监督举报等多种方式，深入整治“慵懒散软”等不良风气，着重在扫除“形式主义、官僚主义、享乐主义和奢靡之风”上狠下功夫，取信于民。四是要严惩腐败，坚持“老虎”“苍蝇”一起打，有效遏制发生在群众身边的各种腐败问题，坚决荡涤群众深恶痛绝的特权腐化现象，赢取广大群众的肯定和拥护。五是对危害群众利益的现象和行为，不管涉及谁、哪个部门，都要及时制止、果断处置，情况严重的要依法追究责任。只有以优良党风凝聚党心民心、端正和带动政风民风，才能增进同人民群众的感情，密切同群众的血肉联系，形成党群同心、干群和谐、携手共进的局面，才能为中国教育梦的胜利实现营造出浓郁的全员参与、责任齐担、同心同德、群策群力、共建共享的合力氛围。

（二）坚持互动协作原则

创新型党组织必须形成组织内部的共同愿景并基于此进行组织化团队化学习，以期实现信息共享、思想交流、精神沟通，营造出求真务实的自主学习、互动共享的集体学习环境和奖惩并举的激励学习机制。

学习方法上开放共享。联合国教科文组织的埃德加·富尔先生有一句很精辟的话：“未来的文盲，不再是不识字的人，而是没有学会怎样学习的人。”善于学习才能采摘到丰硕的果实。建设创新型党组织，必须开展互动性、共享性和开放性学习。继承和发展党在长期实践中积累的成功方法，吸收国外一些学习型组织的先进学习方法和成功经验，丰富互动式学习。采取领导干部讲党课、党员座谈研讨等形式，促使资源共享、时间统筹、效果互促。强化自主性学习，引导多读书、读好书、善读书。推进信息化学习，高度重视运用网络等现代科学技术手段开展和推动支部党员学习，办好党建网站，建立党员信息库，推进基层党组织工作信息化，加强党员干部现代远程教育网络一体化建设，健全网络信息收集和处置机制等。积极探索运用现代管理学、组织学、心理学等现代科学方法，着力活化学习形式，提升学习效果，把党组织的政治优势和组织优势转化为学习教育优势、实践优势，使基层党组织成为党员相互学习的课堂、交流思想的精神家园和团结前进的战斗堡垒。

（三）坚持创新实践原则

推进创新型党组织建设，最重要的是坚持理论联系实际，以实践为中心，以问题为中心，在实践中运用最新的科学理论和知识，认识新情况、把握新特点、回答新问题、化解新矛盾，从实践中获取灵感、发现需求、总结经验、提炼知识、创新理论、推动发展，提高解决实际问题的能力。创新型党组织的建设目标是把理论学习的思想成果转化为政治信仰、人生动力、工作成就、思想作风、实践创新、理论创新，从而全面提高能力素质，增强党组织凝聚力和战斗力。当前，我国正处于发展的重要战略机遇期，新的机遇和新的矛盾相互交织，热点难点相对集中。弘扬理论联系实际的马克思主义学风，推动经济社会发展中各种问题的解决，是创新型党组织建设实践性的重要体现。

提高服务科学发展的能力。在全面建成小康社会的关键时期，在深化改革、加快转变经济发展方式的攻坚时期，加强创新型党组织建设，要自觉服从服务于党的中心工作，在提高党组织和广大党员服务科学发展的能力上下功夫。要通过理论武装和宣传教育，保证广大党员干部自觉坚持党的基本理论、路线和纲领，准确掌握党和国家的重大决策部署，贯彻执行党的路线、方针、政策，始终同党中央保持高度一致，保持坚定正确的政治方向。要把学习党的理论与学习专业技能、各种新知识结合起来，更多地了解教育前沿、熟悉教育规律，不断提高围绕中心、服务大局、开展工作的能力和水平，在推进高等教育事业科学发展的伟大实践中发挥先锋作用。坚持从丰富生动的实践中汲取营养、提升智慧，在倾听群众的意见建议中找到解决问题的思路和办法，不断提高服务发展、服务基层、服务群众的能力和水平，切实把我国高等教育转入又好又快发展的快车道。

三、坚持不断发展富有创造性原则，注重培养党员的创造能力

（一）坚持科学引导原则

结合高校实际，坚持把建设创新型党组织作为提高全体党员思想政治素质、能力素质，加快人才培养、全面推进高校建设上水平、提升高校核心竞争力的基础工作列入重要议事日程。要确立党委统一领导，主要领导具体负责，党组织具体抓落实，各部门单位分工协作的领导体制和机制。建设创新型党组织的形式载体和方法手段有待进一步创新。要重视一些单位存在的抓理论学习工作时，缺乏行之有效的形式、载体、方法、手段的问题，以及一些部门和单位在理论宣传学习中，仍在沿袭陈旧落后的运作模式，方式不活、效果不佳，在理论学习上灌输多、缺乏感染力等问题。新形势下，党员干部思想活跃、社会多元化趋势更加明显，灌输学习在理论学习中的作用已经逐渐弱化，而当前的学习方式普遍缺少知识启迪、文化熏陶，感染力和渗透力不强，方式不多、方法不活、影响学习效果的问题还比较突出。党组织特别是领导干部要高度重视创新型党组织建设中存在的具体问题，始终坚持以科学发展观为指导，保持与时俱进的精神状态，不断突出“一把手”的主体责任地位，强化党组织协调功能，形成职责清晰、齐抓共管的工作局面，不断创新学习的方式方法，不断开拓马克思主义理论发展的新境界，努力使党的全部理论和工作更加充分体现时代性，把握规律性，富于创造性，不断取得让广大党员群众满意的学习效果。

（二）坚持重视学习原则

一是加强对党员干部终身学习理念的培育，鼓励引导全体党员干部把学习作为一种政治责任和生活方式，不断激发他们学习的内在动力和热情。要解决好部分党员干部在学习上存在的消极被动、懒散无为的不良习惯。通过建立完善的学习制度，将党员干部学习情况纳入目标管理考核体系，鼓励他们在完成工作任务和目标的前提下，自觉自愿学习，努力形成浓厚的学习氛围和积极向上的精神风貌。二是在学习内容的安排上，党组织要结合

自身实际情况，学好基本的理论知识，为搞好党组织建设打下深厚基础，在学习中要特别注重对马克思主义中国化最新成果的学习，通过不断学习提高认识，武装头脑，指导好实践，促进工作效率和能力水平的不断提高。要注重对党员干部全局学习理念的培育，加强对学习形式的创新。创新是最有效的学习方式，要注重学习方式的多元性和丰富性。引导党员干部在实践中学习，在工作中学习；支持党员干部自觉自愿学习；重视党员干部定期交流学习形式，通过不定期的交流，提高大家对学习的认识。提高工作要求必须重视对全局的把握，通过深入思考，不断研究，切切实实提高全局思维模式，促进高校党组织建设工作有序开展。注重榜样示范，典型引路。制作学习比拼宣传栏，通过对优秀学员的笔记和成果进行表彰，发挥先进党员干部在学习方面的模范带头作用，调动党员干部学习的积极主动性和创造性。重视利用各类活动加强学习的积极意义。通过利用文化艺术节、文化展等平台深化学习；定期举办学习论坛、举办学习活动等，倡导不断学习理念，掀起不断学习的高潮。三是要建立不断学习激励机制。要重视物质激励与精神激励的结合，对于表现突出、学习优秀的党员要及时给予相应的奖励，并作为考核评价的主要依据，增强考核结果对党员干部的激励功能。五要坚持活学活用，把枯燥的理论知识转化为实实在在的工作能力，着力解决在党组织建设过程中遇到的突出问题，形成学用结合、相互促进的制度体系，并以制度化和规范化的形式予以确立。

（三）坚持系统规划原则

建设创新型党组织的主体有了学习的热情和积极性，并不一定就有了学习能力。如果学习的目标不定、需求不明、良莠不齐，收效也就无从谈起。因此，高校党组织必须健全学习实践科学发展观的长效机制和规划，构建积极促进学习研究和贯彻落实科学发展观的政策、舆论和用人的体制机制，努力推动党组织成为贯彻落实科学发展观的坚强领导力量，努力使党员干部成为贯彻落实科学发展观的骨干力量。必须要坚持对创新型党组织建设的具体工作进行系统规划，要采取具体的措施来有效地引导全体党员要学、会学和善于学习。要重视引导全体党员变革学习理念，变一次性学习为终身学习、研究式学习、反思式学习，确保"学有所得"。必须重视引导全体党员校正学习方式,采取互动式学习、课题研究式学习、老教授带新教师的师徒式等学习活动，让全体党员在交流中实现互补，在对比中寻找差距，将提升素质、能力与交流总结等活动升华为团队学习，确保“学有其法”。必须重视鼓励全体党员创新学习模式，注入学习活力，把学习绩效与目标需求紧密结合起来，引导全体党员在思想观念、行为方式和工作方法上能够敢于创新、与时俱进，确保“学有所用”。

第三节　高校创新型党组织建设的工作体系

体系，是指若干有关事物或某些意识相互联系而构成的一个整体，泛指一定范围内或

同类的事物按照一定的秩序和内部联系组合而成的整体。同样，高校创新型党组织建设的工作体系亦然，其通过制度机制、路径载体等将不同的若干党组织工作根据内在关系有机地整合为一个整体，从而确保高校创新型党组织的整体性、有机性、联动性。

一、高校创新型党组织建设的制度体系

（一）强化激励制度，推动高校创新型党组织建设

高校创新党组织建设是一项长期的系统工程，不能一蹴而就，需要建立健全激励制度，保证为建设注入源源不断的动力。

鼓励先进带动后进。把党员参加学习情况，学习成绩运用结果与党员选拔任用、评先评优相结合。积极开展“学习标兵”“服务标兵”“创新标兵”和党员“三型”标兵的评选和表彰活动。同时，进行专项奖励，如课题研究奖、建设成效奖、创建成果奖，鼓励基层党组织多出成果，提高实效。评选和表彰的过程中要给予相应的精神和物质奖励，以精神奖励为主，以物质奖励为辅，以此激发党组织建设的内在动力，激励广大党员干部努力工作、不断创新，让学习勤奋、服务认真、创新有效、综合素质高、工作业绩显著的党员干部得到认可，受到应有的表彰。与此同时，对后进单位和个人要采取诫勉谈话等措施，实现奖优罚劣，以激发广大党员干部勤奋学习、热情服务、努力创新，争创一流工作业绩的积极性，形成鼓励先进、鞭策后进、共同上进的大好格局。

（二）完善考核制度，推动高校创新型党组织建设

学生党支部是学校党的基层组织，是党联系广大青年学生的桥梁和纽带，是把党员组织起来的一种最基本的组织形式。其组织建设是高校党组织发挥战斗堡垒作用的基本保障。强化高校学生党支部考核建设是高校学生党组织建设的重要内容。目前，高校学生党支部建设特别是学生党支部考核还较为薄弱，亟待加以重视。

首先，建立目标管理（简称 MBO）是通过参与式的目标设置、实施和评价等活动来管理组织的一种方法。自 20 世纪后半叶诞生以来，目标管理已经被世界许多国家的政党、政府、企业等组织广泛运用，在管理领域影响深远。目标管理具有两大作用，一是导向作用，能保证组织朝着自身宗旨和正确的方向前进，二是激励作用，能最大限度调动组织成员工作的积极性，实现组织目标和个人目标的高度契合。其次，坚持以评促建、评建结合、重在建设，把提升党支部工作的科学化水平、增强党支部活力、充分发挥党支部的战斗堡垒作用，作为考核工作的出发点和落脚点，通过考核工作，不断提升高校学生党支部考核工作的整体水平。最后，建立以创建活力党支部为总体目标，努力实现党员队伍全面活跃、党支部队伍一池活水、组织生活灵活多样，最终达到党组织充满活力的工作目标。可以将党支部考核体系包括组织架构、队伍建设、工作机制、工作业绩、外部影响等五大类指标分别根据内容按比例分配分值。

（三）强化监督制度，推动高校创新型党组织建设

监督机制，是一种社会制约机制，核心是对权力的制约。加强高校党员监督机制建设是深化教育改革，加强党对高校的领导，保证社会办学方向的客观要求。近几年，社会上不良的风气也在不断侵蚀着高校校园，因此要时刻注意保持党的先进性，保持党对高校教育事业的绝对领导，督促广大党员干部正确使用权力。在市场经济日益活跃的今天，高校党组织要重视警惕滥用职权现象，建立健全防范滋生腐败行为的内部监督机制。具体来说，一是要加强党内监督，以监督的方式参与决策，如规定纪委书记参加同级党委会和学校举行的重大决策的会议，从纪检角度对重要决策提出自己的意见，行使决策权的监督。二是在招生、分配等工作中，纪委要参与领导，确保权力的公开公平运行。三要严格党的组织生活，民主考评党员领导干部，每年至少一次。四要重视党员群众的信访工作，扩大监督的范围。同时以网络信息为工具，不断开辟党员教育管理的新阵地。随着信息技术的迅速发展，互联网作为新的信息传播媒体，以其信息的丰富性和便捷性，信息传播的实时性、个性化和交互性以及图文声像的一体性等特点，已成为高校师生获取知识和各种信息的重要渠道，成为影响师生思想行为的重要因素。为此，今后应围绕师生的特点和需求，大力加强高校党建“红色”网站的建设，增强其吸引力和影响力，以提高当前高校党员教育力度。例如，及时全面地在“红色”网站上发布最前沿党建理论动态、党建消息、时事政策、新闻报道和最鲜活的健康向上的影视作品、中华优秀文化等，并尽可能多地与其他党建网站链接。还可开展网上知识竞赛，开辟网上论坛，学校党的知识概论课的网上报名、论文提交和打分，在网上宣传好人好事，开展党员评议、公开党建工作进程等。

二、高校创新型党组织建设的工作机制

（一）建立健全选拔任用机制

干部选拔任用提名是发现人的第一步，是干部选拔任用工作的初始程序，是干部工作中最敏感、群众最关注的一个环节，也是决定干部任用工作质量的重要环节。规范干部任用提名工作，是提高选人用人公信度，形成选人用人科学机制的内在要求，是从源头上遏制和纠正选人用人的不正之风的有效措施。基于高校人才的特性，要从中发现和用好干部，必须有健全的选人用人制度和完善的措施，才能把好任用提名关，提高选任干部的质量，更好地为学校发展提供保障。

可以试行多种干部推荐提名方式，提高提名主体的广泛性。以前通常采用的干部选拔提名方式是首先进行民主推荐，在此基础上再由学校党委按干部管理权限研究提出考察人选（或建议人选）。高校是知识分子集中的地方，也是人才汇聚之地。本书认为，经高校的上级党组织批准，可以试行采取多种提名方式。校党委可以推荐人选；依据《高等教育法》校长可以推荐副校长人选；也可试行由教代会常委会、工会集体提出推荐人选等。在各方推荐人选的基础上，进行民意测评，然后再按干部管理权限，由校党委研究提出考察对象人选（或向上级党组织提出的建议人选）；二是要明确提名范围。坚持在民主推荐、民主

测评和民主评议中，进一步改进方法，扩大群众参与的范围，拓宽荐才渠道。在提名之前，应将拟选干部的职级、职数以及应具备的年龄、学历、素质、能力、专业等方面的要求予以公示，使提名人或推荐者明确标准和条件；三是要明确提名程，序，提高提名行为的透明性和公开性。对提名的时间及相关要求，如校党委会提名必须是党委会集体研究，校长推荐副校长必须书面并具名；教代会、工会推荐干部必须集体研究并以书面方式等采取公告的办法告知广大教职工。

（二）建立健全管理监督机制

高校创新型党组织必须强化对领导班子特别是主要负责人的监督。要根据《中国共产党章程》和《中国共产党党内监督条例》结合各高校的特点，研究制定各高校党政领导班子及其成员的监督办法，重点对党的路线、方针、政策和决议执行情况，民主集中制及领导班子议事规则落实情况，以及重大决策、重要干部任免、重大项目安排和大额度资金使用等事项需经集体讨论的制度执行情况的监督检查。同时，还要坚持对以下七项制度执行情况的监督检查：即集体领导与分工负责制度；领导干部述职述廉和谈话诫勉制度；领导干部重大事项报告和收入申报制度；“一把手”同班子成员谈话制度；高校党委民主生活会党委组织部门领导参加下级领导班子民主生活会制度。积极开展党委委员与分管、联系单位主要负责人之间的谈心交心，建立起既相互监督，又协调一致的团结干事的良好氛围。同时强化权力运行监督。要遵循“合法行政、合理行政、程序正当、高效便民、诚实守信、权责一致”的原则及“有权必有责、用权受监督、违法受追究、侵权须赔偿”的要求，推行行政执法责任制，忠实履行法定职责。建立健全高校内部教职工和学生的行政应诉、行政复议处理机制和纠正各职能部门违法行政、不当行政行为的机制。建立完善重要决策落实督办制度，加强对高校社团的引导、规范和管理。还要按照决策民主、执行坚决、监督有力的要求，结合实际，制定切实可行的监督规章制度，畅通各类监督主体和监督渠道，重点加强对高校资金拨付和使用的监管。坚持“量入为出、收支平衡、教学优先”的原则，加强对部门预算管理、收支两条线管理、资金使用审批权限等落实情况的监督检查，确保高校资金安全、规范、有效运行。要加强对高校上下级管理和权力系统横向制约机制运行的监管，建立健全教师、学生申诉制度和规范、民主、公开、透明的处理程序。制定学校内部监察工作具体办法，进一步完善内部监察体制和工作机制，强化对高校权力运行的监管力度，促进高校管理行为和教育教学活动的科学化、民主化、规范化和法制化。

（三）建立健全保障机制

高校学生党员成长成才的本质需要是多方面因素共同影响、共同作用的结果，既离不开他们发挥主观能动性，又离不开一定的机制引导和约束。在学生党员质量保障机制之下，学生党员受到广大师生、学生党员、教师党员等多方面监督，有利于帮助他们发现自身的不足，认识自己的长处，并进一步完善自我。同时，这一机制也为学生党员服务群众、奉献社会提供了契机，为他们走向社会和开展校园活动提供了实践活动的平台。只有积极参与服务群众、奉献社会的实践，学生党员才能不断提高能力和本领，使学生党员队伍的质量得到全面提高。

建立健全高校创新型：党组织建设的保障机制是提高高校基层党组织战斗力的客观需要。学生党员质量保障机制是高校基层党组织工作的重要方面，是提高基层党组织战斗力的重要依托。在这一机制之下，发展学生党员工作受到老师、学生和党员群体的多方面监督，既规范了发展学生党员工作相关程序，又明确了组织纪律，既有利于保障学生党员质量，又有利于为相关工作提出意见和建议。显然，这有利于提高高校基层党组织的战斗力。另一方面，由于相关工作得到规范，既公开又透明，既严肃又活泼，不仅为基层党组织塑造了良好形象，而且为学生党员成长提供了良好氛围。而在众多学生党员个体的共同努力下，高校基层党组织必然形成强大的战斗力。

三、高校创新型党组织建设的平台载体

随着社会的发展、时代的进步，以及互联网时代的到来，高校基层党建工作应紧随时代发展，围绕“两线”积极创新工作思维和工作模式，即：线上打造“互联网＋党建”模式和线下打造服务学生实体平台两位一体模式。

（一）打造“线上”平台载体

线上打造“互联网＋党建”模式。首先，线上充分利用互联网传递信息能够极大地突破时间、空间、地域的局限性特点，构建线上党支部，将党组织活动相关信息更便捷地传递到广大青年党员中，进一步丰富支部建设成果。通过线上平台开展丰富多彩的党支部活动，增强学风建设引导，促进学生成长成才。其次，线上宣传先进典型，如优秀党支部、优秀共产党员、优秀青年教师等，广泛宣传先进事迹，组织优秀党员深入广大师生中去，发挥好先锋模范带头作用。最后，通过新媒体打造线上服务平台，帮助同学及时在网上办理请消假、调课选课、公益时间认定等学生日常事务，帮助同学更加方便快捷地解决问题。

（二）打造“线下”平台载体

线下打造服务学生实体平台。第一，建立党建中心，更好地统筹研究和开展党建工作，发挥好党建工作中心的重要影响力，服务引领好学校的学风建设。第二，建立可以集事务办理、咨询服务、信息发布、师生交流、学习小憩等功能于一体的新型学生事务服务中心，着力加强学风建设保障平台。第三，建立新媒体中心，整合学生会新闻部、IVC 新媒体、网站管理办公室等人员，以“打造最暖新媒体”为目标，发挥新媒体中心在学风建设和学生成长中的重要宣传引领作用。第四，建立学生发展规划指导中心，组建专职教师队伍，去服务广大青年学生群体，加强思想引领，帮助解决其实际问题，以“指导学生学习发展，服务学生成长成才”为工作理念，对学生的生涯规划提供指导和帮助。第五，成立英语四、六级和考研“优才计划”班，提升广大青年学生的外语学习水平和考研录取率，助力广大青年学生成长，聘请专职教师，免费为其提供英语四、六级、研究生考试相关方面培训，

定期举办四、六级和考研经验分享会。

在“两线”的基础上力求做到四个创新，即：一是要创新学习形式，将以往的课堂思想灌输转变为体验式服务教学，把学生拉到实地亲身重温历史。二是创新工作平台，建立帮助青年学生解决生活学习中遇到的实际问题。三是创新社会服务，要坚持走出去，一方面鼓励青年学生到实习单位参加实习，不仅可以增强自身专业素质还可以服务社会大众，另一方面团结带领师生党员加入精准扶贫的队伍中贡献微薄之力。四是创新活动内容，改变以往的陈旧活动形式，开展喜闻乐见的党日活动，提升师生党员对活动的参与度。

第四章　新时期高校学生党员先进性教育的运行机制

第一节　建立健全高校学生党员先进性教育运行机制的重要性和必要性

高校学生党员先进性教育是一项复杂的系统工程，除了具备完善的组织架构，还必须具备有效的教育运行机制。否则，就会导致各部门协调不力，实现途径不畅，从而完不成学生党员教育目标。针对当前整个教育环境的实际情况和当代大学生党员的特点，建立有效的高校学生党员先进性教育运行机制是非常必要和迫切的。

一、建立健全学生党员先进性教育运行机制是高校党员先进性教育的基本目的

建立健全学生党员先进性教育运行机制是指建立健全学生党员先进性教育运行的规章制度与协调机制，使高校学生党员先进性教育的过程、环节、结果都规范协调，从而达到党员先进性教育的目的和取得实效。高校进行党员先进性教育既艰巨又复杂，做好这一工作，既要有总体目标，又要有阶段性要求；既要全面安排，又要重点突破；既要加大力度，又要稳步推进；既要坚持宏观要求，又要尊重实际情况和党员先进性教育的客观规律。所以，应该联系高校实际，以科学的态度制定党员先进性教育的总体规划，建立健全学生党员先进性教育的运行机制，明确指导思想、工作原则、重点和难点、目标及要求、具体措施和实施步骤，这样才能使高校学生党员先进性教育有组织、有计划、有目标地进行，取得预期的效果。

二、建立健全学生党员先进性教育运行机制是搞好高校党员先进性教育的重要环节

新时期高校学生党员先进性教育体系是个复杂的系统，是由多个子系统组成的有机统一体，其中学生党员先进性教育运行机制是不可或缺的重要一环，是学生党员先进性教育系统及其各子系统的协调机制。建立健全学生党员先进性教育运行机制是搞好学生党员先进性教育的重要环节，只有建立健全学生党员先进性教育的运行机制，才能从真正意义上给新时期学生党员先进性教育提供科学有效的制度保障，使之得以健康有序地运行；只有建立健全学生党员先进性教育的运行机制，才能保障高校学生党员先进性教育的各系统、各环节协调统一，保障高校学生党员先进性教育各相关部门步调一致、通力合作，进而畅通渠道，保证新时期高校学生党员先进性教育目标的顺利实现。

三、建立健全学生党员先进性教育运行机制是做好高校党员先进性教育活动的必要条件

建立健全学生党员先进性教育运行机制是加强高校党的先进性建设的必要条件和根本之举。高校学生党员先进性教育运行机制是由多种要素构成的系统工程，科学地确定运行机制的构成要素，对于保证机制的结构合理、功能齐全、运转高效具有重要意义。运行机制的功能，是抓具体执行落实，使各级党组织和党的领导干部承担起先进性建设的具体责任，把党的建设伟大工程变成党组织的实际工作，从而落到实处，形成人人有责任，责任有人担的局面。为此，要实行目标管理，把党建工作目标细化，分解落实到每一级党组织和党组织负责人；要确定行之有效的方式，提高党员干部履行职责的能力；要建立并落实检查评价执行责任的制度，起到督促作用。只有这样，才能通过完善高校党组织、党员领导干部联系群众制度、决策民主化制度、落实整改措施制度等，使党员领导干部密切联系群众，随时倾听师生员工的呼声，了解师生员工的愿望和要求，努力为师生员工办实事、做好事、解难事，以优质高效的服务，进一步密切党群关系、干群关系，增强高校的凝聚力和向心力。

第二节　建立健全高校学生党员先进性教育运行机制的基本原则

高校学生党员先进性教育运行机制本身是一个复杂的系统，它主要涉及制度层面的问题及协调的问题，在建立健全高校学生党员先进性教育运行机制的过程中须遵循一定的基本原则，才能取得预期的效果。

一、以正确理论为指导

党的先进性建设，要求高校党组织必须正确认识所肩负的历史使命，妥善处理高校在新形势下遇到的新情况、新问题。这一历史性的课题，要求高校党建工作必须坚持以中国特色社会主义理论体系为指导，用发展着的马克思主义解决高校党组织建设的具体问题，把握先进性建设的政治方向和政治本质，达到用科学发展观统领学校工作的全局，实现学校全面、健康、协调和可持续发展的目标；达到从师生员工的根本利益出发，代表师生员工、联系师生员工、服务师生员工的目标。

二、以高校党建工作的内在要求为依据

建立健全学生党员先进性教育运行机制，要努力做到“三个结合”：（1）党建工作的总体要求与高校党建工作的实际相结合。一方面要严格遵循党章和党中央关于党建工作的一系列条例、准则、规定，严格依据党的性质、宗旨、指导思想、根本任务和路线方针政策开展工作。另一方面，要紧密结合高校党建工作的实际，把党建工作的总体要求具体化，提高运行机制的针对性。（2）单项机制的建设与整体机制的建设相结合。通盘考虑中央对党建工作各种机制的要求，把握好各种机制之间的内在联系，使各项制度相互配套、紧密衔接，提高运行机制的完备性。（3）理论探索的超前性与实际运行的现实性相结合。既要以党建理论为指导，对教育机制作前瞻性的预测，使其内容具有一定的超前性，更要立足现实，着眼于解决实际问题，充分体现可操作性，提高运行机制的实效性。

三、坚持求真务实、注重实效

高校学生党员先进性教育运行机制的建立健全，要以“取得实效、群众满意”为标准。运行机制的建立健全，必须增强宗旨意识和服务意识，体现立党为公、执政为民的本质，坚持以师生员工的根本利益为出发点和落脚点，围绕“办人民满意的高等教育，当人民满意的高校教师，做人民满意的当代大学生”这个主题，解决好如何深入基层、密切同师生员工的联系问题。加强自身建设，不断增强组织群众、宣传群众、服务群众的本领；做到权为民所用，情为民所系，利为民所谋，加深对师生员工的感情；改进作风，求真务实，解决好师生员工所关注的热点难点问题；把科学发展观和正确政绩观，贯彻到学校的各项工作中去，努力实现学校跨越式发展。

四、坚持继承与创新相统一

运行机制的建立和完善是一个动态过程，必须随着时代的发展，在继承已有的运行机制的基础上，对原有运行机制的结构和方式进行相应的改进，做到与时俱进。要坚持实践第一的观点，坚持群众路线，积极探索，大胆实践，勇于创新，不断总结基层党组织和广大党员创造的好经验，将其上升到理性认识的高度，用制度的形式固定下来。当前，高校特别要认真总结先进性教育活动中党员学习提高、党性分析、民主评议、管理监督、发挥

作用等方面的经验，形成相关的制度，融入党的思想、组织、作风和制度建设体系中，保持运行机制的生机与活力。

第三节　建立健全高校学生党员先进性教育运行机制的主要内容

高校党员先进性教育涉及学校各个部门、各个方面，应该建立党委统一领导，党办、组织部门、宣传部门、纪检部门齐抓共管，专职人员协调、支部各负其责的领导体制和运行机制。只有这样，党委各部门才能分工明确、职责清晰，既分工又协作，形成党员先进性教育的合力，防止出现党员先进性教育的盲区。

一、建立健全权责明确的学生党员先进性教育责任机制

要进一步推进高校学生党建工作责任制的系统化、规范化和科学化，不断增强高校基层党组织的执政效能，全面提升高校党建工作水平。

（一）着眼构建规范高效的工作运行机制，建立权责明确的执行责任体系

坚持领导带头，明确工作职责，层层分解量化，健全责任落实机制，确保高校党组织主要负责人履行第一责任人职责，分管负责人履行具体责任人职责，基层党组织负责人履行直接责任人职责。

1. 完善高校领导班子任期目标和年度目标责任制

高校党组织要按照中央关于加强党的建设的意见、规划和上级组织关于加强党的建设的实施意见，对党的建设提出总的目标要求，认真制定年度和任期工作目标、考核办法并组织实施。高校基层党组织要按照领导班子成员在党内的不同分工的实际情况，结合工作现状提出具体的、可以量化的目标要求，层层签订目标责任书，明确工作标准、完成时限、具体责任人，落实奖惩措施。党员和干部的个体目标则根据其不同的岗位职责而定，并形成责任书，以便考核和奖惩。

2. 层层分解量化目标任务

（1）党委责任的分解量化

①党委集体责任

党委集体把学生党建工作作为党委整体工作的一个重要组成部分，切实摆上议事日程，加强对学生党建工作的领导和对基层党建工作的指导。实行党委成员基层党建工作联系点制度，以点带面，强化示范引导。坚持党委中心组学习和党委成员上党课制度。党委成员积极参加民主生活会，认真开展批评与自我批评，自觉接受党组织的监督，模范执行党风

廉政建设的各项制度，并认真做好干部诫勉谈话教育，抓好有关制度的落实，做到警钟长鸣，防患于未然。充分发挥基层党组织的协助、监督作用，对重要工作和干部任免，认真听取基层党组织的意见。

②党委书记责任

认真贯彻党的路线、方针、政策，坚持执行上级党组织的决议和指示，自觉维护上级党委的权威，确保政令畅通。认真贯彻民主集中制，抓好党委领导班子自身建设，加强班子内部团结，发挥班子整体功能。切实履行学生党建工作第一责任人职责，在学生党建活动中发挥表率作用。

③党委成员责任

认真落实党委抓学生党建工作责任制，带头实行“一岗双责”，结合分工抓好各项任务落实。深入基层调查研究，及时掌握基层学生党组织工作情况，为党委决策提供第一手资料。及时向基层学生党组织传达党委决定、决议和重要工作部署，具体指导基层学生党组织紧紧围绕党委的中心任务和重要部署开展工作。

（2）基层党组织责任的分解量化

①二级学院党支部责任

发挥党委（党总支）的政治核心作用，履行政治责任、保证监督党的路线方针政策及上级党组织决定的贯彻执行，把握好教学科研管理重大事项中的政治原则、政治立场、政治方向，在干部队伍、教师队伍建设中发挥主导作用，把好政治关。

宣传和贯彻党的路线、方针、政策，正确执行上级党组织和领导部门的决议、指示，坚持社会主义办学方向。

领导和组织党员、干部和群众认真学习马克思列宁主义、毛泽东思想与中国特色社会主义理论体系，加强党的基本路线、基本知识、党风党纪、民主法制等教育，不断提高师生的思想政治素质，全面加强党组织的自身建设。

认真开展纪律检查和纪律教育工作，搞好党风廉政建设。加强对党员纪律观念教育和组织监督，提高党员的党性修养，培养党员廉洁自律的高尚品德，提高党员的拒腐防变能力。严格执行党的纪律，督促党员履行义务，保障党员的权利不受侵犯。

②支部书记责任

认真履行支部第一责任人职责，抓好学生党支部日常工作。充分发挥党的政治优势和组织优势，动员、组织广大学生党员和干部扎实工作，高效率、高质量地完成各项业务工作。完善学生党员教育、培训和管理制度，健全目标管理责任制，把支部工作纳入目标管理体系，并制定相应的实施、考评办法，使学生党支部工作规范化、科学化、制度化，不断增强党支部的活力。

③支部委员责任

坚持党支部的集体领导，根据分工，认真履行工作职责。加强自我修养，严守纪律，当好表率。认真做好深入细致的思想政治工作，充分调动党员群众的工作积极性。

④学生党支部责任

认真履行《中国共产党和国家机关基层组织工作条例》规定的九条主要职责。积极探索新形势下基层党建工作的新情况、新问题，不断改进工作方式方法，结合实际抓好工作落实。重视学生党支部自身建设和党建基础工作，完善各项党建工作制度。积极开展争创先进学生党支部活动，努力建设好的领导班子，培养好的学生党员队伍，完善好的学生党建制度，形成好的思想作风，创造好的工作业绩，发挥好政治核心作用和战斗堡垒作用。

3. 工作运行机制

确保高校学生党建工作责任制健康运行，取得实效，必须建立健全一系列行之有效的工作运行机制。要按照一级抓一级、一级对一级负责和“横向到边、纵向到底”的原则，纵向上发挥高校党委的关键作用，建立高校党委管党责任制；发挥基层党组织的作用，建立基层党组织责任制；发挥总支、支部的作用，建立总支、支部责任制。横向上发挥各级党员领导干部的表率作用，建立以各级党组织“第一责任人”和“直接责任人”为重点的领导责任制。主体上发挥学生党员的先锋模范作用，建立党员岗位目标责任制；格局上形成从高校党委到基层学生党组织，从学生党支部到学生党员的逐级负责、责任共担的全方位、多层次的责任制工作运行机制。

（二）加强组织领导，切实把高校学生党建工作责任制落到实处

学生党建工作责任制是一个既具稳定性又具动态性的较为复杂的系统。高校党组织要不断统一思想认识，从落实领导责任入手，把工作着力点放在责任制考核管理的运行监控和落实上，并建立相匹配的各项规章制度，确保责任制建立的科学性和考核的公认性，有效地推动学生党建工作在发展中创新，在创新中发展。

1. 进一步明确领导责任，增强抓落实的自觉性

落实学生党建工作责任制，是把党要管党、从严治党的要求贯彻到高校党的建设工作之中的具体体现。落实学生党建工作责任制，关键是落实领导者的责任，重点是第一责任人和直接责任人的责任。对高校学生党建工作，要树立“抓好党建是天职，不抓党建是失职，抓不好党建就是不称职”的责任意识，切实履行抓好学生党建工作的职责。

2. 齐抓共管，形成抓落实的强大合力

要充分发扬民主，对责任制内容中涉及的重要问题和重要决策，由集体研究决定；要拓宽民主渠道，调动方方面面的积极性；要加强沟通协调，争取各方面的支持。

3. 加强对落实学生党建工作责任制的监督检查

建立学生党建工作责任制运行调研分析会议制度、督促检查和情况通报制度、党员领导干部联系点等制度，经常深入基层指导工作，发现和解决实际问题，总结和推广工作经验，不断完善学生党建工作责任制。要积极创新，探索建立联系群众、调查研究制度、定期向上级党组织报告工作制度、学生党员目标管理制度等，进一步推动高校学生党建工作责任制的落实。

二、建立健全规范长效的学生党员教育机制

学生党员经常性教育是高校党的建设的一项基础性工作。加强学生党员经常性教育，对于巩固和扩大高校学生党员先进性教育活动成果、不断提高学生党员素质，对于贯彻落实科学发展观、构建社会主义和谐社会，都具有十分重要的意义。

（一）建立健全学生党员教育机制的总体要求、主要目标和工作原则

1. 学生党员经常性教育要达到的主要目标

（1）提高学生党员思想政治素质

高校党的基层组织要结合高校实际，突出高校特点，发扬马克思主义学风，联系实际，学以致用，切实解决思想问题和实际问题，进一步增强学生党员政治素质，使广大学生党员能够始终保持坚定正确的政治方向，始终经得起政治风浪的考验，始终保持昂扬斗志、浩然正气和奋发有为的精神状态。使广大学生党员坚定共产主义理想和中国特色社会主义信念，树立马克思主义世界观、人生观和价值观；增强党的观念、党员意识，牢记党的宗旨，坚持立党为公、执政为民，清正廉洁、拒腐防变；严守党的纪律，在思想上政治上与党中央保持高度一致；继承和发扬党的优良传统和作风。

（2）增强学生党员的工作能力

提高用马克思主义的立场、观点、方法分析问题和解决问题的能力，组织、宣传和服务广大青年学生的能力。用思想建设的成果引领观念创新，围绕促进高校发展，落实科教兴国战略，形成新思路、新理念，谋划新举措、新发展。

（3）发挥学生党员先锋模范作用

在学习、工作和生活中充分发挥先锋模范作用，努力成为自觉学习的模范，贯彻执行党的路线、方针、政策的模范，勇于创新、创造学习业绩的模范，联系和服务广大青年学生的模范，践行社会主义荣辱观、发扬社会主义新风尚的模范。

2. 学生党员经常性教育要遵循的工作原则

坚持用科学理论武装头脑，围绕中心、服务大局，紧密联系实际，促进学习和工作；坚持正面教育、自我教育为主，既严肃认真又生动活泼，增强教育的吸引力、感召力，激发学生党员自我提高、自我完善的内在动力；坚持面向全体学生党员，分类实施，按需施教，增强教育的针对性；坚持教育与管理、监督、服务相结合，增强教育的实效性；坚持常抓不懈、不断创新，努力实现学生党员教育工作的科学化、制度化和规范化。

（二）学生党员经常性教育的基本内容和方法途径

1. 抓好学习培训

采取举办培训班、上党课、举行报告会和组织专题研讨等形式，有计划地组织好学生党员的集体学习。倡导党员自主学习，引导党员根据自身实际和工作需要，制定学习计划，利用业余时间自主选择学习内容和方式，认真搞好自学。加强对党员学习的具体指导，为党员学习创造良好条件。通过开展读书活动和知识竞赛、交流学习成果、评选表彰学习标

兵等方式，激发党员学习的积极性和主动性。

2．加强实践锻炼

组织学生党员深入开展“创先争优”活动和主题实践活动。通过党员承诺、设岗定责、结对帮扶和青年志愿者服务等多种方式，为学生党员服务社会、加强党性锻炼搭建平台。有计划地组织学生党员到社区基层锻炼，到艰苦地区、艰苦岗位锻炼。

3．严格组织生活

认真执行“三会一课”制度，坚持和完善民主评议党员制度，定期开展学生党员党性分析评议活动。学生党支部要结合专题组织生活会，开展民主评议党员工作。民主评议要发扬党内民主，认真开展批评和自我批评，方法要简便易行，注重实效。对不履行党员义务、不符合党员条件的学生党员，要及时帮助教育，促其改正；对经教育不改的，要按照党章和党内有关规定作出处理。

4．坚持以人为本，发挥典型示范作用

坚持以人为本，从政治、思想、工作和生活上关心、爱护、帮助学生党员。组织学生党员开展经常性谈心活动，沟通思想，相互启发教育。经常分析学生党员思想状况，及时解决思想问题，增强思想政治工作的预见性、针对性和实效性。大力宣传优秀学生党员先进事迹，发挥先进典型的示范引导作用。

（三）建立健全学生党员教育机制的保障措施

1．加强学生党员教育队伍建设

要选好配齐学生党员教育职能机构工作人员和基层党务工作者，充分发挥他们在学生党员经常性教育中的骨干作用。按照素质较高、数量适当、结构合理和专兼职结合的要求，建立由党校教师、专家学者、政治辅导员、先进模范人物和领导干部等组成的学生党员教育师资队伍，有计划地组织他们深入基层开展学生党员教育培训工作。

2．加强教育阵地建设

充分发挥高校党校在学生党员经常性教育中的重要作用，利用各类社会实践基地等各方面的教育资源，建立学生党员教育基地。充分运用信息网络等媒介，拓展学生党员教育培训和学生党员自主学习的途径。

3．加强教材体系建设

中央有关部门要组织编写统一规范的学生党员教育基本教材；地方党委可结合实际编写学生党员教育辅助教材。高校党组织还应根据学生党员需求，向广大青年学生推荐、提供自主学习的材料。加强对学生党员教育教材编写、出版、发行和使用的管理。

4．确保教育时间

高校党组织要统筹兼顾，在不影响正常学习的前提下，按照有关规定合理安排学生党员集体教育活动，保障学生党员参加集体教育活动的时间。

三、建立健全积极慎重的学生党员纳新机制

党的先进性需要通过党员的先锋模范带头作用体现出来，党员的素质如何至关重要，在党员纳新的时候严格把关，建立健全积极慎重的学生党员纳新机制具有重大现实意义。

（一）进一步明确高校学生党员纳新工作的指导思想和基本要求

高等学校是高知识群体和青年聚集的地方，担负着培养高层次青年知识群体、发展先进科学技术和传播社会主义精神文明的职责。做好高校学生党员纳新工作，是实施人才强国战略，培养为中华民族伟大复兴而奋斗的一代新人的迫切需要，对于我国全面建设小康社会，进而实现中华民族的伟大复兴具有重要的战略意义，对于改善党员结构，增强党员队伍的生机和活力，对于增强党的阶级基础和扩大党的群众基础，提高党在广大知识分子中的影响力和凝聚力具有重要的现实意义。

第一，坚持积极而慎重地做好在高校发展党员工作。不断加大工作力度，及时把高校中的先进分子吸收到党的队伍中来，通过几年努力，使高校党员数量有较大幅度提高，实现“低年级有党员、高年级有党支部”，严格发展党员工作程序，确保新党员质量。

第二，坚持把培养教育贯穿在发展党员工作的全过程。建立健全多渠道、多层次的教育体系，切实加强入党申请人入党前、入党中和入党后的教育，把发展党员的过程作为开展思想政治教育工作的过程，实现学生党员组织和思想入党的统一。

第三，坚持把学生党支部建在班上或专业上，充分发挥学生党员的先锋模范作用和骨干带头作用，使大学生党支部成为带动学生班级团结进步和开展思想政治教育的坚强堡垒。

（二）突出工作重点，积极而慎重地做好高校学生党员纳新工作

1. 加强培养，主动出击

（1）采取多种措施加强对入党积极分子的培养教育管理

要注重提高广大青年学生对党的认识，激发他们的入党热情，使他们自觉端正入党动机。从新生一入校开始就有步骤地从思想素质好、政治觉悟高的优秀团员中推荐入党积极分子，拓宽“推优”工作渠道，各级团组织、学生会、学生社团或班级导师、教师等都能够向党支部推荐。要做好中学与大学的衔接工作，及时接转和审核高中阶段入党的有关材料，培养教育时间应连续计算，做到党员发展“关口前移”。

（2）要充分发挥高校党校及其院（系）分校的作用

对入党积极分子进行系统的马克思主义基本理论教育、党的知识教育、思想道德教育，使他们形成正确的世界观、人生观、价值观。建立健全两级建校、分层培养的党校教育格局，科学规划、合理安排，使党校的人员配备、课程设置、课时安排、教材建设、经费投入得到保证。做到计划落实、教师落实、教材落实、考试落实和总结落实。有条件的高校可开设党课类选修课程。高校党委负责人和有关部门负责人要带头讲授党课。要充分利用现代信息技术，建设好网络党校、电视党校，扩大党校教育的覆盖面。积极探索利用网上党校开展教育活动。入党积极分子必须通过党校考试或考核并取得合格证书，才能作为培养或

发展对象。

（3）要主动出击，积极主动地开展工作

高校各级党组织要通过查阅档案、个别谈心、召开恳谈会、组织活动等形式摸清情况，及早发现和掌握一批培养苗子。及时了解、分析学生的思想状况，克服“坐等上门”的工作方式，注意关心他们的工作、学习、生活，解决一些生活中的实际困难。对已递交入党申请书并确定为入党积极分子的要安排培养联系人定期找他们谈话，考察了解思想、学习、工作情况，指出缺点和不足，指明努力方向。对培养成熟的，及时列入当年发展计划。

2. 突出重点，改善结构

要结合大学生的特点，做好大学生党员纳新工作。注意发展那些思想品质好、学习成绩优秀、积极参与社会活动的青年大学生入党。要结合大学生的特点，把党章规定的党员条件具体化，对准备发展入党的大学生要进行综合考察。对于入党积极分子，要重点加强党的基本理论、基本知识教育；对预备党员，要立足于“从思想上入党”的教育：对正式党员，要进行保持党员先进性教育。把在大学生中发展党员工作的过程作为加强大学生思想政治教育的过程。

3. 加大力度，慎重发展

（1）要积极而慎重地做好学生党员纳新工作

高校各级党组织要增强学生党员纳新工作的主动性和紧迫感，对纳新工作要专门部署、专门检查，切实加强领导、加强培养、加强教育、加强管理。要通过几年的努力，使在校学生党员数占学生总数的比例在整体上有较大幅度提高。

（2）要把握党员标准，保证发展党员质量

发展党员工作要坚持“入党自愿，个别吸收”“成熟一个，发展一个”的原则，正确把握培养和发展、数量和质量、组织入党和思想入党的辩证关系，确保发展党员质量。对准备发展的学生入党积极分子要进行综合考察。考察中把政治热情、个人理想和入党动机、理想信念结合起来；要把对专业理论知识的学习和对马列主义理论学习、党的基本理论知识的学习结合起来；要把自我评价和群众评价、组织考察结合起来；要把平时表现和关键时刻表现、在重大问题上的态度立场结合起来，要着重考察政治态度、政治素质，严把质量关。坚持成绩不合格的不发展、群众意见不过关的不发展、带头作用不明显的不发展。

（3）要把发展党员的过程作为开展思想政治教育的过程

在批准申请人入党之前，要派人同他们进行谈话，加深对他们的了解，帮助他们提高对党的认识，围绕党支部召开会议对发展对象进行讨论、入党宣誓仪式和预备党员转正等入党关键环节，开展特色鲜明、激励作用明显的主题教育活动，促进入党积极分子思想认识和政治热情的提高。

（4）要制订年度发展党员计划，按计划发展党员

科学制订发展党员工作的中长期规划和年度计划，对培养计划、工作步骤、发展进度作出明确安排，防止和避免突击发展、片面追求数量，发展数量大起大落等不正常现象。

要做好组织关系或有关证明及时转移衔接工作，保持高校与社会发展党员工作的连续性。

（三）严格发展程序，全面把握发展党员标准

1. 严格程序，抓好发展党员的关键

（1）确定入党积极分子

大学生在递交入党申请书后，党支部要指定专人同申请人谈话。党支部组织支部全体党员和群众代表对申请入党人员进行无记名投票，根据推荐情况和本人现实表现，经过支委会讨论确定入党积极分子。对确定的入党积极分子，党支部应确定两名正式党员为培养联系人，并采取多种形式对其进行培养和教育。

（2）确定和培训发展对象

对基本具备党员条件的入党积极分子可列为发展对象。确定发展对象要按照以下程序：通过各级团组织、学生会、学生社团或班级导师、教师等多渠道向党支部推荐；党支部广泛征求党内外群众对确定的发展对象的意见并经所在团支部民意测评；对符合党员条件的要纳入学期（学年）发展计划；对发展对象要进行政治审查、集中培训，党内外公示。

（3）履行入党手续

党支部召开接收新党员大会，党总支形成意见报学院党委。学院党委在审批新党员之前，要派组织员与他们谈话，审批的党员要填写《党员信息登记表》报组织部备案。

（4）预备党员教育、考察和转正

对预备党员要定期组织集中培训，注重考察他们在预备期内的思想政治状况和遵守纪律、执行党的决定、履行党员义务、行使党员权利、保守党的秘密、发挥党员作用的情况。经过对预备党员继续培养教育考察，确已具备党员条件的按期转为正式党员；对需要继续考察和教育的延长预备期；对不具备党员条件的，取消其预备党员资格。

2. 坚持标准，确保发展党员的质量

要考察发展对象刻苦学习文化知识，积极参与科学研究，勇于投身社会实践，德、智、体、美全面发展情况；积极组织和主动参加各项学生活动，在工作中锻炼提高自身素质和能力情况；追求真知、严谨自律，尊敬师长、关心同学，明礼诚信、乐于奉献情况等。

（四）加强基层党组织建设，夯实发展党员工作的组织基础

1. 进一步改进和完善基层党组织建设

（1）要进一步加强和完善党的基层组织建设

条件成熟的高校可将各教学学院（系）改建为基层党委，配备专职干事，基层党委（党总支）书记、副书记抓好党员发展工作，以便更好地适应新的任务要求，更好地发挥党的基层组织在发展党员工作中的政治核心作用。基层党委设立后可根据教职工和学生党员数量下设总支或支部。学校党委书记和各级党组织一把手要切实负起领导责任，找准发展党员工作中存在的主要问题，制定切实加强和改进工作的措施。

（2）要发挥学生党支部在发展党员工作中的重要作用

学生党支部承担着培养和发展党员的重要任务，基层党组织要把学生党支部建设放在重要位置，选好配强支部委员会班子，特别是选出政治素质高、责任心强、有组织领导能力和奉献精神的学生党员担任党支部书记。学生党支部要履行工作职责，健全工作制度，转变工作作风，加强制度建设和督促检查，不断改进活动方式，创新活动内容，增强党组织对广大青年学生的吸引力、凝聚力和感染力。

（3）在大学生中建立以学生党建为核心的学生思想政治工作新格局

学校的团学工作要把学生党建工作作为中心环节来抓，实行大四带大二、大三带大一的工作方式。自觉围绕学生党建工作来开展团学工作，通过开展团学工作推动学生党建工作。

2. 加强新建高校高专院校、民办高校基层党组织建设

第一，新建高校高专院校要认真贯彻执行中央关于加强高等学校党的建设的一系列指示、规定，坚持和完善党委领导下的校长负责制，建立和健全各项规章制度，加强系级党总支、学生党支部建设，配备好专、兼职党务政工人员，切实加强基层党组织建设和党员队伍建设，做好发展党员工作。

第二，各市、县（市、区）党委组织部门和教育行政部门的党组织，要加强对各类民办高校的主管部门、举办单位和办学主体的指导和协调工作，建立健全党组织，做好发展党员工作。民办高校的举办者和校长，要高度重视学校党的组织建设，支持党组织负责人开展党的活动，并给党组织开展活动提供一定的经费支持。

（五）加强组织领导，注重高校党务干部队伍建设

1. 不断加强对学生党员纳新工作的领导

（1）建立健全学生党员纳新工作领导体制

形成学校党委、基层党委（党总支）和党支部三级层层落实发展党员责任制的工作体制，学校党委要定期研究党员发展工作，研究制定发展党员中长期规划和年度计划，及时解决影响发展党员工作中遇到的问题。党委组织部门要加强对发展党员工作的指导管理和监督。各级基层党组织要认真落实党委意见精神，确保基层党组织建设和党员发展任务落到实处。学校党政工团、各职能部门要分工负责，齐抓共管，为做好党员发展工作提供良好的环境条件。

（2）创新学生党员纳新工作机制，加强制度建设

各高校要按照中央有关规定，制定本校学生党员纳新工作的实施细则，积极探索党支部设置和党员发展工作新形式，定期组织开展形式多样的先进基层党组织、优秀党员评选活动，扩大党组织在学生中的覆盖面和影响力，充分发挥党组织的战斗堡垒作用和党员的先锋模范作用，学校党委、基层党委（党总支）、党支部要责任明确，分工负责做好计划申报、选拔培养、推优、培训、预审、公示、谈话、考察、审批、转正等具体工作。

2. 加强队伍建设，不断提高党务干部队伍素质

（1）选配素质高、能力强的干部从事党务工作

党务政工干部是党的组织建设的直接承担者，集中体现着党的组织管理水平和党的形象。要选好配强各级党组织领导干部，尤其是党总支、党支部书记，在坚持干部标准和德才兼备原则的前提下，突出知识化和年轻化，建立能上能下、能进能出的用人机制，大胆起用政治素质好、工作能力强、公道正派、廉洁务实、群众公认的党员进入领导班子。注意拓宽渠道、引入竞争机制，有计划地重点培养一批优秀干部，加大对后备干部的培养选拔力度，进一步强化党组织在发展党员工作中的政治核心作用。

（2）配备数量充足的专兼职组织员

要加强党委组织部门建设，为组织部门配备政治素质高、工作能力强、数量充足的工作人员，并配备一定数量的专职和兼职组织员。党委建制的学院（系）党组织应至少配备一名专职或兼职组织员。重视发挥离退休老干部、政治辅导员、党员班主任以及广大党员教师在学生党员发展工作中的重要作用，形成党员教职员工共同参与的工作格局。

3. 为学生党员发展工作提供必要的经费支持和物质保障

高校党委和行政，每年要为本校学生党员发展工作拨付一定数量的经费，为发展党员工作的正常开展提供必要的经费支持和物质保障，改善工作条件，为党务工作者参加业务学习、培训提供必要的支持。要积极开展高校发展党员工作研究，切实解决发展党员工作中遇到的新情况、新问题，努力开展高校发展党员工作的新局面。

四、建立健全严格高质的学生党员管理机制

对学生党员的管理工作，要具有强烈的责任意识和开拓创新意识，只有潜心研究新时期学生党建工作的规律，积极研究探索新时期学生党员教育管理的新形式、新方法，党员管理工作才能有成效。

（一）健全制度，保证学生党建工作有章可循

院（系）党组织要加强对党建工作重要性的认识，完善院（系）党政联席会制度、组织生活制度等各项规则和制度，使学生党支部组织活动有制度保证。党支部活动时要强调组织纪律，党员不能无故不参加组织活动。通过一系列的制度来规范党组织的工作程序，基层党组织工作真正做到有据可依、按章行事，使党建工作更加科学化和规范化。在实际工作中，要经常总结经验，把好的做法通过制度的形式固定下来。在严格执行制度的同时，对制度本身也要不断进行检验完善，使之充分发挥作用。

（二）定期组织党员开展组织生活

一是开展形式多样的组织生活会。针对大学生党员文化素质高、思想活跃的特点，学生党支部的组织生活会除了宣传党的方针政策、传达党中央的精神外，可以开展如主题辩论会、新老党员谈心互访等活动，提升学生党员的理论水平和思想层次。二是组织开展丰

富多彩的社会实践活动。社会实践活动是学生党员教育内化为思想素质、外化为行动的重要关节点。组织党员根据专业特色开展为民服务活动，如计算机编程、法律援助、导游、对乡村贫困学生进行定点指导。在社会实践中宣传党的精神，输送党的关怀，牢固党群关系；让学生在实践活动中接受熏陶和锻炼，直接体验人生和社会。

（三）发挥网络优势，进行网络管理，针对学生不同的阶段给予不同的指导和培训

科技的进步、网络的发展给党员的管理带来良好的外部环境，将学生党员资料放在网上，进行公开民主的管理；在网上组织开展各种竞赛征文活动，宣传党的理论；建立网上学生党员信箱，在网上收集思想汇报；开通网上党员咨询热线，解答学生党员的困惑，帮助学生党员渡过思想或生活的难关，关怀学生党员的工作及个人生活状况；在网上创办党校，对学生党员进行党的理论培训，宣传马克思主义理论、毛泽东思想和中国特色社会主义理论体系，指导学生党员学习、生活与实践，特别是针对大学生毕业后形成的流动党员，在网上建立党小组，定期召开党小组会议，参与党支部活动，把党的思想精神带到各行各业的工作岗位上，密切流动党员与支部的联系。

（四）建立更为透明的党员评议制度

党员评议制度是党员管理中的一个重要环节，是树立党员形象、提高党员素质的有效措施。在学生中开展党员评议工作，应以增强党性、加强自身修养、提高自身能力和理论水平、发挥自身潜能、树立全心全意为人民服务的思想和坚定共产主义信念为主要内容。首先，要确立党员的考核标准，将学生的思想政治学习、遵守党纪党规、专业知识技能、社会实践能力和诚实守信等情况列入考核标准中，对学生党员进行全方位的考察。其次，是建立学生党员全面、立体的考察制度，开展党小组之间的互评、学生党支部的评议、网上评议制度、班集体评议、寝室成员评议。在评议过程中要坚持公开原则，善于引导参评人员畅所欲言，不隐瞒，不回避，广泛评议。再次，要建立公示制度。坚持公平公正的原则，注重群众的反馈意见。党组织应充分发挥党员评议工作的激励与警示作用，赏罚分明。大力宣传优秀党员的先进事迹，树典型；对于少数考评结果较差的同志，党支部应帮助其分析原因，提出整改措施，并督促其改进提高。

（五）给学生党员创造纪律严明、和谐自然的管理氛围

党的纪律是党的各级组织和全体党员必须遵守的行为准则，学生党员必须自觉接受党的纪律约束。同时，学生党支部应根据学生的特点，以人为本，给学生党员自我管理、自我发展的空间，增强党组织的吸引力。激发学生党员的主体意识，发挥党组织的导向作用。党组织应根据学生党员的具体情况，注重学生的自我发展，经常向他们提出发挥作用的具体要求，激发学生党员的主体意识，肯定自我，发展自我。根据专业的不同情况，建立专业社团，激发学生的创新意识，锻炼学生党员的创新思维，做好学术科技活动工作，使学生党员在专业上具备先进性，团结更多的学生群体，指导学生群体学习，不仅为党组织提

供更多群众支持，培养大批的入党积极分子，而且为党员进入社会提供更为广阔的发展空间。

五、建立健全真情关怀的学生党员服务机制

在坚持党组织关怀服务党员原有基本做法和经验的基础上，结合新形势、新任务，采取切实有效的措施，建立高校党组织与学生党员密切联系的“直通道”，增强党组织凝聚力，使高校党组织更好地履行教育、管理和关怀党员的职责，吸引力进一步增强；使高校党组织更好地发挥服务、团结和组织党员的作用，感召力进一步增强；使高校党组织更好地加强先进性建设，影响力进一步增强。

（一）学生党员关怀服务机制的主要内容

1. 政治上关怀帮助

坚持以人为本，保障党员民主权利，是充分发挥广大学生党员积极性、主动性和创造性的重要保证。要坚持党内重大事项党员先知道、先讨论、先行动，不断健全充分反映党员和党组织意愿的党内民主制度。推进党内情况通报制度、情况反映制度和重大决策征求意见制度的进一步实施，落实学生党员的民主权利。

坚持继承和创新相结合，坚持和发扬高校党建工作原有的好经验、好做法，针对新情况、新问题，改进党组织活动方式，进一步创新学生党员自我教育机制，努力做好党员的思想政治工作，帮助党员不断提高综合素质，促进党员在各个领域发挥先锋模范作用。

2. 工作上体谅支持

尊重和发挥学生党员在学校改革发展中的积极性和创造性。积极为学生党员搭建奉献社会、服务群众、建功立业、实现人生价值的平台。保持高校党组织的影响力和凝聚力，吸引优秀青年学生加入党员队伍。

各高校党组织要深入到教学、管理、服务第一线，深入到学生党员中去，建立“绿色通道”，畅通上情、下情，经常倾听学生党员心声，积极主动地帮助他们解决学习工作中遇到的问题。切实改变一些党组织和领导干部对党员“交任务多,教方法少”“批评埋怨多,体谅支持少”的现象。

3. 生活上关心照顾

要坚持党组织关怀服务党员的优良传统，对家庭困难等特殊学生党员要格外关注、重点帮助，送去党和政府的关怀和温暖，努力使党组织的凝聚力覆盖各个群体，努力使每个党员都能充分享受到党组织给予他们的关怀。各高校党组织要立足实际，全面关心党员，努力把党组织建设成为温暖的“党员之家”。

各高校党组织不仅要从物质上对党员关怀帮助，而且还要从精神文化生活方面开展有针对性和实效性的活动。要积极开展各种喜闻乐见、健康有益的文化活动，丰富知识、陶冶情操、提高素质，满足党员多样化的精神文化需求。

4. 营造良好的外部环境

要努力形成关心爱护党员的用人导向，建立健全领导干部联系学生党员制度。党组织主要领导要带头执行有关制度，不仅“身入”基层，更要“心入”基层，了解党员的实际情况，实实在在地帮助党员解决困难和问题。要严格规范和控制各种检查、评比、达标活动，大力精简会议、文件和简报，切实改进会风、文风，实实在在为党员干部减负，让他们从疲于应付中解脱出来，集中精力为大家办实事。要大力宣传和表彰淡泊名利、一心为党员、为学生谋利益的先进基层党组织，建立表彰激励机制，在高校党组织中，普遍建立服务党员的长效机制。

（二）学生党员关怀服务机制的主要形式

高校党组织要通过关怀党员、服务党员，增强广大学生党员的党性观念和组织观念，增强党员对党组织的归属感和向心力。要坚持科学态度，一切从实际出发，针对新情况、新特点，不断寻求形式多样、行之有效的载体。

1. 创新关怀服务载体

通过构筑各种灵活多样的服务载体，为广大学生党员参加党的活动、参与党内事务提供服务和帮助。比如：建立和完善党员教育服务网，运用现代信息化手段，为党员提供党内信息服务；建立各级党员服务中心，为党员提供政策咨询、教育培训、党内互助服务等等。为党员的组织生活、学习教育、文化活动提供便利条件，不断创新新形势下加强党员教育管理的途径。

2. 实行多样化服务

针对不同学生党员的不同情况和特点，分类提供服务。既要关心他们的学习、生活，又要关注他们的心理健康和就业状况等等，从而调动每个学生党员的积极性，充分发挥他们的先锋模范作用。

3. 建立开展服务的长效机制

关怀服务党员是高校党的建设中的一项长期工作，必须建立长效机制，紧抓不放，做到一以贯之、常抓常新。要大力加强党组织关怀服务学生党员的制度建设。对实践证明是行之有效的制度，要继续认真执行；对实践中形成的一些好做法、好经验，要及时总结提炼，用制度固定下来、坚持下去；要立足新的实际，积极探索，创新制度和办法，使关怀服务机制获得持久的生命力。要加大对党组织关怀服务党员活动的投入。充分利用现有的党内资源，有效整合其他资源，切实解决一些基层党组织活动经费短缺、场所不足等问题，为关怀服务活动顺利开展提供有力的资源支撑和物质保障。

（三）学生党员关怀服务机制的具体要求

1. 加强组织领导

关怀服务党员工作要在学校党委统一领导下开展，组织部具体组织实施，负责做好指导、协调和督办工作，要确保关怀服务党员工作落到实处，取得实效。

2. 制定实施方案

各高校要结合本单位实际情况，通过深入调查，制定切实可行的关怀服务党员实施方案，确定具体的关怀服务党员措施，责任到人，抓好落实，防止流于形式。要建立奖惩制度，推动此项工作的开展，各高校党组织要把关怀服务学生党员情况纳入“创先争优”评选和党员干部年度工作目标责任制的内容，定期检查考核，对那些在工作中表现突出的党组织和党员干部要予以表彰奖励。

3. 健全工作责任制

各级党组织主要负责同志是抓关怀服务党员活动的第一责任人，要经常深入基层，发现问题，总结经验，推动工作。领导班子成员、领导干部要带头落实关怀服务活动的各项任务，做出榜样，当好表率，形成一级带一级、一级促一级的工作局面。

党组织关怀服务学生党员活动，是加强和改进基层党的建设的迫切需要；是坚持执政为民，巩固党的执政基础的必然要求；是保持党的先进性，增强党的创造力、凝聚力和战斗力的重要保证。高校党组织要不断增强责任感和使命感，把进一步加强党组织关怀服务学生党员的建设放在更加突出的位置，切实抓紧抓好。

六、建立健全扎实有效的学生党员实践机制

建立健全高校学生党员先进性教育运行机制，要根据高校基层党组织工作特点和学生党员思想特点，不断改进工作方式方法，提高工作成效。要注重抓调研、抓信息、抓活动、抓典型、抓规范、抓载体，找准工作切入点和着力点，建立健全扎实有效的学生党员实践机制，开辟工作阵地，拓展工作途径，增强基层学生党组织的工作实力。

第一，长效机制的建立和完善是一个动态过程，必须以总结吸收实践经验为基础，必须随着时代的发展，对原有的内容、结构、方式进行相应的改进，做到与时俱进。要坚持实践第一的观点，坚持群众路线，积极探索，大胆实践，勇于创新，不断将基层学生党组织和广大党员创造的好经验进行总结，上升到理性认识的高度，用制度的形式固定下来，融入高校党的思想、组织、作风、制度建设体系中，保持长效机制的生机与活力。

第二，积极探索方法途径，健全完善机制，做好党员联系和服务群众工作。要牢固树立党组织为党员服务、党组织和党员都为群众服务的意识，通过开展以服务师生为主要内容的主题实践活动、志愿者服务活动、党员承诺服务、关心生活困难学生等活动，帮助基层和师生解决实际问题。健全党员联系群众督查制度，完善党组织和党员考核机制，把群众是否满意作为检验党组织和党员联系、服务群众工作成效的基本标准。

第三，学生党支部要根据学生党员特点，把组织生活与促进班级工作、建设优良学风、开展社会服务和参加社会实践等方面结合起来，实现学生党员组织生活的创新和发展。学生党支部要坚持在探索中实践，在实践中创新，密切结合党员实际，积极创新教育手段和方法，扎实开展党员经常性教育；不断拓展途径、丰富内容，努力做好党员联系服务群众工作；主动研究新情况、探索新方法，加强工作研究，改进工作方式和活动内容，增强党

支部工作的吸引力和实效性；加大学生党支部建设和入党积极分子培养力度，改善和优化结构，保持党员队伍的勃勃生机与活力；同时积极开展丰富多彩的主题党日活动和主题实践活动，党组织共建和党员互动活动以及党组织活动方案立项活动，丰富党组织活动载体，提高活动质量和效果，促进和谐校园建设。

七、建立健全科学民主的学生党员监督机制

建立健全高校学生党员先进性教育运行机制，要围绕增强学生党建工作责任制的效能，建立严格高效的考核监督体系。要把高校党组织党建工作的成效考真、考实、考准，必须采取切实有效的方法和手段，准确把握考核指标设置、考核的程序和方式方法以及考核结果的运用等关键环节。

（一）考核指标设置

学生党建工作责任制考核指标应设置思想政治工作、党委班子和干部队伍建设、民主集中制、基层组织建设、党风廉政建设等方面的基本内容，以学生党建工作考核为主体，以教育教学工作为考核党建工作的参考系，并行设置教育教学工作考核指标。

（二）考核程序和方法

各级党组织和组织部门结合实际，认真制定考核办法，明确考核的内容、依据和具体办法,成立考核工作机构,制定考核实施方案。考核机构根据需要采取多种方式方法和途径，对各级党组织和学生党建责任人完成目标任务和履行职责情况进行全方位考核评估，认真总结反馈。根据考核工作实际情况和工作需要，考核主要可采取召开座谈会、个别走访、调查核实、实地查看和专项调查、比较分析等方式方法进行。考核结束后，要建立学生党建工作责任制考核档案。高校学生党建工作责任制的执行情况，接受高校工委的检查考核，与民主评议党员、开展创先争优活动相结合，广泛听取党内外群众的意见。高校学生基层党建工作责任制的考核，在上一级党组织的指导下进行，并接受上级党组织的监督检查，重点强化对考核工作的全过程监督。考核过程中，要广泛听取党内外群众的意见，及时向社会公布有关情况。考核结束后，广泛向社会公开、公示。考核工作及时向上一级党组织汇报，接受上级党组织的监督检查，努力形成严格高效的考核监督体系，确保高校学生党建工作真正取得实效。

（三）考核结果的运用

考核结果的运用是实施考核的最终目的，科学运用考核结果则是搞好考核的关键环节。

运用考核结果，实施奖惩措施，鼓励先进，鞭策后进。按照以精神鼓励为主，精神鼓励和物质奖励相结合的原则，对责任制考核成绩突出的党组织和个人，采取通报表彰、授予荣誉称号、颁发奖金等形式予以奖励。对考核成绩不好的后进党组织，予以通报批评，对其主要责任人要进行组织调整或诫勉。

运用考核结果，对高校基层党组织进行分类排队，找准存在的问题，分析原因，“对

症下药”，不断改进工作，增强指导全面工作的科学性、针对性，促进高校学生党建工作整体水平上台阶。

第四节　保证高校学生党员先进性教育工作系统有效运行的基本环节

高校学生党员先进性教育工作系统只有运行才能发挥作用，系统运行的实质是狠抓落实。在落实的过程中要把握好四个环节。

一、领导带头，落实责任

高校学生党员先进性教育工作机制的系统运行是一把手工程，要切实列入党委重要议事日程，摆在重要位置，拿出主要精力，抓实抓好。要加强运行机制落实的领导责任制，从学校党委到党总支、党支部，都要建立“一级抓一级，一级带一级，一级教一级”的领导责任制，形成党组织一把手负总责、亲自抓，分管领导全力以赴、具体抓，班子成员主动配合、协调抓，各级党组织高度重视、主动抓的格局，推行目标化管理，对学生党员先进性教育工作机制的系统运行实行强有力的组织领导。

二、建章立制，加强规范

机制是规章制度的综合统一体，规章制度是机制的外在表现形式，建章立制才能使学生党员先进性教育工作机制具有广阔的运行平台。制度具有规范的功能，通过建章立制，明确高校党组织和广大党员必须做什么，禁止做什么，从而规范高校各级党组织和广大师生党员的行动。高校党委要把建章立制作为机制运行的基础性工作，下大力气制定、完善、实施各项规章制度，把组织管理和制度管理结合起来，教育引导党组织和党员严格遵守党的纪律和国家法律法规，强化依法治党、依法治校、依法治教的意识，养成按规章制度办事的习惯，促使高校学生党员先进性教育工作机制的运行更加科学化、规范化。

三、创新载体，形成抓手

要积极探索并实施符合高校学生党组织建设和学生党员思想活动规律的方式方法，充分运用现代新技术、新手段，如互联网等，开展形式多样、富有实效的活动，创新载体。如构建大学生思想政治教育体系，加强大学生党员的思想政治素质建设；创建“和谐校园”活动，以全面提高学校党组织和党员的开拓创新能力、干事创业水平和思想道德素质；开展评比表彰“先进基层党组织”“优秀党员”等活动，以激发党组织和党员争创先进的内在动力等，通过开展各种主题实践活动，形成高校学生党员先进性教育运行机制的抓手和载体。

四、实践反馈，检查协调

在机制运行过程中，要运用检查、访谈、听取汇报、考核等方式，加强信息收集，抓好反馈工作，及时回收实际运行的结果，随时掌握机制运行的进程。高校党委应适时召开专题会议，分析机制的运行形势，找出存在的偏差，提出解决对策，根据运行的实际情况，采取相应的调整措施。对达到预期效果的，给予表扬肯定，总结典型经验，推动运行实施的深化；对运行不顺畅的，要查明原因，加强协调，完善整改，对机制运行实施强有力的控制和指挥，防止随意性。

第五章　新时期高校学生党员先进性教育的保障体系

第一节　建立健全新时期高校学生党员先进性教育保障体系的重要性

任何一项目标的实施必须借助它所在环境的各项资源。学生党员先进性教育目标要能顺利、高效地实施，必须获得高校学生党建部门的大力支持，得到政策、物质、人力等各方面的倾斜，从而建立健全相应的保障体系。只有这样，才能使学生党员先进性教育获得可靠的保障。建立健全新时期高校学生党员先进性教育保障体系，对保障学生党员先进性教育活动的顺利开展并收到实效有着重大的作用。

一、建立健全保障体系是新时期高校学生党员先进性教育规律的客观要求

新时期高校学生党员先进性教育的顺利实施，不仅要有坚强有力的执行系统，而且还要有对先进性教育顺利实施的保障系统，这是由新时期学生党员先进性教育的规律决定的。

（一）学生党员先进性教育是普遍性和特殊性的辩证统一，客观上要求建立健全保障体系

中国共产党成立以来，在长期的历史实践中形成的对广大党员进行教育的一些行之有效的内容和形式，当然适用于新时期高校学生党员，这是高校学生党员先进性教育的普遍性的一面。但是，高校学生党员先进性教育又具有其特殊性的一面。从其教育对象来看，

高校学生党员是我们党的新鲜血液，是祖国的未来，肩负着人民的希望，在当前社会转型时期，即将成为全面建设小康社会的生力军。总体上，他们正处于世界观、人生观、价值观形成的关键时期，入党时间不长，接受党内的教育锻炼机会还不是很多，因此构建高校学生党员的先进性教育保障体系就显得尤为重要。只有根据高校学生党员的实际情况，制定规划制度，健全队伍组织，建好场所阵地，创新活动载体，整合教育资源，优化社会环境，才能更好地引导学生党员，充分发挥党员的先锋模范作用，努力学习科学文化知识，练就过硬的本领，团结和带领广大青年学生共同前进，为我国的改革开放和社会主义现代化建设作出贡献。

（二）学生党员先进性教育是长期性与阶段性的辨证统一，客观上要求建立健全保障体系

建立健全学生党员先进性教育保障体系，是我党保持先进性这一共性规律的要求，决定了党员先进性教育活动必须长期坚持，是一项长期活动。这要求我们在相当长的时间内不断加强党的先进性建设，通过开展先进性教育使广大学生党员素质明显提高，适应新时期社会发展的新要求。只有建立健全了保障体系，学生党员先进性教育活动才能深入持久地开展下去，并收到实际效果。同时，世界是变化发展的，先进性教育活动的内容和方式也要适应变化发展了的客观实际，不断吸收马克思主义中国化最新成果，不断采取新的更为先进的教育方式，着眼于新的社会问题，从而使先进性教育活动呈现出阶段性来。只有坚持两者的统一，才能保证先进性教育不断取得显著效果。相反，如果学生党员的先进性教育没有形成系统的、规范的、强有力的保障体系，那么，可想而知，先进性教育活动的效果只能会大打折扣。

（三）学生党员先进性教育是质变与量变的辨证统一，客观上要求建立健全保障体系

学生党员先进性教育要严格按照中央精神要求进行，把握好度，既不能为开展先进性教育而开展先进性教育，被动应付，也不能回到过去搞政治运动的老路上去；既不能仅仅停留在一次教育活动的成果上裹足不前，也不能影响学生正常的学习，努力做到“两不误、两促进”。学生党员的先进性教育活动，只有与学生党员的日常学习有机结合起来，才能保证学生党员先进性教育活动效果量的提高和质的飞跃。学生党员先进性教育保障体系可以通过制定科学的规划、建立健全队伍组织、整合教育资源、优化社会环境、创新活动载体等措施，发挥持久的教育功能，寓教于学，寓教于乐，把先进性教育贯穿于学生党员日常学习、生活的各个方面，确保学生党员的先进性。

（四）学生党员的先进性教育是目的与手段的辨证统一，客观上要求建立健全保障体系

探索学生党员先进性教育活动的规律性，目的在于深化对教育活动的认识，总结提炼其内部联系以及先进性教育活动与其他教育活动的本质联系，加以抽象化和理论化，用以

指导党的先进性建设。所谓手段，就是要研究开展教育活动应该采取的有效的方式、方法、途径、载体等。比如，实施分类教育的方法，适应了不同情况的党员的要求。因此，在今后的实践中，我们要建立健全先进性教育保障体系，不断总结学生党员先进性教育的有效手段，交流最先进的先进性教育活动经验，探索目的与手段有效结合的方式，更加有力地加强学生党员先进性教育。

二、保障体系在新时期高校学生党员先进性教育工作体系和工作机制中具有重要地位和作用

保障体系为高校学生党员先进性教育的开展提供组织保障、制度保障、物质保障、环境保障，在高校学生党员先进性教育工作体系和机制中处于重要地位、发挥重要作用。具体讲，其重要地位和作用主要体现在以下几个方面：

（一）保障体系是加强和改进高校学生党员先进性教育的重要环节

高校学生党员的先进性，具体体现在其理想信念、价值追求、群体精神、行为方式、党风学风、能力水平等方面。高校学生党员能否保持党的先进性，直接关系到他们能否在政治思想、道德品质、专业学习、科学研究、发明创新、社会实践、服务社会等德智体美各方面和各项工作中发挥带头和表率作用，关系到能否发挥共产党员先进性的评价、导向、激励、约束、辐射、教化等功能，关系到他们将来能否承担起党和国家赋予的历史重任。这些功能和作用发挥，最终都要通过实际行动来体现。建立健全高校学生党员先进性教育的保障体系，利用各种有利条件来支持和引导他们，就显得十分迫切和必要。

（二）保障体系在高校学生党员先进性教育工作体系中发挥重大的协调作用

建立高校学生党员先进性教育工作体系和机制是一项复杂的系统工程，要坚持科学性、系统性和可行性相统一的原则。但是，当前高校学生党员队伍建设中既存在力度不大的问题，又存在制度化、规范化相对滞后的问题。在开展先进性教育活动过程中，应该如何把学生党员学习、教育、管理及发挥先进性作用等方面的内容有机结合起来，把对高校学生党员的考核评估、奖惩激励、监督制约等环节科学地衔接起来，是保持高校学生党员先进性的最重要的内容。显然，要把这些方面有机结合起来，单靠某一部门的力量是不够的，这就要求建立先进性教育的保障机制。只有建立健全了先进性教育的保障机制，未雨绸缪，有了周密的计划安排和物质、精神保障、协调机制以及预测机制，高校学生党员先进性教育活动的开展才会形成结构合理、程序严密、关系协调、执行顺畅的制度体系和工作机制。

（三）保障体系在高校学生党员先进性教育工作体系中发挥重大的物质和精神保障作用

高校学生党员先进性建设的长期性和艰巨性，要求开展高校学生党员先进性建设必须要有一定的物质和精神保障。包括开展先进性教育活动的报刊、书籍、音像，理论学习和

研讨的活动场地、经费等等。没有一套稳定持久、健全有效的制度支撑和资源保障来支持全体党员在思想上和实践中的进步，始终保持党的先进性就可能成为一句空话。党员的实际行动除需要从制度上加以规范和引导外，还需要从外部环境上进行保障和维护。这就要建立健全保持高校学生党员先进性的计划制度、队伍组织、场所阵地、物质经费、活动载体、教育资源、社会环境，逐步形成结构合理、关系和谐、衔接紧密、运行顺畅、易于评估的保障体系等。

（四）保障体系为高校学生先进性教育工作体系的运转创造良好的社会氛围

高校学生党员先进性教育保障体系的建立和有效运转，离不开良好的社会氛围和舆论环境，建立健全保持高校学生党员先进性的保障体系，可以充分运用校内和社会上的报刊、广播、电视、互联网等新闻媒体，在长期的先进性教育活动中有计划、有步骤地对先进性教育活动进行宣传报道，把中央精神和学校的活动情况宣传出去，把先进典型的感人事迹宣传出去，把校内基层党组织的好做法、好经验宣传出去，发挥舆论导向作用，为学校先进性教育活动营造生动活泼的学习局面和良好的舆论环境，推动高校学生党员先进性教育活动的持续顺利开展。

（五）保障体系为高校学生党员先进性教育工作体系的运转提供制度保障

学生党员的先进性主要体现在党员的思想品质、工作作风和实际行动等方面，其中的关键是实际行动。一个人的行为主要受教育、制度和思想觉悟的影响，教育可以转化一个人的思想，培养其高尚的情操、先进的觉悟，但要将思想化为行动，仅靠一时的组织教育和个人自觉是不够的，它是一个不断反复的和螺旋上升的过程。要把短期集中教育和经常性教育结合起来，使先进性教育活动取得的成效、创造的经验转化为规章制度，转化为经常之举，还需要从制度上提供保障，不断对其加以引导和规范。因此，我们必须重视发挥保障体系提供的制度保障作用。

（六）保障体系是高校党的建设和学校育人目标的根本保证

保障体系以有效的制度、资源和环境保证，持续推进高校学生基层党组织先进性建设，着力提高高校学生党员的能力素质，将对党的前途和命运产生重要影响。高校是学生党员相对集中的地方，高校学生党员所占比例远远高于党员在国民人口中的比例．所以，高校既是党的新生骨干力量的重要来源，又是新党员重要的发展地、培训地和集散地。一方面，高校学生党员具备年轻化、知识化、专业化的优势，毕业后奔赴全国各地的各类工作岗位，今后，各级党政领导干部中的大多数将从他们中培养和选拔，他们的政治素质将直接影响到我党各级干部的领导能力、管理水平和工作作风。另一方面，在新的历史时期，党所肩负的历史使命对高校学生党员的素质提出了更高要求，高校学生党员与其他群体中的党员相比，具有流动性大、涉及面宽和与社会现实相对脱节等特点，只有经过在校期间系统的党的理论学习和过硬的党性锻炼，养成自觉的党员意识，才能在现实社会中始终保持党员本色，发挥先锋模范作用，从而成为我党干部的优秀后备队伍。因此，建立健全保持高校学生党员先进性的保障体系，对于把我们党建设成为优秀人才高度密集的永葆先进性的执政党，对于巩固和拓新党的执政基础、推进党的建设新的伟大工程，起着基础性作用。

三、实践经验证明高校学生党员先进性教育需要建立健全保障体系

近年来，随着高等教育的迅速发展，高校的学生党建工作得到了长足发展，学生中党员的数量和质量均有了很大的提高，学生党员队伍的结构也有了较大的改善。从总体上讲，由于学生党员的发展坚持了党员发展的原则性，所以其党员队伍的主流是好的，他们能够严格要求自己，有积极向上的政治思想，有比较牢固的马列主义信仰，是大学生中的中坚力量和骨干；在日常的专业学习和社会工作中，发挥着表率和模范带头作用，在学校、老师和学生的联系上起着桥梁和纽带作用，在学校的稳定和发展中起着中流砥柱的作用。但是，由于市场经济的趋利性影响，加上受各种主客观因素的制约，使得当代大学生党员与党员先进性的时代要求、与青年大学生所肩负的历史使命要求还存在一定差距，如社会上利己主义、拜金主义、享乐主义的影响，使得大学校园不再是世外桃源，大学生的思想也会在一定的程度上受到强烈冲击，导致部分学生党员党性观念、党员意识弱化，先锋模范作用的发挥不够明显，表现出与党员先进性要求不一致的问题。从一定意义上讲，上述问题的出现与没有建立健全完善的高校学生党员先进性教育的保障体系是密切相关的。由于没有科学的统筹规划和有力的物质、精神保障，以及良好的舆论环境支持，导致上述问题的产生。

第二节　新时期高校学生党员先进性教育保障体系框架内容

一、健全队伍组织

建立高校学生党员先进性教育保障体系，除了规划和制度保障外，健全组织系统和工作队伍也是保障体系的基本内容。

（一）健全工作队伍

建立高素质的强有力的工作队伍，是建立健全高校学生党员先进性教育保障体系的基础。任何一项工作，人的因素是第一位的。学生党员先进性教育工作队伍的素质和水平，直接关系到学生党员先进性教育的成效。学生党员先进性教育大致要建立如下几支工作队

伍。

1. 建立一支强有力的党务工作队伍

党务工作队伍可按学校党组织的设置分为校级党务工作队伍，院级党务工作队伍和支部党务工作队伍。在学生党员先进性教育保障体系中，各级党务工作者因所在的党组织的地位和作用不同，其职责和任务也各不相同。

校党委成员，主要负责大学生党员先进性状况调研，大学生党员先进性教育长期规划、阶段性工作计划和制度措施的制定；在教育活动实施过程中主要承担指导检查的任务。

学校党委各部门的党务工作者，主要负责深入基层调查研究和检查督促，了解教育活动的进程，基层对学校规划、计划以及制度措施落实情况，教育活动中出现的新情况、新问题，为党委提供决策依据。

院部党务工作者，具有承上启下的作用，既负责党委决策的贯彻落实，又要对基层党支部大学生先进性教育活动进行督促检查，还要根据本单位的大学生党员思想、学习和工作实际，制定具体的落实措施，创造性地贯彻校党委的决策和要求，力求抓出成效。

支部党务工作者队伍，是党委规划、制度、措施落实的关键，支部党务工作者队伍工作是否得力，贯彻党委决策要求的认真态度，直接影响大学生先进性教育成效，其职责更加具体，落实措施更加具体周到。

2. 建立一支强有力的思想政治工作队伍

这支队伍主要由学生工作队伍和辅导员队伍组成。这支队伍和大学生党员朝夕相处，最了解大学生党员的思想脉搏，知道大学生党员先进性教育如何组织实施更加切合大学生党员的思想、工作、学习的实际，切合大学生党员的成长规律和生活规律。他们主要承担组织、协调和实施教育的任务。他们既组织实施面上的大学生党员先进性教育活动，又可根据大学生党员思想状况、能力素质，进行一对一的谈心教育，能够扩大学生党员先进性教育的成果，使教育活动取得更大的成效。

3. 建立一支强有力的党校教师队伍

在高校，党校承担着培训党员、干部和入党积极分子的任务，负有对大学生党员进行先进性教育培训的职责。高校党校教师队伍，是一支专兼职相结合、动态管理的队伍，其来源多为院部党务工作者和思想政治工作者。他们理想信念坚定，党性强，作风正，业务熟，长期从事党员、干部和入党积极分子的培训工作，对党的先进性教育的内容有深入的把握，对大学生党员的理想信念、入党动机、价值取向有深入的了解，应该成为大学生党员先进性教育的生力军。

4. 建立一支强有力的心理咨询队伍

大学生党员同普通大学生一样处在身心发育的关键时期，处在世界观、人生观、价值观逐步成熟但又未完全确立的时期，是非标准、道德观念尚未健全，性格品质处在冲动期，缺乏反复的磨炼和强化，知识阅历不够深厚，具有较强的可塑性，大学生党员先进性教育，要切合他们的心理特点，无论从教育内容还是教育方式、方法上，都要切合他们的心理特点、心理需求。心理咨询队伍能够找准教育的切入点，把握教育的方式方法。建立这样一支队伍，可使大学生党员先进性教育取得事半功倍的效果。

5. 建立一支强有力的学生群团组织队伍

学校的共青团工作队伍、大学生社团组织队伍，在高校大学生活动中发挥着重要的作用。这支队伍的成员，多为学生党员和干部，对他们组织的活动加以引导，可对大学生党员先进性教育活动发挥潜移默化的作用。如高校的“学生青年理论学习研究会”“学马列”小组、“学党章”小组等，对加强大学生党员先进性教育发挥着相辅相成的作用。共产主义青年团的活动，可为大学生党员先进性教育营造良好的氛围。

（二）健全组织系统

建立健全完备的组织系统，是大学生党员先进性教育的组织保证。组织系统涉及大学生党员先进性教育谁来规划、谁来布置、谁来实施的问题。

1. 健全基层党组织系统

高校党的各级组织统称为基层党组织，分为学校党委、院部党委，总支部委员会和支部委会员，自上而下构成了高校党的组织系统，体现了领导被领导的关系。各基层党组织所处的地位不同，其作用也各不相同。党的路线、方针、政策的贯彻，党建任务和党务工作的布置，都是通过这个组织系统传达到基层、传达到党员群众的。当然，高校大学生党员先进性教育也是由这个组织系统承载、贯彻并组织实施的。大学生党员先进性教育不仅是党的建设的重要内容，而且也是新时期党的建设的重要任务，是高校基层党组织的分内工作。

2. 健全学工组织系统

高校学生工作部和研究生工作部是党委负责大学生管理工作和大学生思想政治工作的职能部门。它与院部党委的学生工作办公室和下辖的辅导员队伍构成其相对独立的工作系统。严格意义上讲，都属于基层党组织系统。由于工作性质的特殊性和独立性，也将其视为独立的组织系统。学生工作系统由于职能的特殊性，也是大学生党员先进性教育的重要组织者和实施者，是中坚力量。

3. 健全党校教育组织系统

在高校，党校一般由校级党校和学院分党校构成党校教育培训系统，这个系统从严格意义上讲，也属于基层党组织系统。

在《中国共产党普通高等学校基层组织工作条例》规定的任务中，培训党员是学校党校的重要职责。因此，大学生党员先进性教育党校组织系统也是重要的组织者和实施者，能为大学生党员先进性教育提供培训和师资保障。

4. 健全共青团组织系统

共青团组织系统不是大学生党员先进性教育的载体，也不是组织者和实施者。但由于它是党联系青年的纽带，它所组织的活动一般都是配合校党委的工作部署而安排的，它的

工作目标和党委的工作目标是一致的。因此，它在大学生党员先进性教育活动中发挥配合的作用，为大学生党员先进性教育营造良好的氛围。

5. 健全社团组织系统

社团组织在高校是一支活跃的力量。它与共青团组织一样既不是大学生党员先进性教育的载体,也不是组织者和实施者。但社团是接受党的领导的,对社团工作加以正确的引导，通过社团组织同样可以为大学生党员先进性教育营造良好的氛围，使教育活动更加得到党外群众的理解、支持和欢迎，鼓舞群众跟党走的信心。

二、建好场所阵地

一定的场所阵地，是进行党员先进性教育的必不可少的物质载体，也是培育和展示党员先进性教育成果必不可少的物质载体，还是发挥党员先进性教育对社会和群众的引领、推动以及辐射作用必不可少的物质载体。在高校，建立健全学生党员先进性教育保障体系，搞好场所阵地建设尤为重要。在大学开展学生党员先进性教育，在场所阵地建设方面，同社会其他单位相比，有着许多更为有利的条件，除了大学本身就是党员先进性教育的重要场所和阵地以外，它在教育内容、教育环境、教育对象、教育组织、教育手段、教育成果、教育作用等诸多方面都有着自身的许多优势。充分认识、认真挖掘、积极发挥好这些显在的和潜在的优势，是搞好新时期高校学生党员先进性教育场所阵地建设的重要内容。

（一）要把党员先进性理论的教育列入马列主义基本教学课程

要把党的先进性教育作为大学生的必修课，列入马列主义基本教学课程。让党的先进性教育理论进大学教材，让党的先进性教育实践进大学课堂，这是新时期高校大学生党员先进性教育中最基础最重要的场所阵地建设。为此，要坚持理论创新，组织得力的马列主义基础课教师、党的建设理论研究工作者和党务工作者，加强对党的先进性教育理论、方法、作用等一系列重要问题的研究，尽快地把党的先进性教育中的好经验、好做法理论化、系统化，尽早编写出适合新时期大学生群体的党的先进性教育教材。要坚持理论武装，大学生党员应该带头学习党的先进性教育理论，坚定党的信念，遵守党的纪律，切实发挥党员的先进性作用。要坚持理论指导，对非党员的大学生，要引导他们学习和研究党的先进性教育的理论，并吸引他们向党组织接近，使其在潜移默化中接受党的教育和熏陶。

（二）要建立以党员先进性教育为主要内容的大学生基层党校

现在，每所大学都配有专职人员负责的党校。它在进行党的基本理论教育和党的时事政策教育以及完成学校党委下达的一些党的教育任务方面，发挥了积极的和重要的作用。但现在看来，由于高校规模的空前扩大，仅学校这个层面有一个党校是远远不够的。对于一个有几万名学生和近万名教职员工的大学来说，这种党校能保证处以上党员干部的必要的培训和学校重要的阶段性的培养党的教育骨干就很不错了。因此，以学院为基本单位，建立以党员先进性教育为主要内容的大学基层党校是必要的也是可能的。现在的学院，学生大都在千名以上，大的有两三千名学生。如果学生党员按百分之十计算，每个学院的学生党员就在百名或几百名之间。这的确是一个不小的数字。对他们的教育和管理是一个非常重要的课题。从这个意义上说，在学院一级建立大学生基层党校是完全必要的。由于学生数量的增多和学生党员数量的增多，现在一般在各个年级都建立学生党支部。有的学院，还在党员数量比较多的班级建立了学生党支部。鉴于以上这些情况，我们可以设想，以学生党员为骨干，以要求入党的积极分子为主要对象，以学生党支部为依托，以对要求入党的积极分子所进行的党的基础知识教育为主要形式，在学院建立大学生基层党校。通常情况下，院党委书记任党校校长，分管学生工作的院党委副书记任常务副校长，院党委委员、党委秘书和学生辅导员应担任党校教员，同时还可以聘请院内优秀党员教师担任党校教员。这样，就使学院一级大学生党员的日常教育和管理，成为学院工作的有机组成部分，并把方方面面融为一体，把对大学生党员和要求入党积极分子进行党员先进性教育作为一项基础性和经常性的工作，依托大学生基层党校抓紧抓好。

（三）要建立高校以大学生党员为主体的先进性理论研究组织

大学生是社会中文化水准比较高的群体。他们知识面比较广，求知欲强烈，更重要的是他们独立思考能力比较强。根据这些特点，对大学生党员进行党的先进性教育，更要注意发挥他们的主体性，让他们自己主动去学，自己组织起来去学；要启发他们积极进行思考，在学习的过程中研究更深的问题，获得更新的感受，创造属于自己的成果。历史的经验和实践的成果都告诉我们，大学生中各种根据兴趣爱好组织起来的社团组织，在促进大学生全面发展和专长发展方面，都起到了课堂教育和教师传授都无法替代的作用。大学生中对理论研究感兴趣的也大有人在。所以，在高校建立以大学生为主体的党员先进性教育理论研究组织，是新时期高校学生党员先进性教育搞好场所阵地建设不可忽视的重要方面。

（四）要把革命历史纪念场所作为进行党员先进性教育的基地

革命历史纪念场所，是中国共产党人和中国人民前赴后继、浴血奋战的足迹，是波澜壮阔历史画卷的浓缩，是英雄们不朽的丰碑。往前勾画着自己蓝图的人多，进行历史回顾和深度反思的人却很少。这是很值得警惕和必须着力改变的，不懂得历史，就很难认识今天，而不懂得历史，不认识今天，就无法知道明天。所以，一定要把革命历史教育作为大学生党员先进性教育的重要内容，一定要把革命历史纪念场所作为大学生党员先进性教育的基地，让大学生尤其是大学生党员，从历史中汲取营养，在继承中实现发扬，在创新中获得发展。

（五）要把改革开放中涌现的先进单位作为进行现实教育课堂

在改革开放的大潮中，涌现出许多带有时代特征的先进单位。尽管这些先进单位的特点各具特色，经验各领风骚，做法各占鳌头，但是有一个共同的特点，党的路线、方针、政策得到有效贯彻执行或者说被因地制宜地活用，党组织的核心和战斗堡垒作用以及党员发挥了先锋模范作用，是它们兴旺发达的重要前提、可靠基础和基本保证。而它们兴旺发

达的结果，是群众得到了看得见摸得着的实惠，给国家和社会作出了实实在在的贡献。他们的实践，就是对社会发展规律的积极探索，他们的成功包含着对时代发展特点和规律的深刻认识和主动应用。这些先进单位是我们进行党员先进性教育最现实最生动的课堂。应该看到，这类资源是相当丰富的。而且这方面的工作，我们同样是有经验可以借鉴的。在大学生赖以开展社会实践的各种基地中，许多就是在改革开放中涌现出的各种各样的先进单位。大学生们在这些地方，了解社会、研究社会、认识社会；同时，也反过来认识自己，消化书本知识，发挥自己的才能，为社会服务。其结果是，高校扩大了高等教育的外延，大学生得到了社会环境中的检验和锻炼，社会实践单位加强了和高校的各种联系．根据这些经验，我们有理由认为，把在改革开放中涌现出的先进单位作为学生党员先进性教育的课堂一定大有文章可做，而且我们必须把这个文章做好。

（六）要把社会各条战线的优秀党员作为先进性教育的老师

每个时代都造就属于自己时代的英雄，每个时代的英雄构成历史的英雄画卷。在我们今天这个时代，同样造就着属于我们这个时代的英雄。其中有战斗在工农业生产各行各业中的劳动模范，有引领科学技术发展的著名专家学者，有工作在教育百花园中辛勤的园丁，也有随时准备以鲜血和生命奉献给祖国和人民的解放军、武装警察和公安干警官兵。这些现实社会各条战线中的优秀共产党员，是我们这个时代先进性的代表。他们的先进思想和模范行为，集中反映着时代的先进性、党的先进性、共产党员的先进性。他们是新时期对高校大学生党员进行先进性教育难得的老师。这些老师，我们身边有，学校周围有，生产第一线有，党政机关也有，关键看我们是否去主动寻找。在这个问题上，应注意把握好三个问题：一是要把现实社会各条战线的优秀党员作为大学生党员先进性教育老师这项工作，当成丰富高校学生党员先进性教育的重要措施制度化。二是在制度化的基础上要经常化。根据党员先进性教育的进展，每年至少要请几个优秀党员来现身说法。三是针对大学生的特点和需要，注意多样化。要选择不同行业、不同地区的代表，使同学们看到更多的样板，引发更多的思考，受到更多的教育。

（七）要把现代远程教育和电化教育作为先进性教育的重要手段

现代远程教育和电化教育，既是高校进行大学生党员先进性教育的重要场所和阵地，又是进行先进性教育的重要手段。说它是重要场所和阵地，是强调必须去占领；说它是重要手段，是强调必须去使用。如前所述，如果把党员先进性教育列为马列主义基础课中的必修课和大学党校以及学院基层党校教育的主要课程，那么，利用好现代远程教育和电化教育手段，就是非常重要的了。它可以大大地扩大受教育对象的范围；可以有效地克服单纯教师课堂教育的许多局限；可以增强受教育对象的选择性和时间利用上的主动性。虽然这方面的工作还刚刚起步。但是，应该看到，现代远程教育和电化教育的经验和技术都是完全可以借鉴和利用的。同时，我们相信，只要各级领导重视，措施得力，这方面会很快跟随党员先进性教育进教材和进课堂，后来居上，展现出新的特点。

（八）要把互联网和广播电视作为增强教育互动性的有效媒介

现在的高校，互联网和广播电视已经深入到学生教室和宿舍，如果把手机也算进去，信息网络大概可以说是无所不在了。在这种情况下，信息接受量大，传递速度快，互动性强。因此，要搞好高校大学生党员的先进性教育，既要把互联网和广播电视作为进行先进性教育的重要场所和阵地，又要把它们作为进行先进性教育的有效媒介。要根据信息网络的特点，建好相关的网站、网页，及时传递党员先进性教育的信息，加强对大学生党员教育的引导，促进相互之间的信息交流，宣传好的经验和典型，组织大家在网络上讨论共同关心的问题。要根据广播电视的特点，尽量多搞互动式讨论、专题讨论、现场播报和一些能发挥广播电视特长、吸引同学们参加的有趣味的活动，促进高校大学生党员先进性教育的深入和健康发展。

（九）要把建设好本单位的党员活动场所作为不可缺少的条件

目前在高校，几乎还没有大学生党员专门的活动场所。同不断扩大规模、提高档次的以体育文化活动为主要内容的大学生活动中心相比，简直不可同日而语。现在党政机关和重视党的建设的企事业单位多数都建有内容丰富的党员活动室，农村乡党委和城市街道办事处这一级也多建有党员活动室。而大学却没有党员活动的专门场所，这不能不说是认识上的盲区和工作上的缺憾，是一个重大的薄弱环节，是必须着力迅速改变的。整体上看，在大学建立学生党员活动场所应该有更为有利的条件，关键是看重视不重视。建立校、院两级学生党员活动场所应该是没有问题的。作为学校，利用大学生活动中心的场所和设施，增设学生党员活动中心是不需要更大的经费投入的。在学院这一级，目前多数是给学生工作办公室一两间办公室，没有专门的大学生活动场所。随着学院这一级独立性的增强，它的各种功能也必然增加，这是毫无疑问的。加强院级大学生活动场所的建设也势在必行。在这种大趋势下，应该把建设好本单位学生党员的活动场所，作为学院学生党建工作的基础工作来抓。一个好的学生党员活动场所，不仅是他们活动的地点，而且也是展示他们风貌的一个窗口。

（十）要把报刊图书宣传栏等办成展示先进性教育成果的窗口

报刊图书宣传栏作为传统的宣传教育载体，一直有很多的读者，仍然有自己独特的作用，是反映高校水准的一道风景线。搞好新时期高校学生党员先进性教育，要主动占领报刊图书宣传栏这些阵地，建设好这些阵地，发挥好这些阵地的作用。针对报刊图书宣传栏出版周期比较长、容易保存、由一定机构主办、通常反映各级党政领导的意图和各级机关的倾向等特点，应重视把报刊图书宣传栏办成展示大学生党员先进性教育成果的窗口。报纸可重在宣传各级党委对党员先进性教育的指示要求、安排和好的经验做法；刊物可重在搞些理论性、学术性研究；图书则重在阶段性地将一些高校学生党的先进性教育综合性的成果结集成册出版。

三、保障物质经费

要搞好高校学生党员先进性教育，健全队伍组织，建设场所阵地，开展有关活动，必须要有一定的物质经费作保障。那些认为“教育是空对空”“教育是刮阵风”“教育不需要经费保障”等想法和说法是错误的和有害的。应从以下几个方面认识保障物质经费的重要性。

一是要从党员先进性教育的长期性上认识保障物质经费的重要性。从根本上说党的先进性教育是同共产党共存共生的。党的存在，要求必须不断进行先进性教育，通过先进性教育不断保持党的先进性，先进性的保持，要靠长期的自我教育和自我完善，没有必要的物质经费保障是不可能顺利进行的。

二是要从党员先进性教育的重要性上认识保障物质经费的迫切性。先进性是马克思主义政党的生命所系、力量所在，是马克思主义政党生存、发展、壮大的源泉。与时代同步伐，党的先进性就长存；与人民共命运，党的生命力就永存。搞好党员先进性教育不仅是一个长时期的历史任务，而且是包括思想建设、组织建设、制度建设、作风建设等在内的党的建设新的伟大工程，没有及时有力的物质经费保障是不可能有效进行的。

三是要从党员先进性教育的多样性上认识保障物质经费的实在性。先进性教育是要从纲领目标、根本宗旨、组织基础、体制机制、制度保障等诸多方面来保持和发展党的先进性，这些都是实实在在的工作，涉及方方面面，没有一定数量的物质经费保障是不可能全面扎实进行的。

四是要从党员先进性教育的实践性上认识保障物质经费的具体性。先进性教育和先进性的保持发展，归根结底是一个实践问题，要靠全体党员在改革和建设的伟大实践中坚持不懈地与时俱进。如何搞好先进性教育和如何真正保持和发展先进性，本身就是需要进行理论和实践探索问题，因此它总是具体的、物质的和动态的，没有具体的多种的物质和保障是不可能深入进行的。

要向先进性教育建设适当倾斜。首先，要采取多种途径解决党员教育经费。大学生党员先进性教育经费要列入学校的财政预算。学校的党员教育经费要向学院学生基层党组织倾斜。学院也应该从自己的实际情况出发，拿出一定的经费支持大学生党员先进性教育。可以将学院一级学生党员的党费基本上或全部用于学生党员先进性教育；可以设立一定数目的高校学生党员先进性教育理论研究和实践探讨课题立项经费，并把这一工作制度化。同时，还可以和有关党政机关和企事业单位联系，争取它们多种形式的支持和赞助。此外，基层学生党支部还可以动员大学生党员，用自己的所学所长，为社会为群众开展有组织的有偿服务活动，用自己劳动所获取的报酬，资助大学生先进性教育。

四、创新活动载体

活动载体是指思想政治教育主体为达到一定的教育目的，有意识地开展多种多样的活动，寓思想政治教育的内容于活动之中，使教育对象在活动过程中受到教育，提高思想政治道德等方面的素质的行动方式。当前，高等教育大众化的实现、高校教学管理体制和后勤社会化改革的深入、网络传媒的迅速发展，凸现了高校学生党建工作载体创新的必然性、必要性和现实性。要做好高校学生党员先进性教育，必须抓好活动载体创新，拓宽高校学生思想政治教育的途径和空间。

（一）学生党员先进性教育以活动为载体的依据

思想政治教育的载体种类繁多，范围很广，有的研究者按照思想政治教育历史发展的线索，将思想政治教育的载体分为八类，列举了四十余种。党员先进性教育以活动为载体的依据是因为活动具有重要的教育、服务、凝聚功能，同时活动本身具有的实践性、多样性等特点，使思想政治教育的目的迁移于活动之中，人们在无意识中受到教益，效果显著。

1. 活动载体的功能是其成为学生党员先进性教育载体的客观依据

思想政治教育活动载体具有确定的教育目的性，即通过开展活动，满足人们的各种精神文化需要，提高社会成员的综合素质。它包括政治思想素质的训练，加强人们的社会公德、职业道德等等。因此，活动载体具有重要的服务功能，同时具有较强的凝聚功能。在学生党员先进性教育活动中，活动载体通过丰富的活动形式，吸引了广大学生党员参与的积极性和主动性。在活动参与中，同学们之间得到了心灵沟通和思想交流，相互影响，增强了活动教育效果，增强了党组织的凝聚力。

2. 活动载体的特点是其成为学生党员先进性教育载体的重要条件

活动载体是寓教于乐、寓教于积极健康的活动之中的教育形式，融思想性、知识性、娱乐性于一体，为受教育者构筑一个有所启迪和领悟的美好境界，教育者的教育意向随着不同的活动，悄然进入受教育者的心田，使其在精心组织和设计活动中身体力行，不断积累，产生升华。这种渗透性的、积累式的影响具有愉悦性。同时，以活动为载体的教育方式具有平等性。以活动为载体的教育是无讲台教育，整个过程中，看不到居高临下的有形的权威式的训导。人人都是教育的主体，人人也都是教育的客体，大家既可以充分发表自己的意见，又可以自由地接受别人的观点，每个人都在无意识之间受到了教育，也在无意识之间教育了别人，因此教育效果显著。

3. 以活动为载体是学生党员先进性教育坚持马克思主义实践观的基本要求

实践是认识的基础和检验认识的标准，实践活动是人们获得正确认识和思想的基本途径。在保持党员先进性教育活动中，对每一个学生党员来说，理论学习是一个重要方面，更重要的是向实践学习，要在实践中使正确的思想认识内化为牢固的成熟的个性品格。载体式的活动也具有实践的可感知性和直接现实性的特点，使参与者感受到真切的教育。

（二）积极探索高校学生党员先进性教育活动的新载体

高校学生党员先进性教育活动的内容和方式需要灵活多样、生动活泼、讲求实效，因此创新活动载体成为教育活动开展及保持活动长效性的一项重要内容。

1. 创新高校大学生党团学习组织建设

要使高校学生党员坚定政治信仰、坚定对党的信心，首先必须从认知层面为学生党员打好基础，加深他们对党的认识。高校校一级党校作为思想政治教育基地，在对学生党员进行理想信念教育、党的知识教育、提高思想政治素质方面起到了重要的作用。随着高等教育大众化的实现，学生党员人数大幅度增长，学校一级党校有限的教育资源和学生接受党的知识教育的需求增长形成了矛盾。解决这一矛盾的有效办法，是在进一步加强校一级党校建设的基础上，加强院（系）二级党校和班级党课学习小组的三级党校建设。构建班级党课学习小组——院（系）党校分校——学校党校三级教育载体。建立一支由党政干部组成的教师队伍，同时聘请专业教师讲党课，不断创新教学内容和教学方法，把课堂教学与社会实践结合起来，丰富教育内容。

2. 建设学生社区党建活动新平台

学生社区指的是在教育管理体制改革和高校后勤社会化进程中形成的学生集中生活区。学生社区是学生日常学习、生活的主要场所，而随着高校园区建设和高校后勤社会化建设的不断深入，以及电视、电话、网络进入学生公寓等新情况，学生社区已成为高校思想政治工作和党建工作的重要阵地。要大力推进党团组织进社区、学生社团组织进社区、学生政治辅导员进社区、网络上思想政治工作进社区、学生民主管理和民主监督机构进社区，把学生社区建成课外对学生开展党建工作和素质教育的重要阵地。

党团组织进社区，建立临时党团支部，就能够通过开展形式多样的教育活动，增强党团组织的凝聚力和工作覆盖面，充分发挥其引导人、培养人、团结人的作用；学生社团等学生自我教育管理组织进社区，能够通过学生社团组织的管理，把学生社区和学生公寓建成自我管理、自我教育、自我服务的场所，锻炼学生各方面的能力，提高学生的综合素质；学生政治辅导员进社区、进公寓，通过与学生同吃、同住，准确把握学生的思想动向，及时解决学生之间的矛盾和冲突；网络等校园文化进社区，以学生公寓为主体，开展起丰富多彩的文化活动，就能够激发他们的创造力，营造健康、热烈、积极向上的社区文化氛围，把党建工作与学生生活有机融合。

3. 构筑网上党建和思想政治教育新阵地

当前，互联网以方便快捷、交互性强、信息丰富等特点和优势，广泛渗透到社会生活的各个方面，对青年学生党员的思想观念、认知方式和日常生活产生了深刻的影响。信息网络技术的发展为高校学生党建工作提供了现代化手段，拓展了新的空间。创新高校学生党建工作，必须充分利用网络这一新的载体和渠道，促进教育观念、教育方式、条件和手段的新变化，实现学生党建工作的新发展。建立党建专题网站，开辟网上支部社区，进行网上党员公示，开展网上组织生活；构建网上党校，进行网上授课、网上答题、网上咨询、网上管理、网上交流，在互联网上建起高校学生党员先进性教育的新阵地。

4. 打造校园文化活动新品牌

校园文化活动以其独特的优势，已经成为高校德育的有效手段和重要环节。在开展校园文化活动的指导思想上，要围绕培养社会主义合格建设者和可靠接班人这一根本目标，以帮助大学生树立正确的世界观、人生观、价值观为导向，以满足学生党员的精神文化需求为目的，以营造积极向上的校园文化氛围为重点，以建设良好的校风、学风为核心，以开展多层次、系列化、品牌性论坛、报告、讲座为手段，弘扬主旋律，突出高品位，精心设计和组织开展内容丰富、形式新颖、吸引力强的校园文化活动，把德育、智育和美育渗透到校园文化活动之中，学生党员在参与活动中也会受到潜移默化的影响，不仅使他们的知识渴求得到满足，精神生活得到充实，而且思想感情得到熏陶，道德境界得到升华，综合素质得到提高，充分体现校园文化的特殊育人功能。

5. 开辟新时期大学生社会实践的广阔天地

以“党小组建在班上”为工作的突破口，积极主动适应新形势的要求，实现高校的育人目标，其关键是要增强大学生党支部的活力、凝聚力和战斗力。通过开展与社区党支部共建等丰富多彩的实践服务活动，引导学生党员走出校门，融入社会，是当前提高学生党支部活力、凝聚力和战斗力的有效途径。

社会实践为创新大学生党员先进性教育的内容和形式提供了丰富的载体。例如，在与社区共建过程中，学生党员围绕方针政策宣传、思想政治教育、党员管理、平安和谐小区的创建、科学知识普及推广、扶贫帮困、维护安全稳定、弘扬社会主义文化主旋律等方面内容开展丰富多彩的活动。主要有：以宣传党的路线方针政策及社区内先进典型、重大举措为内容的宣传型共建；以缓解社区内不同群体、个体间利益关系、矛盾冲突开展的协调服务，以及政策法律咨询、就业咨询、下岗职工再就业技能培训、帮助弱势群体子女提供家教服务等为内容的服务型共建；以开展全民健身、文艺演出、书画展示等群众喜闻乐见文化娱乐活动

为内容的文化共建；以帮助社区建立党员联系卡等为内容的党员管理共建；以深入社区了解社情民意、开展社会调查、帮助建章立制、总结工作经验教训、提供决策参考等为内容的智力支持型共建。全方位、多层面的共建活动，延伸了社区党支部服务社区群众的平台，拓展了学生党支部开展思想政治教育活动的内容。

通过社会实践活动，学生党员走出校园，拓宽视野，接触社会，以此促进他们思想上的成熟：其一，增强政治意识。通过社会实践，学生党员、入党积极分子的政治觉悟、政治辨别力、政治理论素养得到显著增强，特别是正确认识、判断形势和鉴别重大政治原则是非的能力得到显著增强。其二，养成服务意识。在参加社会服务活动中，让学生真正感受到服务的分量与价值。其三，培育换位意识。以与社区共建为主要内容的社会实践活动，还能够有力促进学生和社区党建工作向制度化、规范化、针对性和实效性转变，使基层党组织的战斗力、凝聚力不断增强。

（三）创新活动载体要注意转变三个观念、实现三个结合

新形势下，我们在发挥传统教育优势的同时，必须与时俱进，努力探索学生党员教育的新途径、新方法。创新学生党员先进性教育活动载体，要注意转变三个观念，实现三个

结合。

1. 实现课堂教学活动与校园文化活动、社会实践活动的结合

课堂教学在大学生思想政治教育工作中的主渠道作用是至关重要的，但是，在一个开放的信息社会中，单纯依靠课堂教学是肯定不够的，必须实现课堂教学与网络阵地、校园文化、社会实践的紧密结合。因此，要有计划地组织学生党员利用假期和课余时间实际接触和了解社会，认识改革开放以来党领导全国各族人民在中国特色社会主义建设方面所取得的巨大成就，增强学生党员的历史责任感，坚定理想信念。要深入开展社会实践活动，认真组织学生党员参加生产劳动、青年志愿者活动、科技创新和勤工助学等实践活动，积极探索思想政治教育与专业学习、社会实践、创新创业等相结合的管理体制。网络平台、校园文化在大学生思想政治教育工作中也有着重要作用。健康向上的校园文化已成为学生党员大学生活的重要部分,引导着学生党员健康的兴趣和爱好。丰富多彩、积极向上的学术、科技、体育、文艺和娱乐活动，把德育和智育、美育、体育有机结合起来，寓教育于文化活动之中。

2. 实现思想政治教育和解决实际问题相结合

大学生许多思想上的困惑与迷茫，往往是由一些实际困难或问题引起、在实际问题的发生发展过程中产生的。在实际问题中产生的思想政治问题，只靠思想的说服往往很难收到预期的效果，而最有效的办法就是在思想政治教育过程中结合实际问题予以解决。因此，学校要在教育教学条件的改善、就业创业的指导与服务、困难学生资助等方面做一些实实在在的工作，真正为学生党员着想，为他们排忧解难，要把解决学生党员学习与生活中的实际问题、实际困难作为学校工作的重要内容，将尊重理解学生、关心爱护学生落实到平时的工作中。

3. 实现思想政治教育活动与人文教育活动的结合

人文，是指人类社会的各种文化现象。人文素质，则是指人的人格、气质和修养，是由历史文化和传统精神熏陶而成的修养和气质，是融进了自己的理解和悟性的知识结构，是对人格心理、精神情感的定位和提升。大学生应该具备的素质中，思想道德素质是根本，文化素质是基础。学校通过课堂教学、环境熏陶、社会实践等环节，把文化素质升华为学生的心理品质，成为他们人格的一部分。文化素质教育不是单纯的知识传授，而成为思想政治教育的重要载体和形式。对高校学生党员进行人文素质教育，可以将人类优秀的文化成果内化为内在品质，以此丰富他们的内心世界，培养他们的民族精神，树立正确的人生观和价值观，这对于民族凝聚力和向心力的形成起着重要的作用。

五、整合教育资源

资源只有在充分认识的基础上被有效地挖掘和利用，才称其为“资”之“源泉”；必须合理配置，有效整合，才能真正发挥其作为“资”之源的本义。教育资源在理论上是个抽象概念，但在具体的工作实践中，它都是一个具体得让我们不愿失去的东西，因为它的存在和利用总是有利于我们教育目的的达成。因此，并不是所有的要素条件都能称得上是资源，关键在于能够被利用来达成目的的基础性要素条件才称得上是资源，资源是与目的相对应的。根据对资源内涵的理解，我们对高校学生党员先进性教育资源界定为：高校学生党员先进性教育可以利用的，而且通过对它的利用有助于达成高校学生党员先进性教育自身设定的教育目的的人力、财力、物力和智力的统称。

各项教育资源在高校学生党员先进性教育活动中都起着不可替代的作用，忽视其中任何一项，或者片面理解其中任何一项，都会使我们的先进性教育活动效果大打折扣、在工作实践中，有的高校学生党员先进性教育虽然重视环境在育人中的作用，但重视的只是物理环境资源，对信息资源的作用视而不见；有的虽然重视对高校学生党员先进性教育活动的人力资源进行开发和管理，但开发和管理的只是教育者人力资源，对受教育者即高校学生党员人力资源的认识还相当不到位；更有甚者，仅仅把高校学生党员先进性教育活动理解为对手段资源的运用，总是在权力、评价体系和活动方式上冥思苦想。不能全面调动和发挥资源的作用，就相当于生产中的生产要素（或生产资料）没有足量地投入。这样的生产注定出不了丰收的成果，因而也就谈不上增强高校学生党员先进性教育的实效性了。因此，高校学生党员先进性教育活动作为一项系统工程，一方面需要不断挖掘和开发丰富的教育资源作为支撑，另一方面也需要优化整合现有教育资源，合理配置，使得高校学生党员先进性教育活动取得实效。

从不同的角度理解和认识高校学生党员先进性教育可利用的教育资源，就会对其有不同的分类。从资源的具体内容来讲，高校学生党员先进性教育资源包括制度资源、环境资源、手段资源、文化资源、信息资源等；从资源的组成要素来看，包括人力资源、财力资源和物力资源；从资源的存在形式上来划分，可以分为有形资源和无形资源；从资源的空间分布来划分，又可以分为校内资源和社会资源。需要指出的是，尽管高校学生党员先进性教育活动与其他党组织的先进性教育活动在教育资源的使用上，仍然依赖于物力资源和财力资源，但相对于其他党组织的先进性教育活动来说，高校学生党员先进性教育活动所拥有的教育资源优势更多地体现在人力资源等无形资源上，比如高校有较高理论水平的教授专家、学生党员有着较高的科学文化知识、高校特有的文化氛围、独特的社会影响力等等，这些都是高校作为知识与文化的原创地与储存地所带来的，也是高校学生党员先进性教育活动所具有的特点。

如何对这些资源进行配置才能发挥最大效益，才能提高高校学生党员先进性教育活动的质量？一般认为，至少应坚持以下三项原则：

（一）整体性原则

高校学生党员先进性教育活动是一项系统工程。按照系统论的原理，系统的根本特征是其整体性。这种整体性表现为，系统对外来作用能作为一个统一的整体作出反应，而不管它作用于哪一部分；同时系统作为一个整体，具有它的每个要素所不单独具有的功能和性质，因而整体功能和性质不能还原为要素的功能和性质。在对高校学生党员先进性教育

资源进行配置时，首先要坚持的就是整体性原则。

整体性原则要求我们围绕整体的目标，有序地配置资源并协调地发挥它们的作用。整体的目标是对资源进行配置时必须坚持的前提和始终围绕的中心。根据中央的要求，教育部和各高校还会制定高校学生党员先进性教育活动不同阶段的中心工作，这也是整体的目标。围绕这些目标来配置我们所拥有的资源，是整体性原则中的一个重要的内在规定性。这一点已经成为大家的共识。关键的问题是如何让这些资源协调地发挥作用，这一点又往往为人所忽视。这里所指的“协调”，至少包含两个层面：一是各项资源之间的协调，如手段资源必须与人力资源相互协调，不能用违背高等教育规律的手段来开展高校学生党员先进性教育活动；二是拥有资源的不同部门、不同主体之间在使用资源时必须协调，比如在请校内外专家对学生党员进行理论学习辅导时，完全可以将本科学生党员及研究生党员结合起来，而没有必要本科搞本科的，研究生搞研究生的，你请我也请，浪费资源，提高成本。

（二）效益性原则

资源配置实质上就是按照一定的原则对高校学生党员先进性教育活动进行资源投入。犹如生产一样，有投入就必须有效益，而且必须追求效益最大化。高校学生党员先进性教育活动，有时犹如写散文，方式方法多种多样，这可以说是“形散”，但总存在一个如何提高效益的问题即增强实效性，这是“神不散”。因此，我们在对高校学生党员先进性教育活动进行资源配置时，必须遵循效益性原则。在工作实践中，有的高校坚持认为学生党员先进性教育活动重在“正面引导”，而不管引导是否有成效，因而在配置资源时，往往是只有号召，没有行动；只有宣誓，没有落实；只有启动仪式，没有评价机制；只管照本宣科作报告，不管听众是否能够接受。这样的结果往往会滋生形式主义及官僚主义的不良作风。

坚持效益性原则，是实现高校学生党员先进性教育活动的科学劳动价值的重要体现，由此体现出高校学生党员先进性教育活动在全校学生工作中的重要性。是否坚持效益性原则，可以据此区分各部门或思想教育工作者的工作成效优劣，从而客观地实现对各部门或相关工作人员的先进性教育活动进行考核，为“按效率进行分配”创造先决条件。

（三）创新性原则

创新性原则，就是要以观念的创新来配置高校学生党员先进性教育活动资源，从而进行体制创新，以体制的创新来改进高校学生党员先进性教育活动的开展。高校学生党员先进性教育活动实践呼唤创新，一方面，高校学生党员先进性教育活动的环境和主体都在不断变化过程中，因而呈现出新形势、新特点，要求我们与时俱进，不断创新；另一方面，高校是知识的殿堂，任何创新的思想和观念，都是大学生所追求的目标。

因此，我们可以归结到一点：凡是有利于更好地贯彻中央关于高校学生党员先进性教育活动的统一部署，有利于合理地配置资源，有利于促进高校学生党员先进性教育活动效益的观念和做法，不管与现有的观念和体制是否相左，都应该允许探索或加以肯定、鼓励，并以此为指导，对高校学生党员先进性教育工作的资源进行重新配置。

按照以上原则，整合高校学生党员先进性教育资源应注重以下几个方面：

1．有效整合党群部门的教育资源，形成联动机制

高校学生党员先进性教育活动，是高校全体党员的共同职责，学校各级党政干部和共青团干部、思想政治理论课和哲学社会科学课教师、辅导员和班主任是思想政治教育的三支骨干队伍。学校把建设好人力资源即高素质的思想政治教育队伍作为高校学生党员先进性教育活动的重中之重。同时充分利用党的政治资源、组织资源，发挥宣传部门的舆论引导作用，学生工作部门以及党团组织、学生组织的作用，有效整合党群部门教育资源，竭诚为学生党员成长成才服务。如以党校为阵地，建立分层次培养教育体系，即除了入党积极分子培训以外，预备党员和正式党员也纳入党校培训中。党员再教育注重实践锻炼，增强学生党员先进性教育的针对性。再如宣传部门充分发挥媒体优势，营造高校学生党员先进性教育的良好舆论氛围。一方面各媒体可以时刻注意把学生党员先进性教育与专业教育、系统教育与专题教育、理论武装与育人实践、形势政策教育与法规法纪教育结合起来，用科学的理论武装学生党员，用优秀的文化培育学生党员，充分发挥媒体的育人功能；另一方面也可与组织部门、学工部门联合举办诸如“校园先锋——我身边的优秀学生党员”校园通讯大赛等主题活动，积极引导学生党员时刻起到模范带头作用，鼓励大学生学习身边学生党员先进事迹，树立正面典型，配之媒体的大力宣传，有力地推动高校学生党员先进性教育活动的开展。

2．高度重视网络资源的重要性，积极利用网络开展高校学生党员先进性教育活动

高校党委应充分认识到网络资源对于学生党员先进性教育活动的重大意义，把先进性教育进网络作为一项重要的工作来抓，纳入学校思想政治工作的整体规划和校园网建设的整体规划之中，即与人力资源、制度资源及财力资源结合起来，对利用网络为先进性教育服务作统一部署，使高校学生党员先进性教育进网络工作得到有力的组织保证。学校党委组织部、宣传部、学生工作部等部门网站应专门开辟学生党员先进性教育活动专栏，占领网络这一重要阵地，充分发挥其育人功能和导向作用，并逐步形成以上述党委部门网站为主导，网络信息管理中心为技术支持，以各职能处室、各院（系）为主体的先进性教育网络系统。

3．应坚持“请进来、走出去”的原则

把校内资源与社会资源紧密结合起来，为高校学生党员先进性教育的开展提供更广阔的平台。如，一方面可以通过社会实践、挂职锻炼、服务社区等“走出去”的方式，让学生党员利用学到的理论和专业知识，去认识社会、适应社会、回报社会，开阔视野，锻炼自我，提高服务社会的本领。与此同时，强化“为人民服务”的意识，培养吃苦耐劳、乐于奉献的优良品质。另一方面，也可以通过聘请校外德育辅导员，举办社会精英论坛、专

题报告会、杰出人士校园行活动等方式把英模人物和社会精英“请进来”，让学生党员近距离接触他们，深入了解他们的奋斗历程、杰出成就和高尚品质，以此来加强学生党员的世界观、人生观、价值观教育，为他们的成长成才营造良好的氛围。

4. 充分利用高校的环境及文化资源的特殊优势

精心组织校园文化活动，使之成为高校学生党员先进性教育的有效载体。校园文化具有强大的育人作用，校园文化是引导人、鼓舞人、激励人的一种内在动力，是凝聚人心、鼓舞斗志、催人奋进的一面旗帜，它对学生党员的思想政治、道德品质、行为规范有深刻影响。应倡导校园文化活动品牌化、系列化的运作方式，设计和组织一系列内容丰富、吸引力强的思想政治、学术科技、文娱体育等品牌活动，唱响爱国主义、集体主义、社会主义主旋律。同时在活动中注重渗透德育、智育、体育、美育内容，使学生党员在活动中思想感情得到熏陶、精神生活得到充实、道德境界得到升华。这就需要在具体的工作中，采取有效整合党政工团教育资源、理顺先进性教育联动机制的工作思路，形成党政工团齐抓共管，各部门各司其职，全员、全过程、全方位的育人格局。

5. 统筹规划

把社会和各个子系统中的高校学生党员先进性教育资源优化整合，形成多个辐射源。比如可将校园周边环境整治工作纳入高校所在城市的整体规划中，以学校资源为中心，围绕学校建设城市图书馆、博物馆、音乐馆等文化设施，这样一方面高校周边环境得到了较好的改善，另一方面高校学生当然也包括学生党员也可以在城市的文化设施中得到熏陶，提高自身修养；与此同时，高校的积极参与也会使城市的文化设施在城市文化建设中发挥更大的作用。再比如，可以将高校学生党员志愿服务社区活动与高校设在社区的先进性教育基地结合起来，使得学生党员在志愿服务社区中既可锻炼自我，又可提升自身思想认识水平，在志愿者服务社区的过程中可以对学生党员进行党性修养等方面的教育。形成的这些辐射源交相辉映，可以实现良性互动，从而带动整个社会环境的改善。

总之，应努力探索和拓展高校学生党员先进性教育活动资源整合的途径和载体，不断开创先进性教育活动的新局面。

六、优化社会环境

“环境”一词的大概意思大家都懂，无非指事物周围的地域、条件和情况。具体事物的环境从范围上有狭义与广义之分，也可以叫小环境与大环境，或者称之为内环境与外环境；社会事物的环境，从形态上可分为有形的硬环境和无形的软环境。“高校的环境”也就是高校所在地区（社区）的种种条件和情况，包括自然环境和人文环境，后者也叫“社会环境”。高校的社会环境由其周围社区各方面条件和情况构成。显然，本书要谈的高校学生党员教育和先进性建设，与这些情况和条件有关系，并且属于十分密切、非常重要的关系。

（一）社会环境与高校学生党员教育

关于教育与环境的关系，古今中外论说颇多。中国历来有独特的环境观，传统建筑风格突出阳宅依山面水，彰显的是自然环境对人类生活的益处；传统文化资源丰富，古代早有“孟母择邻”佳话流传，成语“近朱者赤，近墨者黑”妇孺皆知，都强调了社会环境对人的影响和教育意义；现代教育家陶行知、蔡元培先生，都重视和谐人际关系环境的育人作用。在西方，古希腊罗马时期的思想家大都看重社会环境和人际友好在人生中的作用，如罗马杰出政治家西塞罗曾赞美友谊能以美好的希望照亮未来，弥补心灵的创伤，挽救心灵的堕落。亚里士多德也讲，友谊在人际交往中是绝不可缺少的。爱因斯坦说过一句名言：世间最美好的东西，莫过于有几个头脑和心地都很严正的朋友。近代出现了过分强调环境的决定论，法国哲学家爱尔维修说“环境创造人”。相反，有人则持环境无用论。

马克思主义坚持人与环境、教育与环境关系上的唯物论，承认环境的重要作用；同时以辩证法来理解它们之间的关系，既重视环境的重要作用又强调人对环境的能动作用。在批判环境无用论和机械的环境决定论的同时，马克思深刻阐明了人与环境、实践与环境的关系。他在著名的《关于费尔巴哈的提纲》中指出：“关于环境和教育起改变作用的唯物主义学说忘记了：环境正是由人来改变的，而教育者本人一定是受教育的……环境的改变和人的活动或自我改变的一致，只能被看作是并合理地理解为革命的实践。”

从唯物辩证法看，高等学校与社会环境之间存在双向互动的作用、影响：高等学校由于是科学、技术的研发基地，是大批高层次人才培养基地，同时它就对社会尤其周围社区成为科技信息、文化知识的重要辐射源，为经济社会发展和现代化建设输送人才，也以其科技实力直接参与经济建设和社会服务；但是没有一所高校能够摆脱环境影响而在真空中生存和发展，社区环境、经济政治文化因素，从方方面面无时无刻不对高校产生影响、发生作用，因而高校的办学理念、目标追求、融资渠道、人才培养方式、师生价值观念等都有其特色。

我们并不是一般地谈论教育与环境、高等学校与社会环境的关系，而是在这个领域中着重谈高校学生思想政治教育特别是学生党员先进性建设的问题。学生是学校的主体，大学生和研究生是高校的主体。在我国，学生党员是高校学生中的先进分子。虽然人数不占多数，但因其专业学习和政治综合素质高，党员在普通学生中的代表性和影响力也应当是明显的。

对高校学生而言，狭义的环境就是校园环境，包括物质的有形的环境、精神的无形的环境，还可分为学习环境（教室环境）、生活环境（餐厅环境、宿舍环境）、娱乐环境等。广义的环境就是社会环境，它包括的因素很多，大的方面主要有经济、政治、文化、社会诸方面的情况和条件。

环境因素和思想政治教育都是高校学生思想道德产生、发展、变化的外部条件，但二者的作用有明显区别：前者在一般意义上是无计划、无目的而具有自发性的影响；后者则相反，属于有目的、有计划、有组织的正面作用。思想政治教育在培育大学生形成正确的世界观、人生观和价值观过程中，同时受到各种环境因素的制约和影响；大学生接受思想教育而塑造精神支柱，环境因素自发地发生积极作用或者消极作用。思想政治教育者要弄清大学生思想道德状况、增强教育活动的实效，必须科学地认识影响教育活动的环境因素，

把握环境与思想教育的关系。

（二）优化社会环境的应对思考

分析新时期学生党员先进性教育面临的环境特点，目的在于优化社会环境。现代社会人的生存和发展不可能处于绝对真空的无菌环境，环境的净化难度越来越大甚至变成不可能。对高校学生党员先进性教育而言，“优化”不仅是环境的存在状态，更主要的是人与环境、教育者与被教育者的互动关系。

1．新闻媒体宣传应高扬主旋律，正确发挥环境的引导作用

正确的舆论导向是强化环境导向的重要内容，充分发挥大众媒体的教育作用是强化环境教育力的基本方面。因为大学生正处于从青少年期向成年期转变，是他们生理和心理逐步走向成熟和独立的重要过程；在读大学生与一般社会青年比较，表现出明显的知识性、求新性、时代性特征。在信息时代，大众传媒已经成为影响大学生思想和心理的第一要素，高校学生生活不能没有报纸、电视、广播、网络、手机，学生党员先进性教育当然要重视媒体环境。理论、宣传、文艺、出版等各项事业，为全社会首先为培养社会主义建设者和接班人的高校提供精神动力、思想保证、舆论支持、文化条件，就必须坚持弘扬主旋律，为高校学生思想政治教育、为学生党员先进性教育营造良好的社会舆论氛围，提供丰富的精神食粮。要坚持团结稳定鼓劲、正面宣传为主的方针，切实把正面宣传做大做强，积极反映高校思想政治工作的先进典型，充分展现高校优秀学生党员先进性事迹，确实发挥舆论导向和典型示范作用。

2．加强制度建设，严格执法，充分发挥环境的规范作用

“环境的引导作用与规范作用是相互统一的，在一定意义上，规范就是引导”，新闻媒体宣传引导的特点在于“软”，而法治与制度规范的特点则在于“硬”，即具有强制性。现代社会是法治社会，依法治国是我们已经确立的基本方略。制度环境建设是发挥环境的规范作用基础，法制建设是形成良好社会环境的必要条件。

3．社会风气的净化、优化与引领

现代社会，大学里越来越多的学生和老师已不满足于象牙塔中孤芳自赏，校园与社会的联系越来越密切，社会风气影响高校校园、影响高校的学风和校风，这是不争的事实。良好的社会风气就是现实的教科书，能够帮助大学生树立正确的政治取向，帮助学生党员坚定理想信念不动摇。

第六章　新时期高校学生党员先进性教育的评价体系

第一节　评价体系在高校学生党员先进性教育中的地位与作用

新时期高校学生党员先进性教育评价活动，是保证党员先进性教育工作取得实效的一项重要工作，对于促进高校学生党员先进性教育整改、提高和进一步建立先进性教育长效机制具有重要作用。新时期高校学生党员先进性教育评价体系的含义特征决定了其建立健全的必要性、地位、作用和意义。

一、新时期高校学生党员先进性教育评价体系的含义界定

对新时期高校学生党员先进性教育评价体系内涵和外延的界定和把握，是研究新时期高校学生党员先进性教育评价体系地位作用的基点。

所谓评价体系，是指为对特定事物进行综合认识、判断、考量，按照一定原则、依据多种方法建立的具有特定指标导向和目的作用的反馈性结构体制。新时期高校学生党员先进性教育评价体系，即指为总结先进性教育活动成果，进一步加强和完善高校学生党员先进性教育以及长效机制建设，依据综合性原则方法，对当前高校学生党员先进性教育内容和成果进行阶段性和综合性评价而建立的综合体制。因而，在内涵上，新时期高校学生党员先进性教育评价体系包括评价体系的构建原则、评价体系基本内容、评价体系基本指标等三个方面；在外延上新时期高校学生党员先进性教育评价体系建设则应当包括确立正确的评价依据，运用科学的评价方法，以及在此基础上建立完善的评价体系，最终得出一定的评估结果，并进一步反馈、完善到先进性教育活动中去。在评价体系建构以及在具体的

评价执行过程中，其内涵和外延是相互统一、相互支持的，共同统一于高校学生党员先进性教育评价体系建设研究和评价过程。

二、评价体系的特征及其在高校学生党员先进性教育体系中的地位作用

新时期高校学生党员先进性教育工作体系及机制研究是个复杂的结构体系，评价体系是其相互连接、相互支持的系统链条的一环。如同前面的先进性教育现状研究、目标体系研究、内容体系研究、组织体系研究、运行机制研究、保障体系研究不可或缺一样，建立科学的学生党员先进性教育评价体系是党员先进性教育工作体系与机制不可缺少的组成部分。总体上讲，新时期高校学生党员先进性教育活动中的一些经验教训能否得到正确认识，要依赖评价体系来检验；活动中一些行之有效的创新举措能否得到坚持，要依靠评价体系来确认；先进性教育活动的积极成果能否得到巩固，党员、干部良好的精神状态能否得到保持，很大程度上也要依赖评价体系制度保障来提升。评价体系是学生党员先进性教育工作体系的反馈机制与目标回归，是对以前工作的科学认识、评价和总结，同时也是先进性教育活动整改、提高的判断、选择基础和理论基点。在具体操作层面上，即从评价体系与先进性教育体系各个链条的具体关系来看，评价体系在新时期学生党员先进性教育工作体系与机制中发挥着重要作用。

对于新时期高校学生党员先进性教育评价体系的地位作用的具体阐释，下面可从评价体系的特征角度予以论述，评价体系的特征决定了其地位的重要性。具体包括如下几个方面：

其一，针对性。评价体系有其特定的评价对象，是根据特定原则构建的具有特定内容和价值的目标系统。新时期高校学生党员先进性教育评价体系，顾名思义，是以目前高校学生党员在先进性教育活动为目标体，具体包括对目前高校先进性教育的目标体系、内容体系、组织体系、运行机制、保障体系等内容的评价和总结。这种特征决定了新时期高校学生党员先进性教育评价体系具有明确的目标导向价值作用。

其二，全面性。评价体系是一个复杂而有序的系统，它不仅有特定的评价对象，而且所涉及涵盖的目标力求全面。评价体系是对一个客观对象的横向上的总体全面评价和纵向上的历史完整评价相结合的，因为只有这样才能保证评价结果的正确和客观性。而也正因如此，评价体系在新时期高校学生党员先进性教育工作体系与工作机制问题研究中，具有更为重要的价值意义。

其三，特殊性。评价体系在构建原则、基本方法、评价标准、运行机制等方面具有共同的特征，这体现了评价体系的普遍性一面，它对构建新时期高校学生党员先进性教育评价体系具有指导借鉴意义。但同时，新时期高校学生党员先进性教育评价体系具有自己的特殊性，具体包括目前高校先进性教育的目标体系、内容体系、组织体系、运行机制、保障体系等内容方面。它与特定的目标对象即目前高校学生党员先进性教育紧密相连，具有特定的对象、范围、内容和价值导向，是为检验高校学生党员先进性教育活动而建立，为

促进高校学生党员先进性教育发展而发展，为建立健全学生党员先进性教育长效机制而完善。

其四，实践性。评价体系不仅是理论的，而且是实践性的，只有在实践中才能体现评价体系的构建初衷和价值归依。评价体系来源于实践过程，在实践中产生，并促进实践进一步发展。新时期高校学生党员先进性教育评价体系一方面是为了检验先进性教育的过程与成果，另一方面体现在其反馈性作用方面，即为了促进目前高校先进性教育的目标体系、内容体系、组织体系、运行机制、保障体系等进一步完善和发展，建立健全高校学生党员先进性教育长效机制。

其五，关联性。评价体系具有自己的独立系统，是具有特定评价目标、评价标准、评估过程的相对独立的目标体系，但是总体而言，评价体系不能脱离评价对象系统而存在。也就是说，新时期高校学生党员先进性教育评价体系具有自己的相对独立性，但却不能离开高校学生党员先进性教育这个目标系统独立存在。只有紧紧围绕如何评价、促进、提高和完善学生党员先进性教育活动统一体，评价体系才能体现其价值意义。

第二节　新时期高校学生党员先进性教育评价体系框架结构

新时期高校学生党员先进性教育评价体系内容结构是一个复杂的系统。其构建过程要按照一定的原则，遵循一定的规律；在内容构成上要体现出客观性和全面性，要涵盖目前高校学生党员先进性教育工作体系及机制的各个方面；在评价指标上要通过调查研究组建可行性的标准体系。下面试从评价体系构建的基本原则、评价体系的基本内容、评价体系的基本指标三个方面展开论述。

一、评价体系构建的基本原则

评价体系构建的基本原则是指构筑评价体系时所应遵循的方式方法以及应体现在评估过程中的价值规则。具体说来它包括以下几个方面内容。

（一）一致性与差异性相统一的原则

任何事物都有一般性和特殊性的差别，是共性和特性的统一。评价体系的一致性与差异性原则，包括两个层次的内容部分。其一，首先指的应是构建整个社会先进性教育评价体系及其适用的一致性，与构建高校学生党员先进性教育评价体系的差异性。具体表现为后者首先应包括前者在开展先进性教育活动的指导思想、目标要求、指导原则、总体安排和方法步骤上的一致性内容，这是一致性的要求和体现。而差异性则表现在高校学生党员先进性教育的具体特点和要求方面。其二，针对新时期高校学生党员先进性教育评价体系

本身，一致性与差异性原则指的是高校学生党员先进性教育的一致性和具体学校不同特征的差异性。

所谓评价体系的一致性，即指目前高校学生党员先进性教育评价体系所应当坚持的一般价值规范，这种价值规范应当是各高校学生党员先进性教育工作中所必须贯彻的目标导向和规则。它主要体现为三个方面内容，即内容上的一致性、目的上的统一性、进程上的协调性。首先，在内容上，评价体系的一致性具体包括高校学生党员先进性教育目标体系是否科学合理，能否体现目前全社会党员先进性教育的基本方向，体现高校学生德育工作水准，体现新时期大学生精神风貌；高校学生党员先进性教育内容体系是否完善，能否涵盖先进性教育及高校德育工作的各方面内容，并将二者系统、协调统一起来；高校学生党员先进性教育组织体系是否健全，能否带动先进性教育及高校德育工作向纵深方向发展，并建立起先进性教育工作长效机制：高校学生党员先进性教育运行机制是否畅通，能否协调各部门、各组织分阶段、有步骤地做好先进性教育工作，并在实践中不断整改和完善；高校学生党员先进性教育保障体系是否完备，主要涉及对先进性教育所需要的人力资源、财力资源、物力资源以及信息资源及其提供与管理等的评价工作。其次，在评价目的或评价标准、指标上，应坚持一个根本的、统一的目标，即进一步促进先进性教育向更高层次发展，积极探索高校学生党员教育管理的新途径、新方法，建立和完善新时期高校学生党员先进性教育及德育工作体系与长效机制。高校学生党员先进性教育工作是否优秀，首先要考量的是其在先进性教育活动中是否坚持了正确的方向，这种方向既包括政治原则性的，也包括方法、策略性的。

而所谓评价体系所应当坚持的差异性原则，是指在评价过程中要依据评价客体的不同特征以及先进性活动的不同阶段而得出较全面、客观的评价，不能搞一刀切，划定一条硬杠杆，制定一条硬标准。评价体系应用到各个具体的学校，应该与各个学校的综合特点、办学风格相结合，与校园文化相协调统一。如应根据文、理科学校的不同特点，同时结合校园主流文化以及亚文化因素，才能得出正确的评价结果。应考虑到各个学校、学院的学生党员队伍及传统学生管理工作情况。在学生党员较多、以往比较注重党员教育和学生管理的学校应适当提高标准，而在相反的情况下则首先应考虑的是基础性教育是否得到充分落实，以及在实施先进性教育前后学生党员队伍与学生工作的变化情况。在先进性教育活动的不同阶段，应实施不同的评价标准和要求。如，在第一阶段重在评价高校学生党员先进性活动的组织班子建设、宣传发动情况、基础理论教育情况等，而在第二、三阶段重在思想总结、心得交流、社会实践结合情况以及整改提高措施与效果等。

因此，评价体系的一致性与差异性原则，要求我们既要把握先进性教育的根本内容，也要根据实际结合高校先进性教育的具体要求；既要坚持先进性教育的根本目的，也要考虑到各个不同客体的具体特点；既要遵循先进性教育的基本方向，也要具体考虑到先进性教育的不同阶段特征。

（二）完整性与效用性相统一的原则

完整性要求，即在建立评价指标体系时，应尽可能体现出与学生党员先进性教育相关的所有重要的因素，以保证所得出的评价结果能全面、准确地反映工作状况及绩效。效用性要求，所设置的评价指标有利于学生党员先进性的提高，有利于推动先进性教育工作的开展。

第一，对新时期高校学生党员先进性教育目标体系的评价研究，应坚持整体目标（根本目标）和部分目标（具体目标）评价的相互统一配合，既要重视目标体系的完整性，同时也更要注重对根本目标和具体目标完成的程度和效果的评价，后者具有更为现实的结果意义。

第二，对新时期高校学生党员先进性教育内容体系的评价研究，应坚持学生党员先进性教育内容评价的全面客观性，同时也应根据高校学生不同于其他党员群体的特点，有重点地考察学生党员先进性教育中的实践锻炼、整改提高等教育内容，把学习内容和效应统一结合起来。

第三，对新时期高校学生党员先进性教育组织体系的评价研究，既要注重对先进性教育组织形式的构建方式、方法的评价，也要注重对组织体系发挥效果的评价，既要注重对构成组织体系的具体组织主体功能的评价，也要注重对组织体系整体效应、综合功能的评价。

第四，对新时期高校学生党员先进性教育运行机制的评价研究，既要考虑到单个环节的效率、预算问题，也要综合考虑各个阶段、各个环节的衔接和通畅机制建设评价。

第五，对新时期高校学生党员先进性教育保障体系的评价研究，主要涉及对高校学生党员先进性教育的人力资源、财力资源、物力资源以及信息资源的提供与管理等相关配套机制的评价问题，要将每一部分的保障功能与整体效应统一来认识、把握和判断。

总之，与全国先进性教育活动一样，高校学生党员先进性教育是一个系统工程，每一个环节、阶段都发挥着重要的作用，共同构成先进性教育的统一效能整体。对新时期高校学生党员先进性教育的评价研究，应该坚持整体观念和全面的方式方法进行综合思考。

（三）可行性与导向性相统一的原则

可行性要求评价体系的建立要从实际出发，所确定的评价指标在实际工作中有足够的真实的信息可以获取，有充分的人力和物力来实施，并且与相应的量化分析方法相适应。导向性则要求所设置的评价指标应能为学生党员先进性教育工作的开展和学生党员整体素质的提高指明努力的方向。

这与评价体系的特征紧密相关，首先，评价体系的建立，是建立在一定的目的基础上的，只有在建立后付诸实施，才能体现其价值意义。其次，评价体系具有可行性，集中体现为“可操作性”，即评价体系的每一个环节不能仅是静止的理论框架，而应该是理论和实践相结合的运动进程。再次，评价体系具有较强的目的性和可反馈性，有着具体的评价客体，并期望得出一定的经验、教训等结论。

评价体系的这些特征，要求构建新时期高校学生党员先进性教育评价体系，首先要对高校学生党员先进性教育的内容、目的以及方式方法等问题进行综合认识、判断，建立具有实际意义的评价方式方法体系，总结先进性教育好的经验、做法，进一步推动先进性教育活动向纵深发展，形成党的先进性教育的长效机制。

二、评价体系的基本内容

新时期高校学生党员先进性教育评价体系的内容结构包括，对新时期高校学生党员先进性教育目标体系的评价，对学生党员先进性教育内容的评价，对高校学生党员先进性教育组织体系的评价，对高校学生党员先进性教育运行机制和保障体系的评价等。

（一）对新时期高校学生党员先进性教育目标体系的评价

目前高校学生党员先进性教育存在着目标不明确、缺乏系统规划等问题。本课题通过对学生党员先进性教育目标体系进行深入、系统的评价研究，提出了高校学生党员先进性教育的“根本目标”是要建设一支“马克思主义者队伍”这一创新性的理论观点，因而对评价体系来说首先在于对本目标的评价。如果在高校不能把学生党员培养成为坚定的马克思主义者，那我们也不能期望在别的社会阶层培养出坚定的马克思主义者。高校得天独厚的条件，使我们不得不肩负起这一庄严的使命。

（二）对新时期高校学生党员先进性教育内容体系的评价

首先，从整体上讲，对新时期高校学生党员先进性教育内容体系的评价，应重点考虑高校学生党员先进性教育的内容体系安排结构。内容结构安排是否健全合理，是推行先进性教育的前提和关键，因而对这方面的评价也成为对新时期高校学生党员先进性教育内容体系的评价研究的起点和抓手。其次，具体而言，对新时期高校学生党员先进性教育内容体系的评价，可以分解为对具体学习内容效果的评价。即主要涉及对高校学生党员先进性教育基本理论知识学习评价，思想品德、党性修养评价、群众观念和为人民服务意识评价，加强党的执政意识和能力评价，以身作则发挥模范带头作用评价等。这些具体内容是相互联系在一起的，并且在系统、有阶段性的学习中会发挥整体组合效果意义。此外，新时期高校学生党员先进性教育的内容体系与目标体系在一定意义上具有很大的关联性，因而对内容体系的评价很多时候与对目标体系的评价是一致的，二者应当结合统一进行。

（三）对新时期高校学生党员先进性教育组织体系的评价

高校学生党员先进性教育组织体系是开展学生党员先进性教育的组织架构和运行载体，通过组织、规范、引导等方式，保证学生党员先进性教育的高质量开展。在目前我国高校学生党员先进性教育的理论研究中，涉及先进性教育中组织体系的构建及作用的评价研究著作很少，大多是对各级具体的党组织、基层支部所开展的教育活动的总结和评价。

根据组织体系的构建方式，现将对其纵横两个方面的构建效能进行目标追踪评价研究，并进一步评价高校学生党员先进性教育的组织体系的功能关系和职责划分。在纵向构架上，主要评价组织体系提高学生党员的基本思想认识、思想觉悟、政治素质、理论水平等方面的作用和功能发挥情况，评价组织体系对学生党员理想信念淡化、先进性意识弱化等负面问题的解决和克制的效果作用。在横向构架上，组织体系构建之初所确定的目标是“设立专门机构，加大研究力度，提升学生党员先进性教育的理论层次和学术含量，为党员先进性教育能够持续深入开展提供理论指导；设立大学生党员先进性教育基地，为学生党员提供践行党员先进性的实践平台”等。根据目标追踪评价方法，在评价追踪过程中主要调查考虑：先进性教育相关部门的领导、组织功能发挥作用情况，即是否承担起先进性教育的组织、领导角色；学校各部门的领导资源整合与相互配合情况，即学校宣传部，学生工作部、研究生工作部、团委等相关职能部门以及各学院的组织力量在实践中的职能划分与互补情况，各级组织部门是否达成协调一致的组织整体，发挥了最大整体功效；是否通过实践平台，使得高校学生党员先进性教育在实践中得到检验和提高，使学生党员的先进形象在宿舍、在班级、在社区等不同范围内鲜活起来，以此辐射、带动广大同学，最终使学生党员的实际行动最终体现为全体学生的实际行动。

（四）对新时期高校学生党员先进性教育运行机制的评价

新时期高校学生党员先进性教育运行机制评价研究，主要涉及学生党员先进性教育的制度建设以及具体的实现途径、手段的作用效果问题。

首先，制度机制创新与建设评价。制度机制创新是新时期加强学生党员先进性教育的的关键，对新时期高校学生党员先进性教育运行机制的考评应重点放在以下两个方面的制度建设上：一是从保障党员民主权利、增强党员党性意识的角度重视民主集中制建设。主要表现为在实践中应主要看是否认真研究探索、建立完善党内民主的实现渠道和运行机制，保证广大党员及时了解党内事务，积极参与讨论，充分发表意见，使党员的自身价值得到真正体现，以此增强党员的党性意识；建立重要事项党内通报制度，向群众布置重要工作任务前，应先向党支部和全体党员传达通报，在统一思想认识的基础上，动员和号召广大党员带头贯彻执行党组织的决定，使党员的先锋模范作用在工作中得到充分发挥。二是是否从发挥党员先锋模范作用、提高党组织战斗力的高度，健全完善学生党员日常管理制度。针对新形势下学生党员流动性增加的特点，建立严格的党员向党支部请示汇报制度，确保每一个党员都始终处在党组织的有效管理监督之中。完善民主评议党员制度，增加党外群众评议党员程序，建立起党内与党外、组织与群众有机结合、更为客观和科学的党员监督机制。

其次，方式方法创新评价。方式方法创新是新时期加强学生党员先进性教育的重要途径。只有在继承优良传统的基础上，解放思想，实事求是，与时俱进，切实转变不合时宜的观念和方法，增强创新意识，提高创新能力，党员先进性教育才会取得实效。具体评价内容包括以下几个方面：（1）是否改进了党组织设置方式。随着高校管理体制和学生管理模式等方面的改革，原有的学生基层党组织设置的模式需要改进。应该本着有利于方便开展党的工作、有利于加强党员教育的原则灵活设置党组织，如以居住区为单位建立学生党

支部等，进一步扩大党的工作覆盖面，确保有党员的地方就有党组织，就有党员教育管理工作的开展。（2）选配学生基层党组织班子是否有新思路。加强学生党员先进性教育，关键是建设好学生党支部，尤其要选好配强党支部书记。要落实并改进党内民主选举制度。选拔党支部负责人，既要注重政治思想素质，又要重视考察综合素质和实际工作能力；既要政治上过硬，又要具备思想解放、视野开阔、知识面广、善于做思想工作等为人信服的素质能力和人格魅力，如此教育工作才会具有吸引力、说服力和影响力。（3）是否改进了党员教育形式。改变当前不同程度存在的教育形式陈旧单一、空洞说教和教育效果事倍功半的现状，力求贴近生活实际和触及思想实际。及时了解和把握学生党员的思想脉搏，适应市场经济条件下思想观念和社会生活的深刻变化，密切结合学生的思想、学习和生活实际，以创新精神研究探索党员教育的新思路和新方法，分析解决党员教育中出现的新情况和新问题，形成虚与实、言传与身教、理论灌输与寓教于乐、以情感人与以理服人、解决思想问题与解决实际问题结合并用、多管齐下的工作格局。要丰富新载体和注重个性化，通过开展“党员责任区”“党员宿舍”“党员床铺”“党员佩戴标志”和“创先争优”等实践活动，促进党员的自我教育、自我管理、自我完善、自我提高。（4）是否改进了党员管理方式。党员管理应与党员教育密切配合，成为强化党员党性意识和组织观念的重要手段。要针对新形势下党员管理工作出现的新情况、新问题，改革党员组织关系管理办法，加大对流动学生党员管理的力度，减少和消除党员教育管理的盲区和死角。探索建立健全党员发展和淘汰机制，按照新陈代谢的规律，形成良性循环的淘汰补充机制，严把发展党员入口关，疏通党内正常出口，改变“只进不出”“易进难出”的观念和思维模式，严肃处理不合格党员，坚决维护党员队伍的纯洁性和先进性。

（五）对新时期高校学生党员先进性教育保障体系的评价

高校学生党员先进性教育的保障体系，是由对高校学生党员先进性教育的组织体系与运行机制起到支撑和辅助作用的一系列外部环境与内部条件所组成的一个复杂体系，它是组织体系与运行机制发挥作用的基本保证，并且保障体系的运行状况能够对整个组织的运行绩效产生重要影响。

对新时期高校学生党员先进性教育保障体系的评价，首先要结合社会各方面综合情况来确定。因为从宏观上讲，目前新时期学生党员先进性教育和社会、经济、文化发展及其特征有着紧密的内在联系，目前先进性教育是社会发展的一部分，应该站在社会发展以及历史的角度看待先进性教育活动，以及组织高校学生党员先进性教育评价体系和保障体系研究。在具体层面上，把重点放在能够对学生党员先进性教育的组织体系产生重要影响的人、财、物和信息四个方面的评价上。对这部分的评价研究，主要涉及对高校学生党员先进性教育的人力资源、财力资源、物力资源以及信息资源的提供与管理等相关配套机制的评价问题。首先，在对学生党员先进性教育的人力资源保障方面，针对实际工作中学生政工干部队伍和专业授课教师所面临的具体问题，保障体系是否结合管理理论中的激励理论，担负起探讨适合的激励方式，调动思想政治工作人员与专业教师的工作积极性；其次，在财务保障方面，通过具体分析学生党员先进性教育所涉及的教育内容与形式，是否探索出项目化运作的模式，对学生党员教育活动的资金投入进行科学合理的筹集、管理和使用，是否运用财务管理的思想与方法，建立反映资金运行状况的信息系统，提高科学决策能力，提高了资金的使用效率；再次，在物质保障方面，针对学生党员先进性教育的组织建设、组织活动与组织宣传等方面所需的场地、设备、材料等物质资源问题，所构建的保障体系对此是否进行了合理配置与管理；最后，在信息保障方面，所构建的保障体系是否根据信息化发展的新形势，探索出宣传党的基本理论、基本路线和基本纲领的新途径，是否运用信息技术和网络技术，探索出电子党务和网上党员教育活动的新形势，是否加强网络信息的管理，在学生党员先进性教育的形式上实现创新。

对学生党员先进性教育保障体系的评价研究，重点在于对长期以来困扰和阻碍党员教育的一些潜在问题进行分析，并提出相应解决办法，使对组织体系与运行机制起到支撑和辅助作用的各方面因素得以系统表述，将学生党员先进性教育的保障体系进行理论概括，使党员先进性教育的理论体系更加系统和完整。

第三节　新时期高校学生党员先进性教育评价体系内容要求的实现机制

一、正确认识和准确把握高校学生党员先进性教育的评价指标

前面讲到，对高校学生党员先进性教育工作的评价内容主要包括对高校学生党员先进性教育的目标体系的评价，对高校学生党员先进性教育的内容体系的评价，对高校学生党员先进性教育的组织体系的评价，对高校学生党员先进性教育的运行机制和保障体系的评价，以及对学生党员个体和群体的评价等。在高校学生党员先进性教育评价工作的实践中，要想对各个环节作出正确的评价，必须正确地认识和准确把握评价指标。

第一，对新时期高校学生党员先进性教育的目标体系的评价主要是针对具体的目标而言。具体目标应该是多方面的，而不应该是片面的；具体目标应该是受根本目标制约的，是根本目标在各个方面的具体要求和体现，它们共同构成一个具有内在的层次性和关联性的目标体系。具体目标不能脱离根本目标而随意设置；具体目标必须是明确的，而不应该是含糊的、模棱两可的；具体目标应该是进行系统规划的，而不应该是散乱的、互不相连的。

第二，对新时期高校学生党员先进性教育的内容体系的评价是非常复杂的。新时期高校学生党员先进性教育的内容应该以实现具体目标并最终实现根本目标为依据设立，而不应该毫无指向，随意设置；应该是与时俱进的，而不应该是僵滞的；应该是实在的、有价值的、灵活的，而不应该是本本的、教条的、空洞的；应该包括理论和实践两个层面，而

不应该是顾此失彼和片面的；应该是由浅入深，让学生党员逐渐深化对党的认识，而不应该是肤浅的、表面化的，更不应该晦涩难懂；应该针对高校学生党员的具体实际，而不应该是泛化的、笼统的。应该既加强政治理论的学习和教育，又要让学生党员认识到专业学习的重要性。

第三，对新时期高校学生党员先进性教育的组织体系的评价也应该是多方面的。高校学生党员先进性教育的组织体系应该是横向纵向构建的，而不应该是单向进行的；高校学生党员先进性教育的组织体系应该注重专门机构的建立，提升学生党员先进性教育的理论层次和学术含量，为学生党员先进性教育工作能够持续深入地开展提供理论指导，而不应该只是建立操作性的机构。高校学生党员先进性教育的组织体系应该建立一个实践平台，在实践中让学生党员领会和展现学生党员的先进性，而不应该只是通过课堂式的理论宣传教育。

第四，对新时期高校学生党员先进性教育的运行机制的评价主要涉及对学生党员先进性建设的制度建设及具体的实现途径、手段等问题的评价。先进性教育的运行机制如何严重影响着先进性教育的效果。因此，对先进性教育的运行机制的评价尤为重要。在评价制度机制建设方面，要看是否能创新机制进行制度机制建设，是否能摒弃不合时宜的制度；要看制度是否有针对性，是否能有效地落实。在制度创新的方面，在评价时要注意以下几个方面：制度机制是否能很好地保障学生党员的民主权利；是否能增强学生党员的党性意识；能否充分发挥学生党员的先锋模范作用，提高党组织的战斗力。在先进性教育方式方法的创新方面，要看先进性教育的方式、手段是否灵活多样，更好地表现和服务于先进性教育的内容。党组织的设置方式应有利于方便开展党的工作；在学生基层党组织班子的选举上要能落实并改进党内民主选举制度，对书记的选拔更要在注重政治素质的同时全面考察其他方面；学生党员的教育形式应贴近学生党员的生活实际和触及学生党员的思想实际；在学生党员管理的评价方面，应将学生党员的管理与学生党员的教育密切配合，不留盲区和死角；学生党员管理必须形成发展和淘汰机制。这些都是评价党员管理的关键。

第五，对新时期高校学生党员先进性教育的保障体系的评价主要包括以下几个方面：在评价学生党员先进性教育的保障体系时要看它是否既注重外部宏观环境层面的研究，又注重内部具体环境层面的研究。在内部具体环境层面，是否能够对学生党员先进性教育的组织体系产生重要影响的人、财、物、信息四个方面都加以重视，而不只是偏重一方面，能否合理有效地分配使用人、财、物、信息，提高学生党员先进性教育的效果；在保障方面能否采用有效的激励措施，调动各方面的积极性，全面保障学生党员先进性教育工作的顺利开展。

第六，对新时期高校学生党员先进性教育中学生党员个体的评价是个关键点，也是个难点。因为人是一个复杂多变的因素，需要考虑的方面很多。对于学生党员评价的核心就是综合素质的评价，这就需要摒弃以往对学生党员评价只注重政治素质的片面思想。综合素质主要包括以下几个方面：科学的理论武装，先进的思想观念，崇高的价值目标和精神追求，优良的作风，优秀的学业等等。评价学生党员是否具有先进的思想观念，就是看学生党员是否能将党的最高纲领和最低纲领统一起来，既树立远大理想，又能做好当前的学习和工作，奋发进取，把大学生党员的先锋模范作用充分发挥出来，脚踏实地地为全面建设小康社会而奋斗。评价学生党员是否具有崇高的价值目标和精神追求主要是看学生党员是否能深刻领会全心全意为人民服务的根本宗旨，并自觉付诸实践。对于学生党员来说，主要的是从身边为人民服务的小事做起。在处理个人与社会、个人与集体的关系时，能真正做到个人价值的实现和服务祖国的统一。评价学生党员是否具有优良的作风，主要是看学生党员是否坚持开展批评和自我批评，密切联系广大同学的作风；能否坚持原则，敢于同不良现象作斗争，始终保持青年党员的昂扬斗志和凛然正气。评价学生党员是否具有优秀的学业，主要是看学生党员是否具有严谨的学习态度、锲而不舍的钻研精神、大无畏的探索作风。简言之，就是能否在学业中发挥表率作用。

第七，对新时期高校学生党员先进性教育中党组织（学生党员群体）的评价需要对党组织的各个方面进行评价。具体来说，党组织内学生党员个体的表现、党组织开展先进性教育的方式的科学性与灵活性，党组织先进性教育的目标的明确性与合理性，党组织先进性教育的内容的全面性和科学性，党组织的团结力和向心力等等都可以作为指标来对一个党组织进行评价。

二、建立健全科学合理的评价体制

要构建完善合理的高校学生党员的先进性教育的评价体系，很重要的就是要在评价体制方面做好工作，提供保证。所以建立和健全高校学生党员先进性教育的评价体制，用制度和体制规范评价的各个方面便成为新时期高校学生党员先进性教育的关键所在。

（一）建立健全党内党外双层评价体制

“系统论认为系统有着动态平衡性，每一个系统只有在与外界进行信息交流的过程中，才能保持稳定和发展。我们党是一个组织严密的系统，与党有关的信息交流分为党内的信息交流和党与外界的信息交流。”在加强高校学生党员先进性教育的过程中不仅要加强党内的评价和监督，同时也要加强与外界的沟通。党内先进性教育的情况应及时反映到党外，由党外人士对此进行评价和监督，并提出建议，这些建议又及时返回到党内来以促进学生党员的先进性教育工作的开展。在评价过程中，要通过党内自评，党外评价促进党内的评价，最终达到学生党员党性修养提升的目的。

党既是评价的主体又是客体。党作为评价的主体分为组织的评价和学生个体的评价。对组织评价来说，分为组织对组织的评价和组织对学生党员个人的评价，其中组织对组织的评价包括组织的自我评价和组织对其他组织的评价。在组织的自我评价中，主要是组织征求自己成员对组织在先进性教育工作中制定的目标、内容、体制等各方面的评价意见，不断促进各项工作的发展。组织对其他组织的评价，“原则上按照党组织隶属关系确定，上级党组织评价下级党组织，主要负责同志要亲自抓，一级抓一级，层层抓落实”。同时下级党组织也要对上级组织做好监督。党组织对学生党员个体的评价一般来说是党组织根

据民主评议的情况、征求群众意见和学生党员的一贯表现，提出对每个学生党员的评价意见。对学生个人评价来说，分为学生党员自己对自己的评价和其他学生党员对自己的评价。通过组织生活会或其他非正规形式，学生党员之间进行评议，开展批评与自我批评。

第四，学校的其他组织，主要是非党派的学生组织也应该被吸收到评价体系中来，在评价各个方面时，要积极吸取他们的评价意见，他们往往能从学生的切身利益，从学生组织的视角提出有价值的评价意见，这对于更好地开展学生党员的先进性教育工作有着积极的意义。

（二）要建立根本标准与具体标准双管齐下的评价体制

客观的、科学的评价标准是高校学生党员先进性教育取得成效的重要保证。在评价中，在坚持根本标准的前提下，制定具体标准应注重针对性、客观性和可行性，如果实际情况不加区分，只用一个标准，就会最终达不到学生党员先进性教育的目的。因此，评价标准要避免“一个标准，一个模式”。

第一，坚持根本标准是高校学生党员先进性教育取得成效的根本要求。根本标准也叫“绝对评价”，指不论学生党员现在的情况如何，设立预定的一般目标，在评价时，把要评价的学生党员同这个标准进行对比，找出存在的差距。

第二，个体差异评价标准是高校学生党员先进性教育工作实际的需要。在坚持根本要求的前提下，提出学生党员保持先进性的具体要求，确定各自的重点学习内容和重点解决的问题，采取切合实际的方式方法，开展有效的教育活动，更能促进学生党员的进步。例如，对一名学生党员来说，可以把自己的理论修养、自己对党的认识、自己的作风、党性、学习态度、工作态度等各方面与受教育前进行比较。然后根据比较的结果确定自己下一步学习的重点和目标，以更好地促进自身的进步。

第三，高校学生党员先进性教育工作要适时采用相互参照的方式进行评价。不同评价客体间的相互比较的对象可以是某个党组织，也可以是个体的学生党员。在评价中，可以将表现好的党组织或者学生党员作为标准，让其他组织和学生党员个人同表现好的组织和个人进行比较。可以把学生党员或党组织的受教育前的状况同它的现在的状况进行对比，这有利于找出自己的差距和进步的速度。通过比较能够给党组织或学生党员个体以压力，更能促进先进性教育水平的提高，使先进性教育取得实效。

（三）要建立注重对先进性教育的执行过程进行全面评价的评价体制

高校学生党员的先进性教育的执行过程是保证整个先进性教育工作取得成效的关键。在先进性教育过程中，要通过过程的控制，在过程中纠正偏差，以达到所希望的目标。

第一，对学生党员的学习动机的评价。主要包括学生党员对先进性教育的思想重视程度、学习的期望、决心等非智力因素。这就要求做好学习动员，进行广泛深入的思想发动，让广大学生党员充分认识到此次先进性教育的重要意义。

第二，对先进性教育的全过程的评价。高校学生党员的先进性教育体系是一个庞大的系统，主要内容包括高校学生党员先进性教育的目标体系、内容体系、组织体系、运行机制和保障体系以及评价体系。我们要构建的评价体系就是要对前面的这些环节以及学生党员个体和党组织在先进性教育中的表现进行科学系统的评价。对于高校学生党员先进性教育的目标体系、内容体系、组织体系、运行机制和保障体系等环节的评价，在前面已经具体论述过了，在这里需要强调的是对学生党员个体的评价。学生党员在先进性教育活动中的学习过程分为学习—撰写党性材料—按照党性分析材料—对比找出不足—再学习。对于整个过程的评价要逐项进行，不可只注重一个方面。既要对过程进行评价，又要对结果进行评价。

（四）要建立当前效果与长远效果双重注重的评价体制

保持共产党员先进性教育活动，为期一年半，分三个阶段：学习动员、分析评议、整改提高。在先进性教育的每一个阶段必须做好总结和评价工作，以一个阶段性的结果促进下一阶段的先进性教育工作的开展。同时从另一方面来说，当前一年半的先进性教育也是阶段性的。先进性教育是一个永恒的课题，不可能依靠此次先进性教育活动一劳永逸。如果失去了先进性，中国共产党就无法保持马克思主义政党的本色，最终将亡党亡国。因此，对先进性教育的成果评价不但要看是否实现阶段性目标，还要注重长期效果的评价。一方面，对阶段性成果来说，要把高校学生党员先进性教育取得的成果同党中央所设立的先进性教育的目标和初衷进行对比，看是否达到目标，成果是否出现偏差。阶段性成果主要表现在先进性教育要解决当前学生党员和党组织存在的突出问题，学生反映强烈的党风、政风、行风方面的突出问题，影响高校改革发展的突出问题和涉及学生切身利益的突出问题。另一方面，长期性效果的评价要注重先进性教育活动是否产生制度性成果。先进性教育要形成经常化、规范化、制度化的长效机制，使我们的党永葆生机。

长效机制是高校学生党员先进性工作取得成效的重要保证。高校学生党员的先进性建设“需要实现多元联动、系统推进、综合整治、科学实施”。高校学生党员先进性建设的长效机制的主要形式体现为一整套的体制机制和制度。对长效机制的评价主要就是看这一整套体制机制和制度是否建立和健全：一是看是否建立健全了高校学生党员的教育机制。二是看是否建立健全了高校学生党员的管理机制。尤其在日常管理方面是否做到了制度化、规范化和经常化，使广大学生党员处于党组织的有效管理之下。高校学生党员先进性教育的管理机制主要包括激励机制、权利保障机制、能力增强机制、行为约束机制、流动党员管理机制、责任落实机制等。对学生党员管理机制的评价也就是针对这几方面分别进行评价。在激励机制的评价方面要看精神和物质两种激励机制是否能适时恰当运用，更好地引导学生党员向着党员管理预期的方向发展。在权利保障方面，要看是否能使学生党员的知情权切实得到充分保障，真正实现党员权利和义务的统一。在能力增强机制方面，在评价时要注意是否能促进学生党员综合素质的提高。在行为约束机制方面，行为的约束除了道德层面的，更重要的是要看是否形成行为约束的制度机制。只有完备的制度性的硬约束才能更好地规范和约束学生党员的行为。

三、运用科学的评价方法

如何对高校学生党员的先进性教育工作的各个环节进行评价是整个评价体系中很重要的问题。评价事物的方法有很多种，每种方法都有其特定的适用范围，各有侧重，在评价事物的实践中，不存在一种完美无缺的评价方法。对高校学生党员先进性教育进行评价的过程，是一个既涉及技术又牵扯人的问题。为了对评估对象作出客观、公正和合理的评价，必须根据实际情况，在评价不同的环节时选择最适合这个环节的评价方法。

总的来说，良好而适用的评价方法应该符合以下原则：第一，评价方法应该最能体现高校学生党员先进性建设的目标和评价的目的，对先进性工作能起到引导和激励作用。第二，评价方法能比较客观公正地评价高校学生党员先进性工作的各个环节，尽可能减少由主观因素引起的误差。第三，评价方法要有针对性、实用性强，简便易行。第四，评价方法要相对比较节约成本。第五，评价方法要具有信度和高效度。所谓信度就是根据此评价方法进行评价得出的结果必须相当可靠。所谓高效度就是评价能较高程度的达成所期望的目标。

对高校学生党员进行先进性教育工作的各个环节进行评价，主要有以下几种方法：

（一）考试法

在高校学生党员先进性教育工作的评价中，考试法主要是针对学生党员个人的评价而采取的方法。考试法主要是通过对学生党员的考试来评价学生党员在先进性教育中学习的政治理论知识的一种方法。具体做法就是根据高校学生党员先进性教育的目标和内容，确定考试的范围。这种评价方法的优点就是评价标准明确，易于操作。缺点是难以全面地评价学生党员在先进性教育工作中的表现。

（二）民主评议法

民主评议法是在评价中充分发扬民主，通过各种渠道获得对评价对象的评价信息的方法。在高校学生党员先进性教育工作的评价中，民主评议法主要包括党内评价和党外评价两种方法，对这一方面，在评价体制一部分中已有详细论述。民主评议法是一种能比较充分地获取对评价对象的评价信息的方法，这种评价方法的优点就是民主性、群众性，缺点是这种方法是主观判断，难以避免人为因素造成的评价偏差。

（三）短文法

短文法是最常见的一篇简短的书面鉴定来进行评价的方法。评价的内容、形式、篇幅和重点等均不拘，完全由评估者自由掌握，不存在标准规范。通常来说要涉及被评估对象的优点和缺点、成绩和不足、潜在能力、改进的建议以及培养方法等。此种方法每篇评语各具特色，只涉及总体，不分维度或任取粗略划分的维度；既无定义，又无行为对照标准，所以难作相互对比；加之几乎全部使用定性描述，无量化数据，难以据此作出准确的判断。但因为这种评价方法比较灵活，反馈简捷，所以在高校学生党员先进性教育的评价工作中，

还是很有作用的。在我国，这也是一种传统的评价方法。

（四）对比法

对比法是在某一评价标准的基础上，把每一个学生党员都与其他学生党员相比较，每一个党组织都与其他党组织相比较，来判断哪一个“更好”。记录每一个学生党员与其他学生党员比较时被认为“更好”的次数，以及每一个党组织与其他党组织进行比较时被认为“更好”的次数，根据次数的多少给学生党员和党组织进行排序。这种评价方法考虑到了每一个学生党员与其他学生党员在先进性教育中的成绩的比较，考虑到了每一个学生党组织与其他学生党组织的教育成果进行比较，比较客观。但是这种评价方法也存在许多不足。主要是：第一，如果需要评价的人很多，则需要做的比较次数将会非常多，工作量很大，若需要评价的对象为N，则需要的比较次数为N（N-1）/2。第二，运用这种评价方法进行评价时会遇到一种无法自圆其说的情况：评价时会出现甲比乙表现好，乙比丙表现好，丙比甲表现好。第三，运用对比法进行排序时每个对象的位置是唯一的。这意味着任何两个评价对象都能分出先后，但事实上这是不可能的。在实践中通常出现的情况是评价对象的表现差不多，难分伯仲。

（五）强制分配法

强制分配法是由评价者先拟定有关的评价项目，按评估项目对高校学生党员和党组织的绩效作出粗略的排序。这种方法的通常做法是：首先设立一个等级，并在各等级设定固定的比例分配，如“优”10%，“较优”20%，“中”40%，“较差”20%，“差”10%，按每个个体的学习成绩排序分配进入等级。采用这种方法评价的结果，不再着重于具体顺序，而着重于评价对象所在的等级。这就克服了对比法的一项弊病。但这种方法也存在自身的问题，在实践中，有的个体的学习成绩可能不适于分配进设定的等级。而且如果在先进性教育中，学生党员和党组织大部分的成绩都很好，一定要把30%的归为“较差”是很不尽合理的。

（六）清单法

清单法是评价主体在经过实地考察，调查访谈后，对照工作的要求来拟定评价清单条目来进行评价的一种方法。在高校学生党员的先进性教育的评价工作中运用这种方法，就是在经过认真的调查研究之后，列出对先进性教育的目标体系、内容体系、组织体系、运行机制和保障体系、学生党员个体和群体进行评价的清单条目，这些清单条目必须对评价对象的成绩优劣有着关键的意义，并运用行为性文字进行描述。该法是要事先要制定好这些清单条目，在进行评价时，评价主体只需要按条目核查后打钩即可，便捷易行。这种评价方法的重点就是清单条目的制定，这些条目必须是在做过几番的调查研究后精心提炼的，而且对于不同的环节进行评价，需要制定不同的条目清单，以提高评价的准确性和有效性。但是清单条目的科学设定是颇难的，成本也颇高。

（七）评价量表法

评价量表法是在评价工作中运用广泛的一种方法。评价量表法通常包括几个有关的评价项目，如评价一个党支部在先进性教育工作中的实绩时，制定的评价项目可以包括：支部内学生党员个体的表现、支部开展先进性教育的方式的科学性与灵活性，支部先进性教育的目标的明确性与合理性，支部先进性教育的内容的全面性和科学性，支部的团结力和向心力，等等。每一项都设立评分标准，划分几个等级，最后把各项得分加权相加，得出评价对象的评分。评价量表法是一项量化的评估方法，评价对象的得分一目了然，减少了主观性的影响。但是量表的设计，特别是维度的使用和确定需要精细的准备，才能使评价结果更加科学合理。

（八）关键事件法

关键事件法是以记录直接影响工作成绩优劣的关键行为为基础的评价方法。我们在对高校学生党员先进性教育工作进行评价时不可能每时每刻都进行评价。一般来说，都是经过一段时间评价一次。在下次评价时需要尽可能地搜集从上次评价到下次评价期间学生党员和党组织的各种信息，只有这样才能做到尽可能的公平正确。如果未能做到这一点，在进行下一次评价时，有些评价需要的信息就只能依靠模糊的记忆判断。这就需要当有关键事件发生时，要及时记录，也要把发生此关键事件时各方面的评价信息及时记录下来。以便在下次评价时有确实的资料可循。关键事件一般是直接关系到成绩的重要因素，对关键事件的记录是进行下次评价的重要因素。因此，运用好此种方法的前提是对关键事件的记录要尽可能准确。

综上所述，我们可以看到在对高校学生党员的先进性教育工作的各个环节进行评价时可以运用的各种评价方法，每种方法都有利有弊。在评价中，要综合运用多种方法，只有这样才能对各环节作出比较客观的评价，才能发现不足，及时纠正，更好地促进高校学生党员先进性教育工作的开展。

第七章 高校党员教育管理工作优化对策

这些年来，虽然各高校在学生党员教育管理工作中已经作出了很多有益的探索，无论在学生党员的人数还是学生党员的比例，都有所增加，但不可忽视的是，伴随着学生党员队伍的不断壮大，学生党员教育管理工作中日益凸显出一些问题，值得我们深思：在学生党员数量上涨的同时，如何提高学生党员队伍的质量；学生党员队伍日益庞大，如何确保学生党员教育管理工作的效率；学生党员党性意识淡薄，如何充分发挥他们的先锋模范作用。以上问题，究其原因，我们需要从学生党员个人、基层党组织建设和教育管理的模式等因素入手，进行分析并讨论提出其优化的对策。

第一节 加大对于学生党员党性教育的关注程度

中国共产党作为一个政治组织，普通大学生申请加入，首先对大学生的要求就是，要具有先锋模范作用，但是很多学生在入党时，没有考虑到党性本身是什么，只是以功利化的目标去申请入党，伴随着功利化目标的消减，放松对于自身的约束，学生党员的教育管理效果便大打折扣。所以，在优化学生党员教育管理工作的对策中，首要任务便是增强学生党员的党性意识。

一、在学生党员的发展入口关重点考察党性意识

在制定完善学生党员入党标准时，不能简单地“以成绩论英雄”。严格按照党章规定，结合各个专业的学生特点，从政治素养、道德品行、能力水平、现实表现、专业水平、学习成绩等方面细化学生党员具体标准和发展条件。把党性修养、政治素养作为发展学生党

员的首要标准，在考察入党申请人的入党资格时，最关键的是要考察入党申请人，作为一个想要积极申请加入一个政治组织的普通大学生，是否已经在思想上、意识上转变观念，做好了入党的准备。

二、在组织生活中筑牢学生党员的党性意识

严格的组织生活是做好党员教育管理的重要措施。新形势下，各学院党委要重视学生党支部的组织体系建设，积极探索和完善学生党支部的有效建设，明确学生党支部的工作职责。严格规范学生党支部的工作制度、党员教育管理的细则、活动方式等，完善学生党员的组织生活机制，实施教育管理制度。学生党支部必须严格学生党员组织生活，定期召开各种民主生活会议，并根据实际情况及时纳入部分提出了入党申请的大学生参加，共同探讨国家热点问题，研究党的先进典型和新的理论知识，进行批评和自我批评，组织党员参与支部建设与管理，增强学生党性，使党员自觉服从党的领导，遵守党的纪律，进一步增强为实现党的路线和纲领而奋斗的信心和决心。

目前，学生党员组织生活都是日趋于程式化的，缺乏学生喜爱的、容易被学生所接受的管理方式。因此，鉴于学生党员缺乏社会经验、缺乏对历史的了解和对社会经济文化变迁的深入感知，党组织必须积极开展实践教育活动，创新活动方式使学生党员在理解社会和服务学生方面受到教育。可以适当地增加一些形式多样、内涵丰富的社会实践教育活动。

三、完善学生党员监督考核评价机制

学生党员的教育管理目标的实现，终究是要建立一支能够充分发挥其先锋模范作用的学生党员队伍。怎样充分发挥学生党员的先锋模范作用？仅仅依靠培养、教育、管理等制度还不够，还要建立健全完整的学生党员监督考核评价体系。学生党员的监督考核评价机制，要坚持从严、从实的原则，全面科学地对学生党员日常生活、学习、工作进行监督考核，通过评价体系，科学直观地评价学生党员先锋模范作用发挥的效果如何。对于学生党员的考核评价，最简单直观的依据就是党章所规定的党员的八项任务。但是作为社会主义事业的接班人和建设者，还需要从学生党员的各个方面入手进行考察。

第一，对于党的理论知识的学习情况。关键要看能否保持学习的自觉性，积极主动地学习党的各项理论知识，提高自己的思想政治素质。

第二，履行党员的义务情况。是否能够保质保量，按时完成党组织交派的各项任务，能否正常参加党组织三会一课、民主生活会、组织生活会等党内活动，参加活动是否出现迟到早退或缺席的情况。

第三，服务师生群众情况，是否带头讲奉献，是否有强烈的责任心和吃苦风险精神，能否在社会工作和公益劳动中充分发挥党员的先进性和先锋模范作用，为广大师生做好服务工作，在师生中的评价如何，能否深入联系群众，积极向党组织反应群众的意见和要求。

第四，遵守校纪校规情况。

第五，专业学习情况。是否认真好学，学习态度是否端正，学业成绩水平如何，是否

能够积极参加各种学科竞赛，能否取得好的名次。在全国性的大赛和等级考试中能否获奖，是否出现了作弊、无故旷考等有损学生党员队伍形象的情况。

第六，党务工作情况。能否服从党组织的安排，按时按量完成工作任务。

第二节 充分发挥基层党组织在学生党员教育管理中的主动权

一、建立健全组织保障

建立健全的组织保障机制是确保高校学生党员教育管理工作机制的建设、运行和整体效益最佳化的发挥的首要途径。要将高校学生党员教育管理工作纳入学校整体工作之中，纳入学生的专业学习过程之中。为做好这方面工作，首先就要组建相应的领导工作机构，协调各方力量。各学院根据中央及省委的统一要求，贯彻落实党委领导下的校长负责制，党委职能部门和管理单位各司其职、密切配合的组织领导体系，从而构建起“以学校党委决策层、党群系统职能层、院系党团组织实施层为纵坐标，以党委办公室、组织部、宣传部、学生工作部、工会、团委、学生会、管理部门为横坐标，上下结合、职能部门联动、党政工团学齐抓共管的立体运转组织领导体系”，只有将这些教育管理力量整合起来，形成一种完善的组织保障机制，才能促进学生党员教育管理工作的系统科学开展。

二、研究制定科学有效的教育管理工作考核激励制度

考核激励机制的建立是学校学生教育管理工作队伍长效管理机制建设的一个重要组成部分。从各学院实际情况出发，建立一套囊括了基层党委、党总支和直属党支部的激励考核制度，考核主要包括组织建设、领导班子建设、作用发挥等内容，其中，组织建设中包含了对机构设置情况、党务工作者队伍结构及使用情况的考核项目；领导班子建设中包括领导班子成员分工、班子结构与工作能力建设、民主决策与民主生活会等三项考核考核项目；基层党委履行职责和作用发挥情况项目中包括保证监督作用的发挥情况、在学校改革发展稳定工作中的作用、党员教育管理和发展、有关制度的落实情况、教职工的思想政治工作、党风廉政建设、学生工作等考核项目，建立科学、规范、有效的考核激励机制。在此基础上，还要建立相应的激励机制，在合理的方位内，把考核结果与学生党员教育管理工作者的晋升和工资福利等紧密相结合，进一步实现“人适其事，事得其人”的目标。

三、建立学生党员教育管理工作者队伍人才培养长效机制

人才队伍建设是各学院学生党员教育管理工作亟待解决的另一个关键问题。从多年的实践经验来看，高校学生党员教育管理工作者队伍应该由专兼结合、多层次的人员组成。

通过积极探索以上措施，学校将稳定建立一支以事业编制内人员为主体的学生党员教育管理工作者队伍。但是，尽管做出了很多有效尝试，但是各学院的学生党员教育管理工作者队伍的专业化建设还有很长的路要走。学校目前年龄较大的学生党员教育管理工作者理论实践经验丰富，但由于和学生党员之间的年龄差也比较大，容易造成和学生党员之间的代沟，影响教育管理工作的效果；年轻的教育管理工作者能够有效接受新鲜的信息，容易和学生党员之间产生共同话题，但是，与年长的学生党员教育管理工作者恰恰相反的是，年轻的教育管理工作者缺乏实际工作经验，对于党的理论知识了解也相对较浅。

因此，要做好这项工作，首先应提供让学生党员教育管理工作者接受适当培训的机会，将学生党员教育管理者分类予以培训，通过有针对性的继续教育，以实现最优化的培训效果。其次，加大对专业人才的培养力度。重视对人才的培养，努力构建一支数量、质量兼具，结构优化的专业力量。最后，建立有效的激励机制、竞争机制、约束机制，加大人事制度、分配制度等方面的改革力度，使学生党员教育管理工作具有足够的吸引力，使越来越多的工作者对学生党员的教育管理充满热情。

四、建立与时代同步的教育管理工作平台

各学院原有的三个学生党员信息管理系统相对分散，缺乏互联互通、复杂类型数据的处理、分析能力。因此，需要整合数据资源，建立起专业的大数据平台为学生党员教育管理工作提供强有力的支撑。

该平台通过基于大数据的现代信息技术，实时采集学生党员学习、生活、行为信息产生数据，进行智能分析。利用该平台的数据分析结果，科学有效地进行学生党员思想、行为评估，增强了教育管理工作的实效性和针对性。将高校学生党员教育管理工作真正做到“教育数字化、管理信息化、分析智能化”。

服务对象：高校学生党员教育管理大数据平台服务对象为学生党员和党务工作者。针对学生党员，立足于服务学生党员学习、组织生活。学生党员通过该平台进行党费缴纳，思想汇报，在线组织生活等。

针对高校党务工作者，立足于高效工作、科学管理。高效党务工作者通过该平台能够实时掌握学生党员的思想动态、行为举止，以便更加科学地进行思想政治工作；并且能够集成常规党务工作的功能“一站式”的高效党务工作。

平台架构：高校学生党员教育管理大数据平台一共分为三层：由下向上分别是源数据层、数据分析层、数据应用层。

元数据层：采集的数据源包括：高等学校已经普遍进行了智慧校园信息化建设，在信息化建设的工程中包括了各类系统，诸如缴费系统、党建工作管理系统、图书管理系统、教育管理系统、教学评价系统、宿舍管理系统、食堂付费系统、水暖电使用系统等等关系到学生学习生活行为等方面的系统。

功能：实时采集高校众多信息系统中，学生党员在学校的学习、读书、思想心得、选课、成绩、消费数据信息。

数据分析层：该层包数据分析中心和数据处理中心。数据分析中心通过将元数据层搜集到的信息数据进行整理输出应用，就变成了具有指引效果的行为方式，这是应用大数据技术创新学生党员教育管理工作无可比拟的优势。数据处理中心负责前期数据分析中心将智慧校园信息化建设各类系统中搜集到的指标数据进行分析整合之后，在通过一定的数据归类，便形成了学生学风行为规范、学生生活行为规范、学生社团工作行为规范等一系列规范指标，这些具体动作来源于云端，应用于学生党员端，帮助党组织正确引导学生党员的学习生活行为等。

数据应用层：输出层面通过将数据的采集分析之后形成行为规范，党组织通过对行为规范指标执行情况的数据进行再次收集并返回值云端进行应用，形成闭环。云端中的各类系统要根据实际工作情况和输出层数据反馈的信息进行及时完善。而在应用层收集到的各类数据，也形成了学生党员教育管理工作中评价所需的各类指标。

具体应用有：党费缴纳、党员信息管理、党员信息统计、培训管理、党员行为分析、党员思想分析、组织生活管理、党员论坛。

功能：学生党员的党费缴纳信息、参加组织生活信息、学习教育信息、思想汇报信息、谈话信息、反馈信息等。同时，高校党组织也可以利用大数据技术，对学生党员在网络新媒体党员教育平台上的浏览记录、讨论记录、反馈留言等信息进行收集、处理、分析，以了解学生党员的兴趣点及思想行为等，进而改进学生党员教育管理内容。

系统功能概述：学生入党申请人培养：学生自向基层党支部提出书面入党申请之日起便可以纳入平台管理，通过对学生提出入党申请到确定为入党积极分子、从确定为入党积极分子到确定为发展对象、从确定为发展对象到接收为预备党员的几个阶段的表现等信息数据的收集，参考指标体系科学分析学生入党申请人是否具备发展成为一名党员的条件。

学生党员思想分析：平台通过采集图书管理系统学生党员借阅图书信息，学生论坛的党员发帖信息，智能分析出学生党员的实时思想动态。针对高校学生党员思想活跃的特点，建设网上虚拟社区，设置党建专题研讨、党员论坛、党员实际等，及时了解党员对时政问题的看法。

学生党员压力分析：学生党员行为分析平台通过学生党员一卡通消费信息、教务系统成绩信息，智能分析出学生党经济压力和学习压力。

党费管理和缴纳：平台通过智能提醒和在线缴费，确保学生党员按时交纳党费，并将党费在线管理。

党员信息管理：平台具有党员信息增加、删除、修改、查询的功能。

党员信息统计：平台具有按照不同维度（年龄、专业、性别、学院等）统计并汇总出报表的功能。

党员教育培训：平台具有党员教育培训、党课规划等功能。高校学生党员教育管理者可以以大数据分析的方式科学掌握学生党员群体的学习情况和思想状况，通过分析学生党员在平台学习的过程中留下的数据和记录等，了解并把握党员的整体学习效果，从不同维度探究党员群体的学习和思想情况。通过对每个学生党员的学习需求、学习过程、学习内容、

学习态度、学习风格、测试结果等进行精准衡量和分析，了解和掌握每个党员的学习成果及学习效率，预测其是都存在“厌学”风险，进而根据每个党员的不同情况提供不同学习内容和学习指导，实现个性化教育，提高党员的学习成效。同时，还可利用大数据分析每个党员在网上留下的行为痕迹以及生活数据等，探究其思想状况和价值取向，以便高校学生党员教育工作者根据不同情况对学生党员个体实施引导教育。

组织生活管理：平台具有使党支部的“三会一课”、民主评议党员等工作可以在线进行的功能。通过升级学生党员的智慧校园信息化建设应用和信息服务平台，写入党员身份认证和管理模块，使学生党员既可以凭借智慧校园信息化建设平台完成党员身份认定、组织关系接转、党费缴纳、参加组织活动等，又可以通过网上信息服务平台提交思想汇报、培训心得；也可以通过建设网络平台上的党组织活动模块使党支部的“三会一课”、民主评议党员等工作可以在线上线下同时进行。

党员论坛：平台具有中央重要会议学习、交流，党员间思想交流的功能。学生党员教育管理者可以在此平台上定期或不定期发布一些理论教育内容、时事热点、热门话题等，并以图文并茂、生动有趣的形式呈现出来，从而引起学生党员的浏览、学习热情和讨论兴趣，实现良好的互动交流。并且，学生党员教育管理者可以利用大数据技术，对此平台上的浏览记录、讨论言论、反馈留言等进行收集、处理、分析，以了解此平台的教育效果、党员的兴趣点及思想行为等。

五、聚焦党性提升开展教育管理工作

新时代、新形势、新要求下的学生党员教育管理工作，需要学校各级党组织从创新教育管理制度和模式两方面入手。

（一）加强学生党员入党后的党性再教育力度

对于党的理论知识的集中学习，不应该仅仅针对入党积极分子和发展对象，同时也应该关注接收为预备党员，或者已经转为正式党员的学生党员，他们因为入党时间不长，容易放松对自己的要求，更应该注意入党后的继续教育。有针对性的进行跟踪教育，通过对新党员分派任务、提出要求，时常对他们紧一紧思想上的螺丝，提醒他们时刻意识到自己的党员身份，以一名党员的身份严格要求自己，在广大的学生中充分发挥先锋模范作用，同时也要加强对党建骨干的培训，强调主动学习，鼓励学生党员们自己策划、自己思考、自己完成、自己评价，让教育活动更加入脑入心。

（二）多途径多形式开展教育管理工作

改变往日传统的课堂式、填鸭式、模板式的教育，结合网络信息时代的技术优势，突出社会实践的教育作用，结合学生党员思想活跃、容易接受新鲜事物的特征，多多挖掘一些容易被学生党员喜闻乐见的教育方式。组织他们在实践中进行参观学习交流，畅谈心得体会。同时充分发挥微信、微博、QQ 等社交媒体在学生中被广泛应用的优势，开展“微课堂”，理论知识碎片化教育。可以举办一些类似于微党课大赛等活动，鼓励学生党员主动走上讲台，结合自己的理论学习成果和实生活实践，用现场演讲或者实践教学等方式，展现共产党员的风采，同时增进学生党员之间的交流，让学生党员在沟通交流中增进感情，在沟通交流中增强党组织的凝聚力与战斗力，同时也增强了教育培养的效果。

（三）以党建带团建在活动中增强党性

共青团员是党的助手和后备军，青年作为社会的重要群体，发挥着独特的社会作用。《团章》规定，“对团员进行党的基本知识教育，推荐优秀团员作为党的发展对象；发现和培养青年中的优秀人才，推荐他们进入更重要的生产和工作岗位”，是团的基层组织的一项基本任务。学校重视团的建设是确保学生党员质量的有效途径，切实发挥好大学生入党“团组织推优”环节的作用为党源源不断地获得新生力量提供了良好的保障，有利于巩固党的执政基础，扩大党的青年群众基础，同时，青年力量的汇入也为党组织注入了源源不断的生机活力。与此同时，大学生中由于团员所占的比例较大，且青年人思想活跃，想法多、点子多，团委的活动，无论是讲座、竞赛，还是晚会、演出，都深受大学生的喜爱，且节目的形式丰富，角度新颖，值得在党委的活动中加以学习借鉴，以此来增强党建活动的吸引力，寓教于乐。

高校学生党员的教育管理工作做得好、做得深入，不仅能够保持高校的党的先进性和纯洁性，保证高校党的战斗力，而且还会向社会各行各业源源不断地输送大批的、素质优良的共产党员。

新的历史条件下，学生党员教育管理工作者必须充分地认识和把握高校学生党员教育管理工作的新机遇，正视学生党员教育管理工作面临的新挑战。通过对加强学生党员教育管理对策的研究，注重制度建设，完善工作机制，规范工作，创新工作手段，注重学生党员主体作用和先锋作用的发挥，切实注重学生党员党性修养的提高，有效地克服各方面的挑战，切实提高学生党员教育管理工作的时效性和科学性，推动高校学生党员教育管理工作的创新发展。

第八章　高校党员教育创新改革探索

第一节　高校学生党员教育融入导师制模式的研究

导师制模式教育是引导学生发现问题、寻找解决方案、讨论及解决问题的教育模式，它旨在培养学生的自主学习与自主创新能力，引导学生积极进取、追求卓越。在学生党员教育中融入导师制模式，有利于帮助学生党员提高自主学习、自主探究的能力。顶岗实习期间，高校学生党员教育存在跟踪教育困难、学习主动性低等问题，并由此导致学生党员教育陷入被动局面。因此，如何培养学生自主学习能力、自主探究能力，提升学生党员学习主动性是学生党员教育亟待研究和解决的重要课题。高校党员队伍教育融入导师制模式，进一步优化师资、强化学生能力培养，抓好、抓牢调动学生党员积极性与主动性的主动权。

一、学生党员教育的现状

（一）党员学习主动性偏低

高校学生入党的积极性很高，一些学生由于入党动机不端正、理想信仰不坚定，出现放松要求的现象。有的党员甚至存在“入党之前拼命干，入党之后松一半”的侥幸心理，自觉学习政治理论的积极性不高，学习主动性也不断降低。

（二）学生党员教育师资不足

实习期间，学生党员教育的师资队伍主要由学校教师、企业人员组成。如果以传统党课模式开展党员教育，存在三个方面的问题：第一，企业人员党建经验不足。有的合作企业甚至没有建立党组织，企业人员无法开展党建工作。第二，专业教师缺乏党建经验。第三，企业人员与学校教师缺少有效联动。企业人员更加注企业的利益，他们对学生党员队伍教育的积极性不高。因此，采用传统党课模式开展教育，会使指导教师受制于党建经验及知识，不利于校企间形成师资合力，最终阻碍学生党员积极性和学习主动性的提升。

二、导师制模式对学生党员教育的启示

应对党员教育的被动局面，全面提高学生党员学习的积极性与主动性，关键在于培养学生的自主能力与探究能力。导师制模式以培养学生的独立思考、自主学习、自主探究等能力为主，并取得了卓著的成效。融入导师制对党员教育、师资建设具有以下启示：

（一）坚持培养学习能力

学生党员教育融入导师制，突显出独立思考、自主学习、自主创新等能力培养的主线，使党员教育摆脱单一的政治理论知识传授模式。在导师制模式下，导师通过引导学生发现问题、探究问题、集体讨论、获得知识并解决问题，强化学生党员自主学习能力的培养，激发学生学习的自觉性和积极性。因此，导师制教育能够让党员“学会学习”，并将这种能力迁移到党的理论知识学习。由此可见，党员教育融入导师制有利于党员学习能力的培养，有利于教师摆脱党建经验的束缚。

（二）坚持实施因材施教

导师制下，辅导内容与辅导方式均可因人而异，具备显著的因材施教特征。例如，导师每个星期与学生见面 1 ~ 2 次，并在辅导中根据学生的实际，引导学生探究问题、收集与准备知识、成果汇报、导师评议、师生讨论与解决问题，达到个别辅导、提升能力的目的。在学生党员教育中融入导师制模式，有利于党员教育更具有针对性。首先，高频率的师生见面能够促进师生间的交流，导师开展个别化辅导具有较强的约束力。其次，以学生能力培养为主要特征的导师制辅导，使教育摆脱了单纯知识传授的限制，有利于教师避开党建经验的短板，扬长避短，致力于学生独立思考、自主学习、创造创新等能力的培养，推动因材施教的实施。

（三）坚持优化党建师资

党建师资如何优化是本科院校普遍面临的重大问题。在专业教师队伍中，党员教师偏少、学生党建教师缺乏的问题十分突出，导致实习期间学生党员教育监督难、跟踪难，甚至形成的“真空”现象。学生党员教育融入导师制模式，对优化党建师资问题有积极的战略意义。一方面，有利于促进师资优化，凝聚合力。导师制模式重点在于培养学习能力、研究能力，党建导师不再受党建经验及理论的制约，有利于吸收非党员教师、企业人员担任导师，达到师资优化的目的。另一方面，有利于提升教学质量，形成联动。导师的任务是致力于学生自主探究、自主学习、解决问题等能力的培养，培养质量取决于导师对学生能力的培养水平，而非取决于教师本人的党建经验及理论。因此，导师团队可以围绕党员

能力培养，形成深度合作与联动，促进党员教育教学质量的提升。

三、学生党员教育融入导师制模式的策略

（一）创新党员教育模式，开展学生主导的探究活动

传统的党课是以知识传授为主，基本是“教师讲，学生听”“听课，讨论，写心得”的模式。这种被动听课，束缚了学生自主学习能力、探究能力的培养，降低学生学习的积极性与主动性。因此，创新党员教育并融入导师制，开展导师引导、学生主体的知识探究活动，由学生根据自己的兴趣及所遇到的问题，主动收集相关理论与知识后，将获得的知识与团队、导师分享，然后在集中讨论中形成问题解决方案。在探究过程中，教师向导师转变，辅导学生党员开展探究活动，引导他们独立思考、制订自学方案并积极付诸实践，全面培养学生党员学习与研究能力，提高学生积极性和主动性。

（二）强化导师团队建设，保障学生党建师资密切联动

融入导师制后，突出能力培养，党员教育不受导师政治面貌、党建经验的影响。因此，导师可以由党员教师、非党员教师及企业人员担任，有利于学生学习能力、研究能力的培养，凝聚导师团队合力。例如，导师突破以往“各自为政”“你讲你的，我讲我的”知识传授局限，形成以学生能力培养为核心的团队合力，围绕学习能力、探究能力培养的教育规律，分享教育经验，互通有无，形成联动，保障党建师资紧密联系。

（三）加强导师制模式应用研究，确保导师制融入的实效性

在学生党员教育中融入导师制模式，并不等同于照搬其他导师模式，而应该针对党员自主学习能力、自主探究能力培养的现状，注重导师制融入的实效性。高校学生党员学习积极性、主动性偏低的原因固然是多方面的，但是，学生自主学习和自主探究能力的缺失是至关重要的。因此，加强导师制模式的应用研究，从辅导模式上改变了党员对学习的认识，实现从“被动听课”到“主动学习”的转变，使学生党员在导师的帮助下，由单纯的知识接受者，转变成为知识的探索者和创造者。由此可见，导师制教育聚力于学生学习能力与研究能力的培养，是主动而非消极的培养模式，这是保证学生党员学习积极性与主动性的力量之源。

学生党员教育融入导师制模式研究，为解决学生党员学习主动性低、党建师资联动缺乏等问题带来新的理论视角。

本科院校党员队伍教育中，普遍存在以知识传授为主的党课教育模式，党建师资受到党建经验及理论的限制，不利于更广泛凝聚师资力量，使得实习期学生党员教育存在“断档”风险。面对新形势，学生党员教育结合高校学生学习能力培养的需求，有针对性地融入导师制模式，积极探索党员自主学习能力、自主探究能力提升的教学模式，进一步拓宽了学生党员教育的理论视域。

第二节　党员教育融入导师制的困境与激励研究

学生党员教育师资在高校学生党员教育中扮演着重要的角色，师资因素是制约学生党员培养质量的重要因素。在教育教学活动中，教师激励机制有没有得到充分发挥，是决定教师积极性、吸引师资人才的关键因素。实践证明，如果激励机制不明，将导致教师工作的积极性不高，人才流动大，队伍不稳定，对师资结构和整体质量都有很大的影响。在本科院校，对专业课程体系的教师队伍的激励机制比较完善，构建了较为符合本科院校实际的教师激励体制。但是，针对学生党员教育教师激励的问题研究得仍不够深入，党员教师激励机制尚不明朗。虽然一些本科院校出台了党建人员激励的相关政策和管理办法，但并未形成系统的教师激励体制，或者没有把从事学生党员教育与管理的教师列入教师激励范畴，而是简单归为管理体系激励。因此，目前本科院校对学生党员教育与管理的教师激励措施的效果不佳，学生党员教育与管理队伍对人才的吸引不强、队伍不稳定，甚至一些教师不愿意参加学生党建工作。基于此，本研究从学生党建师资的特点和发展趋势，探讨学生党建师资的激励机制，为应对学员教育导师制的困境，提出激励对策。如果本科院校的党建工作者掌握符合学生党建实际的教师激励相关规律，将有助于在实践上完善学生党员教育教师的激励体系，增加学生党建师资的吸引力，激发教师的工作潜力，有利于推动党员教育导师制的实施。因此，本研究为解决党员教育师资激励机制失灵的实际问题提供应对的理论参考框架，也为本科院校学生党建师资建设提供激励机制层面的理论指导。

一、党建师资队伍存在的问题

（一）教师队伍流动性大

学生党支部教师党员队伍呈现相对的流动性。值得研究者注意的是，由于对从事学生党员教育与管理人员的激励体制不完善，很多教师不愿意参与学生党建工作，一些辅导员、专业课程教师虽然身在学生党支部，但是对学生党员教育的主动投入积极性不高，不少专任教师更是不愿意参加学生党建工作，就算答应也是勉强为之。

当前，由于对从事党建工作人员的激励机制失灵，学生党员教育教师队伍流动性大。学生党支部的教师党员主要由辅导员、分管学生社团的年轻教师兼任，当有机会换岗时，辅导员根本不考虑学生党支部建设的需要，转岗、换岗、离岗的可能性非常大。一些由专业课程年轻教师兼任党支部工作的学生党支部，由于年轻教师的授课任务增加，他们也逐渐退出党支部的教师党员队伍。

（二）党员教育教师队伍力量不足

教师队伍力量不足，有两个方面的原因：一是教师投入的精力不足，二是教师人员不足。

在教师投入精力不足方面，由于大多数从事学生党员教育与管理的教师一般都是由其他岗位人员兼任，例如辅导员、专业教师或党务干部，他们在本职工作上都有大量的业务需要处理，不能够全身心地投入学生党员教育与管理中，这是客观原因。从主观因素分析，由于参加学生党员教育与管理并没有相应的激励机制，例如，辅导员从事学生党建工作，并没有列为学院干部系列，没有机会参加干部能力培训，没有直接从学生党员教育平台晋升的机会；学生支部聘请开展学生党员思想教育的教师，也没有列为正式的党建师资，他们也没有机会参加提升党员教育教学业务能力的培训与深造。一些年轻的专业课教师根本没有想到要在学生管理方面有大发展，对学生党建工作投入不够。

在教师人员不足方面，主要表现为专职学生党建人员不足，兼职人员不稳定。在许多本科院校的教师引进中，基本上是以专业课程的教师引进为主，引进学生党务师资的十分少见，就算勉强有，也是行政部门的党务干事，但是，他们很难胜任学生党员教育教学工作。在兼职人员方面，由于主客观原因，聘请的党员教育教师不愿意长期联系支部开展教育活动，造成党员教育教师，队伍极其不稳定。一些身在学生党支部的教师党员，对自身的专业发展、职业发展相当重视，但是由于存在党建不是个人对口职业的思想，因此他们对学生党员教育并不是很上心，总是想从学生党支部里退出，或者在其位不谋其政，积极性不高，主动推进工作的热情不足。

二、党员教育融入导师制的优势与困境

（一）党员教育融入导师制的优势

导师制教育模式是以学生能力培养为主，是教师主导、学生主体的教育教学模式。在学生党员教育中融入导师制模式，对解决教师队伍建设有独特的优势。首先，导师制融入有利于填实学生党员教育师资缺口。导致学生党员教育师资不足的因素固然是多方面的，其中党员教育目标和教学内容是决定师资的重要因素。在过去的党员教育中，突出党史知识、党的理论方针政策，以及党员政治素质的培养，忽视了对学生党员学习能力、探究能力的培养。因此，过去的师资主要由党建经验丰富、思想政治教育理论深厚的教师担任学生党员教育的教学工作，这一因素直接制约其他人员参与学生党员教育。导师制融入后，学生党员教育重点培养学生的能力素质，对教师的要求主要是教育教学能力，因此导师制可以吸引教育教学经验丰富、教学能力突出的教师或企业人员加入党建师资队伍，从而填实党建师资的缺口。其次，导师制融入有利于实现学生党员管理与教育分离。学生党支部缺乏专职党务人员和教育人员是本科院校普遍存在的问题。学生党建师资一般由其他岗位人员兼顾，既从事管理工作又从事教育工作，造成管理与教育混淆，一些学生党支部甚至出现以管代教的现象。基于此，高校学生党员教育需要将管理与教育分离。学生党支部学生党员教育引入导师制模式，学生导师专门负责制订符合学生党员能力实际的培养方案，

并负责落实培育与指导业务，有效实现党员教育与党员管理的分离，提升党员教育的专业性，推动党员教育职业化。最后，导师制融入有利于稳定学生党员教育队伍。当前，本科院校学生党支部从事学生党员教育的教师是以兼任或者临时聘请为主，教师队伍不稳定。例如，党支部以讲座的形式开展学生党员教育，讲座的教师是临时邀请，他们不能够算是支部教师队伍的一员，就算是多次或经常邀请同一教师，能够勉强算是该支部的师资力量，但是，这样的师资也是极其不确定、不稳定的。将导师制模式引入学生党员教育中，有利于稳定师资队伍。与聘请教师到支部授课的形式不同的是，聘请教师担任学生党员导师，由导师负责学生党员培育方案的制定和跟踪指导，从而使得教师的稳定性得到一定的提高。

（二）党员教育导师制面临的困境

学生党支部建设中融入导师制模式虽然改善了学生党员教育机制，但是，导师制的实施同时也存在不少困难和阻力。

教师担任导师积极性不高，是阻碍导师制全面开展的重要阻力因素。教师积极性不高，使得导师制陷入选人难的困境。虽然融入导师制以后，学生党员教育师资的可选择人员扩大了，为学生党支部充实师资力量创造了机会，但是，相当一部分教师担任学生党员导师时，积极性不是很高，不同程度地存在推托回避现象，对学生党员教育没有表现出足够的热情。

导师效能感不高，也是制约导师制发展的重要阻力。导师效能感低，使得导师制陷入发展动力不足的困境。一些导师在担任过指导教师后，兴趣和热情表现出下降的现象。学生党员培养教育是一项系统工程，教育过程艰难又复杂。受聘的导师虽然全程负责学生党员的教育指导，但同时他们也是兼任的，也要开展其本岗业务。额外的、繁杂的党员教育工作使得他们的导师效能感受一定程度的削弱。

导师发展不明确，也是削弱导师制吸引力的重要阻力。导师发展不明确使得导师制陷入人才吸引力不足的困境。由于本科院校缺乏相关制度，加上不明确从事党支部学生党员教育的教师发展路径、晋升渠道等，致使学生党员教育导师发展前景不明朗，难以吸引优秀人才加入学生党员教育师资队伍。虽然也有教师对担任导师具有很高的热情，但是这并不代表他们不看重在党员教育领域的发展机遇和空间。如果本科院校不能够从学校顶层设计的层面明确从事学生党员教育的教师的发展机遇和实现路径，久而久之，将消磨导师工作的热情，降低导师制对优秀人才的吸引力，并很有可能导致导师制失去应有的活力。

（三）导师制困境产生的原因分析

在导师制融入学生党支部党员教育过程中，虽然显示了独有的优势，但是也存在导师选人难、导师发展动力不足、导师制度吸引力不够等困境。党员教育实行导师制与高等教育实行导师制相比，其优势发挥相对偏弱，其所处困境相对明显。以管理工程系学生党支部为例，细究其中原因有两方面：

其一是导师效能感低。学生党员教育是一项系统工程，一项立德树人的工程，教育效果并不是一时能够体现。一方面，党员教育的效果往往需要很长的时间才能有所体现，并

且主要体现为能力素质、思想素质、品德品质的提升，难以观察和考核。因此，导师的效能感明显受到影响。相比之下，专业教育的效果则相对容易得到体现，例如通过知识测试、技术操作等，教师就能够掌握教学的效果，效能感明显增强。另一方面，学生党员是学生的先进代表，学校对他们有较高的期望，教学效果不明显让导师们感到压力很大，削弱教师成就感的体验，使得他们的无助感更加明显。

其二是导师激励不明确。当前，本科院校对兼任学生党员教育工作人员的激励不明确，学生党支部党员教育存在可做可不做、做好做坏差别不大的现象。同时，由于激励机制不明确，教师工作不积极不主动，一些支部甚至存在以管理代替教育的现象，对导师制实施也带来消极的影响。

三、基于激励的导师制困境治理研究

基于学生党支部开展导师制教育所处的困境以及其产生的原因，本研究以激励理论为视角，从当前学生党支部教师激励的现状、激励的策略两个方面，探讨导师制困境治理的对策。

（一）学生党建教师激励的现状

激励是心理学常见的词语，它的概念是管理者通过一定的方式满足员工的需求，并借此调动员工的工作兴趣和工作热情。大量实践证明，一个企业或者组织的员工有没有激励保障，员工的工作效果完全不一样。得到激励或者明确预期获得激励的员工，其工作积极性更高、效率更高。不少本科院校，对学生党建师资的激励并不完善，甚至一些院校缺乏针对性的激励机制。党员教育不计算工作量、不列入专任教师绩效薪酬，也没有明确的晋升激励机制。由于激励机制存在各方面的问题，学生党建师资队伍的积极性不高、热情难持续，使导师制陷入选人难的困境。

因此，完善激励机制有利于破解导师制选人难的困境。党员教育师资和其他教师一样，需要获得激励与认同，在设计激励机制时考虑薪酬激励、晋升激励、绩效激励，肯定学生党员教育师资队伍，增强党建师资的吸引力，同时提高教师的积极性和工作热情。

（二）党员教育导师的激励策略

1. 结合教师需求设计激励机制

不少本科院校在设计激励机制的时候，对从事党务管理与学生党员教育兼职工作的教师队伍的需求认识不够，没能够针对性的设计激励机制和激励办法。根据人本主义心理学家马斯洛的需要发展理论，每一位教师对学识、能力、职称、薪酬等方面都有不同的需求，教师激励忽视教师的需求，需要得不到满足，必然导致工作的被动甚至停滞。因此，针对教师需求，多手段、多途径地设计激励对策，才能调动教师的积极性，才能吸引优秀人才。

2. 结合教师发展设计激励机制

追求自我发展、实现个人价值是每一个教师的发展需求，是否有发展机遇和发展空间决定了党员教育导师制开展的成败。因此，在设计学生党员教育导师的激励机制时，导师应与专任教师一视同仁，除了在薪酬、工作绩效、工作计量等方面享同等待遇外，在党员导师业务能力拓展、晋升机遇等方面也应该享有相当的激励，最终实现破除导师制吸引力不够的困境。

3. 结合教师认同设计激励机制

导师教学获得肯定和体验成就感是导师工作的内在动力源。美国心理学家弗鲁姆的期望理论揭示了个人努力与取得成绩之间的关系，认为个人如果感觉到努力能够达成一定目标，才能带来好的工作成效，目标实现的可能性越大，个人的积极性就越高。因此，通过设计薪酬激励机制及时对教师的工作加以认同，可以借助薪酬奖励的达成，强化导师的成就感和认同感，推动导师制的深入开展。

第一，合理设计导师激励体系，突出薪酬激励。薪酬激励对当前高校教师具有比较大的吸引力，将党员教育纳入薪酬体系，教师的劳动付出能够在整体薪酬水平里体现，从而提高党员导师的吸引力。

第二，导师激励设计体现平等原则，突出导师地位认同。担任学生党员教育的导师，享有与专任教师同样的激励机制，一方面突出了分配公平，另一方面也突出了对党员导师的地位认同，从而提高导师的工作热情，激活导师制的活力。

第三节　高校学生党员队伍教育中导师制实施微探

导师制源自牛津大学本科生教育，是一种高效的人才培养模式，已有几百年的历史。我国在 21 世纪初将导师制引入高校人才培养。近年来，随着社会对人才的需求不断细化和分化，对高校“因材施教”的要求更加突出，导师制越来越受到研究者关注。

随着本科教育改革不断深化，导师制在高校教育中也逐渐受到研究者关注。虽然导师制在高校教育中积累了一定的经验，也取得不错的成绩，例如在学生思维能力和综合素质、教学理念、教学方式方面取得很好的成绩，但是也存在一些本土化适应的问题，在导师制定位、师资资源、导师制落实等方面存在认识不清、定位不准的问题。导师制在学生党员教育中运用，也面临着本土化适应问题。本研究聚焦导师制在学生党员教育中的运用模式，探讨这一制度运用中出现的问题、困境以及解决的对策。

一、导师制基本情况与党员教育导师微探

（一）导师制基本情况

导师制是起源于英国的精英人才培养模型，在学生学习能力、研究能力与综合素质培养方面有独特的优势。纵观本科院校导师制，从指导内容来看，分为生活导师、科研导师

和综合导师。从指导形式来看，分为一对一指导，一对多导师制（一名导师指导多名学生），多对一导师制（导师组指导一名学生）。学生党员教育导师制选择什么样的导师制度，需要根据学生党员教育的特点而定。

（二）党员教育导师制微探

在本科院校学生党员教育中主要存在以下问题：一是，学生党员能力培养不突出。在过去的党课教学中，教师主要注重理论知识的传授，教学中没有专门的能力培养模块。二是，师资结构单一，师资力量不足。过去的党课以知识讲授为主，对党的理论知识要求比较高，党课教师主要由思想政治理论教师担任，其他理论背景较少。由于对教师知识结构要求较高，所以党课师资发展受到限制，力量不足。三是，学生党支部管理与教育分工不明，一些学生支部没有专门的党员教育师资，有的甚至存在以管代教的现象。

融入导师制，突出能力培养，党员教育不受导师政治面貌、党建经验的影响。因此，导师可以由党员教师、非党员教师及企业人员担任，有利于学生学习能力、研究能力的培养，凝聚导师团队合力。因此，高校学生党员教育可以选择尝试一对多导师模式、综合能力导师制，重点培养学生的综合能力，对学生党员教育全程开展指导。

二、学生党员导师配备与职责建构

为加强学生党员队伍建设，充分调动党员教师、非党员教师、实习企业指导教师在学生党员教育中的积极性，更广泛地鼓励教师参与学生党员队伍建设，进而达到全面培养学生党员的积极心理、自主学习、自主探究等良好品质，使学生党员具备较强的学习能力、研究能力，帮助他们提升自身素质的自主性。为此，结合学生党支部的实际情况，特制定本导师制模式及其平台构建。

（一）辅导对象

学生党支部入党积极分子、预备党员、学生正式党员，必须接受导师的指导及考核。

（二）导师的条件

师德高尚，教书育人成绩突出，具有丰富的教学经验和良好的教学效果。

师德高尚，企业生产经验丰富，具有丰富的顶岗实习学生指导经验。

（三）导师督导员条件

师德高尚，教书育人成绩突出，具有丰富的学生党建工作经验。

具有副教授以上专业技术职务，特殊情况的须具有高校讲师专业技术职务。

（四）导师督导员、导师的遴选及师徒关系的确定

督导员由个人申请或党支部推荐，办理相关审批手续，报党总支委员会审定，并公示入选名单，任期 1 ~ 2 年。

导师由个人申请或党支部推荐，办理相关审批手续，报党总支委员会审定，每学期初

公布具备担任导师资格的导师名单，任期 1 ～ 2 年。

学生党支部入党积极分子、预备党员、学生正式党员选定导师或由党生党支部选派导师，填写相关师徒关系审批表，确定师徒关系。

（五）导师督导员、导师的职责

1. 导师督导员职责

负责制定培养方案、培训内容、过程监控，负责组织导师培训与交流学习，协调与督导导师工作的实施。

2. 导师职责

导师围绕党员素质提升，从党员心理素质、自主学习能力、自主探究能力等方面给予指导。导师根据学生党员的实际情况，依据导师督导员制定的方向，制定切实可行的指导方案，由学生党支部监督实施、定期检查。具体职责如下：(1)培养学生党员积极的心理品质、自主学习能力、自主探究能力；(2)组织实施导师督导员既定的任务；(3)每学期至少两次“一对一”辅导，根据被指导对象的专业方向以及学习状况，与其探讨提升党员素质及能力的方法与途径；(4)导师应以实事求是的态度对被指导对象的政治思想、业务等方面进行总结，并对被指导对象的心理品质、学习能力、探究能力进行评估。

三、党员教育导师队伍建设探索

增加导师吸引力。本科院校领导班子要充分认识到学生党员教育师资队伍的重要性，对党员教育的导师与专业课程教育的导师一视同仁，除此之外，党员教育的导师应享有与专业教师相当的待遇，把党员教育的导师的教学绩效与年度考核、职称晋升、任用提拔、奖励结合起来，从而增加党员导师的吸引力。

促进导师认同感。营造良好的导师环境，强化导师的认同感。学生党员教育是特殊的教育，是一项系统的育人工程，在高校大学生思想政治教育中起到积极的作用。当前，在高校学院学生党员教育中，教师专业化不是很明显，党员教师显得可有可无，一些学校甚至存在以管代教的现象。在这些环境下，党员教育的师资没有足够的认同感。因此，推行导师制后，在导师队伍建设方面，本科院校积极改善环境，调整党员教育师资与专任教师之间的不平等人事制度，建立激励的经济分配制度、职称评审制度和培养、培训制度，以此增加导师对职业的认同感。

推动导师专业化。党员教育其本质是立德树人，是思想育人的工程。本科院校学生党员队伍（含入党积极分子、预备党员）的学习能力与思想认识水平参差不齐，这对导师教育教学能力要求非常高。导师在坚持基本的思想政治教育之外，还要有专业的教育教学能力、高水平指导业务能力。因此，导师队伍要不断探索新方法、新途径，快速适应导师角色，提高导师业务能力。虽然，导师模式对导师的党建理论知识要求相对宽松，但是在导师教育教学理论、人才培养能力方面却提出了更高的要求。导师重点是培养学生党员的学习能力、探究能力，引导学生自主学习、自主研究，立足培养学生的自主性和积极性，达到提

高学生党员素质的目的。因此，吸收到党员教育导师队伍的教师、企业技术人员需要加强培训，提升教育教学理论知识和教书育人能力，提升学生自主学习和自主研究的指导能力。

完善导师激励机制。优秀导师团队的形成是一个渐进的过程，导师团队建设是一项系统而艰巨的工作，它不可能是一蹴而就，必须借助建章立制，完善管理和激励体制，从学校层面实施有效的管理。因此，要积极在导师的奖励、职务评聘、晋升、进修与选拔等方面给予及时肯定和优先考虑。

党支部学生党员教育与一般的课程教育不同，是属于系统化的“强化班”式的教学，它不同于某一门课程系统授课，没有固定的教室和课时安排。在目前，学生党支部的党员教育主要是以第二课堂为主，导师的任务是突出学生能力和综合素质的境况。基于此，本文根据导师的工作阶段和任务，探索导师的工作方式。

（一）第一阶段：督导组制定课程

每学期开学第一个月份上旬（1 ~ 10 日），督导组负责制定培训课程。

（二）第二阶段：导师集体备课与交流学习

每学期开学第一个月份中旬（11 ~ 20 日），督导组组织导师集体备课，交流辅导经验与技能。

（三）第三阶段：导师制定实施方案

每学期开学第一个月份下旬（21 ~ 30 日），导师制定辅导方案，做好方案实施前的准备。

（四）第四阶段：教学资源推送

每学期开学第二个月份上旬（1 ~ 10 日），督导组将教学资源、导师主导方案在微信平台上推送。

（五）第五阶段：辅导实施

每学期开学第三个月份，导师负责辅导方案实施，历时 1 ~ 2 个月。辅导形式主要包括：网络学习、团体辅导、师徒一对一、专题讲座、座谈会。

线上模式：网络学习、视频讲座、在线交流。

线下模式：团体辅导、师徒一对一、专题讲座、座谈会。

（六）第六阶段：教学效果评估

第五阶段结束后，进行教学效果评估，反思培养方案，并为下一期培养提出建议。

四、导师考核制度探索

（一）明确考核指标

学生党支部党员教育的特点决定了导师考核存在难点，因此，需要科学设计党员教育导师的考核体系，以推进导师考核的有效性，激发和保障导师的工作积极性。本文结合学生党员教育的实际，针对性地设计导师的考核体系。

关键考核指标的设计，主要以课时量、教学任务量、教学效果为考核指标。学生党员能力培养涉及方方面面，全面选取各项指标不太现实，这样的考核也难以操作。因此，对聘任党员教育的导师，根据导师的职责和工作内容，选择一些关键的指标进行量化考评、考核。

（二）明确考核主体

与导师存在利益相关的主体都可以列为考核的主体。对党员教育的导师而言，考核的主体分别为学生党员、党支部委员、系领导。多样化的考核主体，能够提高考核的准确性。考核主体入选的理由如下：第一，学生党员作为导师教育的对象，对导师的工作和教学效果有直接感受，他们对导师考核最具有发言权，因此，学生党员应列为考核主体之一。第二，学生党支部委员是导师工作任务的分配者和监督者，对导师的工作表现，如是否执行任务、任务完成状况、教学效果、党员成长情况都有较为全面的了解，是导师考核不可缺少的主体。第三，系领导是学生党支部的直接管理部门，因此，系领导在导师选聘与考核中负有相关责任。

（三）考核周期

导师的聘期一般是一至两年，主要职责是完成学生党员教育教学任务。因此，从教学管理角度，导师的党员教育教学采取学期考核与年度考核相结合。

（四）考核结果

考核等级设为优秀、良好、合格、不合格。学生党员教育的特点决定导师工作不能够简单评分，比如同一件事，多给一分或少给一分，是很难区别的。因此，需要结合考核的指标，根据总体的表现，综合评定等级。

（五）考核反馈

将考核结果公示后，以书面的形式通知相关考核导师。考核反馈是追求进步、促进发展的动力，及时反馈考核结果，有利于教师总结自身问题，促进教学水平不断提升。与此同时，将考核结果与奖励结合，能够充分调动导师的积极性和职业认同感，提升导师的成就感，维护导师队伍的稳定。

五、导师激励机制探索

有效的激励机制是导师制能够吸引优秀人才的关键。能否使优秀人才拥有和保持担任导师的兴趣和热情，取决于激励的有效性。在学生党员教育中，建立和完善有效的导师激励机制，使从事学生党员教育的导师得到可持续的发展，提高导师制的吸引力，提升导师的工作积极性。与此同时，有效的激励政策也是推动导师制职业化、专业化的有效路径。

本文从晋升激励、薪酬奖励两方面探索党员教育导师制的激励机制。

（一）晋升激励

职称晋升是每一位年轻教师的发展需求，是对年轻教师教学与科研的肯定。年轻教师担任学生党员教育导师，在党员教育业务方面，他可晋升的职称是思想政治教育或者教育学、心理学类专业技术职称，这相当于开拓了导师的职称晋升空间，有利于激发导师工作的积极性。因此，学院需要从课程、课时、教学计划等方面，认可党员教育的教育教学活动，为导师职称晋升明确保障机制。

（二）薪酬激励

奖金是物质激励的最直观体现，它是除精神激励之外最为有效的激励机制之一。当前本科院校学生党建工作主要是由年轻的教师兼任，他们工作经验少，职称低，一般情况下薪酬自然也低，丰厚的奖金或许是激发他们工作的最有效动力。南京大学的戴者华、师淑云学者在研究加拿大高校教师激励制度时发现，加拿大各大学通常设立名目繁多、数额不等的教师奖励计划，从物质和形式上鼓励教学优秀的教师，大大提高了教师的积极性，有效优化教师教学。基于此，学生党员教育可以借鉴国内外的先进经验，大胆尝试与创新，加大对导师的薪酬激励，借以激发导师的积极性，优化导师教学。

在学生党员教育中引用导师制正处在尝试探索阶段，它面临导师制在党员教育领域的“本土化”、导师选聘、职责探讨、工作模式、激励机制等一系列实践问题，有效解决这些问题，才能使导师制的优势得以充分发挥。

当前本科院校学生党员教育正陷入不同程度的困境，学生党支部建设存在的主要问题有：党建师资力量不足，师资队伍工作热情不高，忽视学生学习能力培养，学生党员教育改革创新与人才培养模式改革创新不同步等。学生党建工作的现状明显与高等教育深化改革不相符。按照新形势的本科院校党的建设工作要求，切实加快推进学生党员教育改革的步伐，是今后本科教育改革的必然趋势。导师制在本科院校学生党员教育的探索与研究，对促进学生党员教育改革具有积极的意义。

第四节　导师制视角的学生党建与行业文化融合的研究

一、形势、问题与机遇

（一）形势

加强与深化学生党支部同行业文化相融合是学生党员教育基础学科拔尖人才培养的

迫切需求。当前形势下，本科院校不断推进和深化基础学科拔尖人才培养模式，在高等教育人才培养方面，学校、行业、企业已经紧密相融，“以就业为导向，满足行业人才需求”的职业化教育更加明显。在学生党员教育中，学生党支部如何强化自身建设，寻找符合学生党建实际的党员教育基础学科拔尖模式，已经成为高校学生党员教育需要探讨的核心问题之一。因此，学生党支部适应高等教育改革需求，搭上“基础学科拔尖人才培养”快车，要尽快适应行业文化融合的形式，形成“一切为了学生，为了学生一切”的人才培养的内在要求，全面深化学生党支部建设的改革与创新。

加强与深化学生党支部同行业文化相融合是实现学生党员教育创新的重要手段。长期以来，学生党员教育主要是以党校学习、集中党课为主，担任学生党员教育任务的教师主要是思想课程教师、党建理论较丰富的干部，教学的内容主要是党的知识理论、入党条件、党员发展流程等，很少顾及学生学习能力和钻研能力的培养。将行业文化引入学生党支部建设，例如，通过从行业企业聘请技术员担任党支部的师资的形式，将行业文化融合到党员教育培养过程中，重点突出学生党员学习能力和钻研能力的培养，引导学生在职业情景下获取和运用党的理论知识，自觉提升个人的思想素质、能力素质，从而帮助学生快速成长为企业的合格人才。

加强与深化学生党支部建设同行业文化相融合是实现学生党员教育基础学科拔尖的有效途径。教育部在《关于全面提高本科教育教学质量的若干意见》中提出要“提高学生的实践能力、创造能力、就业能力和创业能力”，强调“加大课程建设与改革力度”，突出“大力推行基础学科拔尖，突出实践能力培养，改革人才培养模式”。

加强与深化学生党支部建设同行业文化相融合是助力学生党员教育基础学科拔尖的天然渠道。行业文化体现了行业与企业对优秀人才的需求，这对企业投资人才培养具有天然的吸引力。学生党支部作为本科院校优秀青年大学生聚集的组织，是企业对人才追求的重要目标。因此，在学生党支部建设过程中引导行业文化，能够充分抓住校企双方对未来人才培养的合力点，使得学生党员教育基础学科拔尖人才培养模式更容易得到行业企业的接受和认同，有利于学生党员教育基础学科拔尖的深入开展。

（二）问题

在过去的学生党员教育中，主要依靠学校党校，没有形成支部自身的党员教育师资。学生党员教育基础学科拔尖人才培养也主要体现在学生顶岗实习过程中，然而，由于支部教师主要由辅导员、专业教研室主任构成，在学生实习过程中，他们更多的是关注学生的专业实训、职业技能培养与毕业设计，对学生党员教育的关注则不够，甚至存在以管理代替教育的现象。校企合作人才培养在学生党员教育的全程性和连续性方面受到不同程度的破坏，主要表现在两个方面：

第一，学生党员教育前期阶段缺乏基础学科拔尖人才培养模式的融入。在学生党员离校顶岗实习前，党员的教育主要以学校为主，很少引入生产实训中“工”的因素，对学生党员培养缺乏基础学科拔尖人才培养的运用。虽然基础学科拔尖人才培养模式在专业课程

教学中得到很好的体现，例如学院培养和引进了大批“双师型”教育，但是却很少培养和引进党员教育教师的“双师型”人才。在校企合作中，学校从企业事业单位聘请能工巧匠和技术人员担任实践教学教师，但是却没有引进能工巧匠和技术人员担任学生党员教育指导教师。因此，导致学生党员教育前期阶段缺乏基础学科拔尖人才培养的融入。

第二，学生党员教育顶岗实习阶段忽视企业因素的融合。在学生顶岗实习过程中，在校企合作框架里，明确了聘请企业能工巧匠和技术人员担任实践教学教师，但并没有明确他们为学生党员培养提供党员建设方面的指导。事实上，在顶岗实习过程中，学生党员的教育并没有被重视，他们更多的是与广大同学一样，只进行生产性实习方面的培养，仅接受专业技能、职业技能、岗位素质等方面的指导。学生党员教育在顶岗实习阶段并没有真正融入企业因素。

导致问题存在的原因是多方面的，但是以下两个方面的因素值得研究者与学生党建工作者关注：

其一是学生党建理念不够先进。学生党支部刚刚成立，支部建设经验不足，在基础学科拔尖深化开展的过程中对学生党员教育重视不够，教育手段、方法不多，学生党员教育只是简单的知识理论传授，忽视了学生学习能力、研究能力的培养。党支部对基础学科拔尖人才培养的认识不足，认为这只是学生专业能力的培养，没有及时帮助学生开拓思想、创新理念，造成学生党员教育基础学科拔尖人才培养的被动局面。

其二是学生党员教育基础学科拔尖制度不完善。企业管理是一个艰苦的行业，工作环境艰苦，且大多数分布在贫困地区，一些企业本身党建工作就相当薄弱，导致这些企业很难关注学生党员教育工作。因此，学生党员教育缺乏制度的刚性约束，造成教学内容改革、培养目标制定方面研究不够、执行不力，失去灵活性，使得原本就处于劣势的学生党员教育更是被动和无奈。

（三）机遇

虽然，学生党员教育领域的基础学科拔尖模式相对滞后于专业教育领域，但是，在问题和挑战当中同时也孕育着新的发展机遇。

学生党支部建设过程中，基础学科拔尖学生党员教育不仅是一种教学模式，更是一个教学理念，它以本科院校高等教育改革为契机，以培养政治合格的实用型、应用型、复合型管理人才为培养目标。学生党支部建设要以更高的站位、更广的视野，立足于学校基础学科拔尖人才培养模式的全局，树立创新的理念和创新的思维，开创学生党员教育的新局面。学生党支部应当结合基础学科拔尖人才培养模式带来的有利形势，充分利用好合作企业资源，积极与企业形成良性互动，这将为学生党支部建设与学生党员教育带来难得的发展机遇。

企业资源的融合与利用是本科院校基础学科拔尖人才培养改革的成果，专业教育教学改革的经验和成果，为学生党支部建设提供了发展的最佳机遇。例如，学生党员教育可以借鉴专业教育教学的经验，将企业的能工巧匠、技术人员引入党员教育师资，通过“引进来”

的形式积极探索党员教育基础学科拔尖的新途径与新方法。

企业的能工巧匠和优秀的技术人员在一定意义上是企业的精神所在，是企业、行业文化的典型代表。学生党支部通过引入行业企业的典型代表，能够拓宽学生党员教育内涵，突出学生学习能力与研究能力的培养，并以此引入企业的能工巧匠和优秀的技术人员担任党员教育导师，一方面可以使学生党员在校教育期间就能够通过导师的指导，获得行业企业的相关文化基础，提前掌握如何在行业或企业情景下开展党的业务学习和研究，为外出实习做好充分准备；另一方面，在实习期间引入能工巧匠和优秀的技术人员担任导师，有利于及时引导和培养学生在岗位环境下自觉提升思想素质，加强党的知识学习的能力。

以导师制为落脚点，开创与推动学生党支部建设与行业文化相融合，是目前本科院校学生党建面临的良好机遇，本科院校学生党建工作者要立足学生党支部建设，要积极探索学生党建与行业文化融合的规律和理论，加强对该领域融合的路径研究。

二、融合的路径研究

（一）推进党员教育改革

学生党支部建设与行业文化实现有效融合，关键是把握好学生党员教育改革这个主要着力点。随着基础学科拔尖人才培养模式的深入开展，高等教育开拓了一大批优秀的企业资源，吸引了一大批能工巧匠和优秀技术员。在导师制模式下，学生党支部如何利用好这些能工巧匠和优秀技术员，是一个急需研究的课题。过去的学生党员教育主要以党的理论知识传授、思想政治理论传授为主，这显然不利于吸引能工巧匠和优秀技术员，因为他们并不擅长党的理论、思想政治理论，也没有丰富的党建经验。

因此，要利用好企业资源服务学生党建工作，必须要推进党员教育改革。以突出学生能力培养为主，充分结合企业能工巧匠和技术员人才培育的经验优势，引导他们关注学生党员学习能力的培养，进而培养学生党员在企业环境、岗位环境的背景下开展自主学习的能力，从而达到促使学生党员进步的目的。

（二）优化导师队伍结构

学生党支部建设与行业文化实现有效融合，重点是把握好导师队伍优化这个根本着眼点。将行业文化引入学生党支部建设涉及方方面面，其中优化党员教育师资队伍结构是根本着眼点。在过去的学生党建工作中，师资队伍主要由辅导员、部分专业课程的年轻教师、思想政治课程教师构成，显然这样的师资队伍中缺乏行业、企业元素。在学生党员教育导师制模式下，吸引不同行业的人才担任导师是该模式的优势，因此，学生党支部建设需要强化行业文化的融合，需要充分发挥导师制下学生党员教育的优势，就需要在师资队伍中引入行业元素，进一步优化导师队伍结构。

（三）引入“校外”导师

学生党支部建设与行业文化实现有效融合，核心是把握好引入“校外”导师这个关键

切入点。在校企合作人才培养框架下，企业的能工巧匠和优秀技术员成为职业院校的外延师资，他们承担学生顶岗实习期间的教学指导任务。企业的能工巧匠和优秀技术员是行业的先进典型，是行业文化的集中体现，是企业精神的承载者。因此，在学生党员教育导师制模式下，将企业的能工巧匠和优秀技术员引入学生党支部建设，通过聘请他们担任学生党员教育的导师，借助他们身上的行业、企业文化元素，进一步推动学生党支部建设与行业文化的融合。

（四）强化情境教育运用

学生党支部建设与行业文化实现有效融合，重心是把握好强化情景教育这个基本立足点。学生党员教育成不成功，要看学生党员思想素质、政治素质是否提高，还要看学生党员学习能力、研究能力是否提高。在党员教育导师制模式下，学生党员学习能力与研究能力、心理能力的提高是检验导师教育成效的重要尺度。因此，设计与强化企业学习情景，培养学生在行业环境、企业环境与岗位环境下的学习能力，帮助他们掌握自觉提升思想素质、政治素质、心理素质以及能力素质的方法和技能，进而帮助他们实现自我成长。

三、党支部与行业文化融合的机制探讨

（一）导师聘任与行业文化引入

明确企业人员聘任导师机制。导师制模式下，导师是学生党员教育的主干力量。导师的职责是培养学生党员的学习能力、研究能力及其综合素质等，基于此，企业的优秀人才也有成为导师的可能。优秀的企业技术人才在企业发展中，也承担着为企业培养合格人才的任务，有丰富的人才管理与培育经验。在导师制教育模式中，学生党支部可以聘任企业的优秀技术员、能工巧匠担任党员教育导师，结合他们在企业培育人才的经验，帮助他们充分发挥自身的优势，把学生培养成具有行业企业元素的优秀大学生。优秀的企业技术人员在一定程度上是某一行业文化的先进典型，代表企业的先进文化和先进技术，将优秀企业技术人员聘任为党支部导师，正是将行业文化引入学生党支部建设的途径之一。

（二）导师融合与行业文化引入

明确校企导师交流融合机制。在导师制模式下，导师结构突破党的理论知识、思想政治教育等专业背景的限制，使得在学生能力培养、企业人才培养方面具有丰富经验的教师、企业技术人员有机会担任党员教育导师，促进了导师结构多元化的发展。在导师团队中，由于代表行业企业先进文化的企业优秀技术人员的加盟，使得行业文化融合到导师团队中，并通过导师之间的交流与学习，进一步促进行业文化在导师团队中交融和培植。由此可见，企业优秀技术人员与导师团队的融合，是行业文化引入学生党支部建设的可靠手段之一。

（三）情景教育与行业文化引入

明确行业企业情景教育机制。在学生党员教育中引入行业文化，应当结合行业企业文

化营造行业企业情景，培养学生党员在行业企业情景下的学习能力和研究能力，帮助学生提高岗位环境下的学习能力。以下结合导师制的特点，从校内教学和企业实习两个方面，探讨企业情景的融入：

1. 校内教学植入企业情景

过去党员教育主要以集中党课的形式开展，教学内容大多数是党的理论知识、党史知识、党员思想教育等，很少考虑行业文化的因素，基础学科拔尖在学生党员教育方面，并没有实质性的成效。融入导师制后，党员教育突出学生能力培养，由企业优秀技术人员担任党员教育导师，聘请他们到学校开展党员教育指导工作。企业优秀技术人员大多数熟知行业文化，并且是行业文化的先进典型，他们可以结合自身的经验和成长经历，在学生党员教育中创设各种具有行业文化元素的教学情景，帮助在校学生提前接触和了解行业文化，进而培养学生在行业文化情景下获取知识的能力。

2. 实习环境与企业文化融合

学生毕业后实习是基础学科拔尖人才培养模式的必然环节，是行业文化融入高等教育的紧密的阶段。然而，在现行的顶岗实习教学与管理中，专业技术实训紧密地融合了行业企业文化，但是，学生党员教育的行业文化融入却被边缘化。例如，在专业技术实训方面，学院通过“内培”和“外聘”的途径，重视“双师”素质教师的培养，并通过“以老带新”的形式进入到企业实习基地指导学生实习。与此同时，学院非常重视加强实习学生的指导，专门从校外企业、公司聘请有丰富实践经验的专业技术人员担任学生的实习指导教师，以便能够及时将行业的新文化、新技术补充到学生实训当中，保障实习内容的时效性。尽管专业教学与行业文化相融得风风火火，但是针对学生党员的教育却寥寥无几。

导师制在学生党员教育中的运用，为学生党员教育借鉴高等教育的优秀成果和先进经验提供了有利的平台。基于导师制，学生党支部可以从企业中聘请优秀技术人员担任党员教育的导师，借助导师的经验创设企业党员的学习情景，开展情景教学，引导学生党员学会在企业情景下开展自主学习、自主研究。在导师制模式下，学生党员教育并非单一的理论知识传授，而更多以学生能力培养为主线，通过导师创设具有行业元素的情景来实现。

四、企业技术人员聘任导师的保障体系探索

（一）加强校外导师聘任

学生党支部应重视从校外聘请企业优秀技术人员担任导师。企业优秀技术人员是在企业环境下成长起来的，在他们身上凝聚的是企业最先进的技术和企业文化，在一定意义上讲，企业优秀技术人员是行业的先进典型，他们是行业文化与职业精神的代表。本科院校要从学生党员教育改革、导师激励机制、导师工作制度与考核制度等方面，加强学生党员教育中校外导师的聘任，通过聘请校外导师到校培养党员、实习期到岗指导党员的形式，及时将行业文化融入学生党员教育过程中。

（二）培养高水平的导师团队

建设高水平的导师团队是实施学生党员教育基础学科拔尖的关键。导师制模式下，学生党员教育重点以学习能力、研究能力、综合素质培养为主，导师团队中融入了企业优秀技术人员。学生党支部要结合导师的职责，通过传帮带、联合制定培养方向、集体备课、导师交流等途径，充分调动企业优秀技术人员的积极性，充分利用他们的优势，把导师团队建设成为具有行业文化特色的高水平团队，保障行业文化在导师团队的有效融合。

（三）建立导师教学评价体系

教育部在 2018 年 9 月 17 日，教育部、科技部、财政部、中国科学院、中国社会科学院、中国科学技术协会联合发布《教育部等六部门关于实施基础学科拔尖学生培养计划 2.0 的意见》。

1. 总体思路编辑

深入贯彻习近平新时代中国特色社会主义思想和党的十九大精神，全面落实立德树人根本任务，建设一批国家青年英才培养基地，强化使命驱动、注重大师引领、创新学习方式、促进科教融合、深化国际合作，选拔培养一批基础学科拔尖人才，为新时代自然科学和哲学社会科学发展播种火种，为把我国建设成为世界主要科学中心和思想高地奠定人才基础。

2. 目标要求编辑

经过 5 年的努力，建设一批国家青年英才培养基地，拔尖人才选拔、培养模式更加完善，培养机制更加健全，基础学科拔尖学生培养计划引领示范作用更加凸显，初步形成中国特色、世界水平的基础学科拔尖人才培养体系，一批勇攀科学高峰、推动科学文化发展的优秀拔尖人才崭露头角。

综上所述，学生党支部建设与行业文化相融合的重点是学生党支部加强自身建设。学生党支部应以导师制为基点，不断探索和完善学生党员教育、党支部建设与行业文化融合的机制。深入探讨和利用行业文化创设党员学习情景，保障党员教育基础学科拔尖模式的有效开展，帮助学生党员掌握行业环境、企业环境、岗位环境下的学习方法，帮助他们掌握自主学习、自主研究的能力，从而提高学生党员的理论知识学习能力，进而促进自身政治素质的提高。

第五节　高校学生党课课程教学改革探索

组织入党积极分子听党课是学生党员教育培养的重要方法和手段。在入党积极分子教育中，党组织要针对入党积极分子的思想与工作实际，结合党的中心任务，开展马克思列宁主义教育、毛泽东思想和中国特色社会主义理论体系教育，开展党的路线、方针、政策和党的基本知识等教育，帮助入党积极分子成长为一名共产党员。过去，入党积极分子培训课程（本文中称“党课”）大多数是采取知识传授教学为主，“教师讲，学生听”是最常见的教学模式。这种传统的教学模式在入党积极分子集中教育、党的基础知识了解与掌握方面取得不错的效果，但是，培养入党积极分子学习能力、学习自信与综合素质方面收效甚微。本科院校的学生在入学时，虽然对入党表现出很高的兴趣，但是他们的思想状况、能力水平、对党的认识与入党动机十分复杂多样，对他们的教育需要精心引导与因材施教。在当前的形势下，能力素质较好的学生，一般都通过高考进入本科院校，能力素质较差的学生，一般进入本科院校。本科院校由于录取批次，或者各种历史原因，其学生素质略次于本科院校的学生，在理论知识学习能力方面差距更大。因此，本科院校党课教学采取理论传授的模式与高校学生理论学习能力不太匹配，从而导致党课教育效果受到明显的削弱。

如何使党课课程更加符合本科院校学生的特点、更符合其基础学科拔尖人才培养教学模式，已经成为党课教育教学改革的重要课题。

一、党课基本情况

（一）内容构成

党课课程是对入党积极分子开展党的政治主张和思想政治工作的教育，是对入党积极分子进行马克思列宁主义的教育，是对党的基本知识和党的基本路线的教育。通过入党积极分子培训，帮助他们端正入党动机，确立为共产主义事业奋斗终身的信念。

（二）师资构成

师资队伍是入党积极分子教育教学的核心资源，在提高入党积极分子素质中发挥着基础与主导作用。从工作经验与知识构建来看，入党积极分子党课培训师资主要是由具有丰富党建经验、深厚政治理论的人员以及担任学生党支部书记的教师组成。值得注意的是，党建师资人员结构主要是党建经验、党的理论与政治理论相对丰富的人员。

（三）教学模式

专题讲座是以知识讲授为主。“教师讲,学生听”是讲授式教学最基本的知识传输模式，对于学生来讲，这是一种被动的知识接受模式，学习的效果受到教师授课状态、学生学习能力的影响。而在专题讲座中，由于授课教师缺乏对学生学习能力、接受能力的了解，授课教师很难及时根据学生的状态调整授课状态，也很难使讲授的知识符合学生的学习能力。

学生座谈是以知识交流、难点辅导为主，组织座谈交流活动的主要是各学生党支部的书记。由于在课程安排和教学安排上，学生座谈与专题讲座相对独立，座谈缺少专题讲座教师的参与，单纯由学生党支部答疑显然不利于强化入党积极分子的学习效果。

学习心得是以书面的形式反映学习的效果。撰写学习心得的实质是教学效果的单向反馈，有利于入党积极分子对学习效果的强化。但是它也存在不足之足，例如，缺乏必要的师生互动，不利于学生学习能力的提升。

二、党课课程建设研究

党课是入党积极分子培养的重要课程，党课课程建设是入党积极分子培训质量的生命线，也是学生党员教育质量保障的基石。教育部在精品课程评估体系中指出“一流教师队伍、一流教学方法、一流教材、一流教学管理”是衡量示范课程的重要指标。本研究从课程内容改革、师资队伍改革与教学模式创新三个方面探讨党课课程建设的方法。

（一）课程内容改革

从改革目标来看，党课课程改革的目标是：以政治素质培养为基础，统筹培养职业素质、心理素质、人格品质等综合素质。课程内容设计的目标为：坚持以党的基本知识理论为主，有机融入专业背景、心理学知识、人格培养理论。

入党积极分子党课培训要抓好党课课程建设。本科院校纷纷响应教育部《教育部等六部门关于实施基础学科拔尖学生培养计划2.0的意见》的精神，深入推进基础学科拔尖人才培养模式改革。党课课程建设要站在高等教育改革的高度，主动顺应基础学科拔尖人才培养模式改革，在入党积极分子、学生党员教育中树立基础学科拔尖人才培养理念，坚持实施党课、党员教育基础学科拔尖人才培养模式改革。在课程内容上，为适应思想政治素质、职业素质、心理素质、人格品质人才培养的需求，党课课程应在原有党的基本理论知识的基础上，融入专业技术领域的新知识、新技术，融入心理健康知识等模块。课程内容的改革与完善，将有利于培养入党积极分子或党员的学习能力、综合素质，帮助入党积极分子从“被动学”向“主动学”的转变。

（二）师资队伍改革

师资队伍改革的主要目标是：建立多元化师资队伍结构，实现党建经验教师、思想政治课教师、专业课程教师、企业优秀技术人员的合理配备。通过导师制，多渠道、多方位引导优秀人才，充实入党积极分子（或党员）培训师资。

实践表明，一支结构合理、业务精湛、素质优良的教师队伍，是职业院校高素质人才培养的关键。高素质学生党员的培养同样离不开结构合理、业务精湛、素质优良的教师队伍。为此，入党积极分子培训过程中，在完善课程内容设计的同时，需要改善师资队伍的结构。首先，加强人才引进。党课课程内容改革完善后，内容体系包含多个知识模块，突出了学生学习能力与综合素质的培养。为此，党课教育教学需要引入具有相应知识背景和教学经验突出的教师或企业优秀技术员，担任入党积极分子培训的师资。其次，加强教师“外培”。通过鼓励担任入党积极分子培训教学任务的教师参加岗位生产实践，努力提高“双师型”教师素质。最后，开展“传帮带”交流学习。由于聘请不同知识结构、党建经验与教育经验的人员担任师资，他们在党课教育教学理论、教学模式理解、学生能力培养等方面，存在认识上的差距，为了统一认识，突出培养入党积极分子教育“以思想政治素质为主线，学习能力与综合素质全面发展”的理念，师资队伍需要加强“传帮带”交流学习活动。

（三）教学模式创新

1. 完善绩效评价机制

推动高校加强拔尖人才培养的质量管理和自我评估，建立毕业生跟踪调查机制和人才成长数据库，根据质量监测和反馈信息不断完善培养方案、培养过程、培养模式和培养机制，持续改进拔尖人才培养工作。定期组织国内外专家学者对计划实施效果、经费使用效益等进行评估，加强质量监管，构建动态进出机制。

2. 完善拔尖人才培养研究机制

鼓励高校和有关专家围绕顶尖科学家成长规律、拔尖学生研究兴趣和研究能力培养、国际化培养、导师制、学生成长跟踪与评价机制、拔尖学生培养模式与体制机制改革、拔尖人才培养成效评价标准等方面开展专题研究，形成一批有质量有分量的理论与实践成果，为拔尖计划深入实施提供参考，推动改革实践，也为党课教学模式创新带来了机遇。为了突出入党积极分子学习能力、学习自信、职业素质等的培养，党课教育需要打破传统的知识讲授模式，形成既有讲授，又有能力培养和自主学习的多元模式。入党积极分子培养要充分利用基础学科拔尖学生结合人才培养改革的成果，有效利用实习基地、合作企业开展相应的能力培养，全面提升入党积极分子的素质，树立他们的党员先锋意识，增加党组织对他们的吸引力。

三、课程教学改革实践探索

党课教学应突出能力培养与综合素质提升的主线，因此，为了增加培训的效果，课程教学需要突出应用性与实践性，注重培养入党积极分子的自主学习能力、自我提升能力与综合素质。

（一）主要目标

通过分析社会对高校学生人才的需求，参照学校的专业人才培养方案，明确思想政治素质、职业素质、心理素质的权重，实现党员思想教育与专业教育紧密融合，力求把学生党员（含入党积极分子）培养成政治合格、符合岗位需求的应用型人才。

（二）主要措施

1. 依托专业，培育思想政治素质

高校学生思想政治素质培育并不是一件孤立的事件，它需要与社会背景、高等教育背景紧密结合。在高等教育领域，职业技术学院形成“组织学生参加生产性实训和劳动，使学生在生产和服务过程中学到知识，锻炼身心，培养技能”的专业教学模式。为此，入党积极分子培训需要借鉴这些成功经验，组织他们参加生产性实训和劳动，让他们学习和体验在生产和劳动中一名优秀共产党员的成长和作用，引导他们在专业学习与服务中树立党员意识，掌握学习能力，达到提升自身综合素质的目的。

2. 开展仿真教学，全面培养学生综合素质

在竞争激烈的就业环境下，社会对人才的要求越来越高，学生党员要想在激烈的就业竞争中胜人一筹，仅依靠优秀的政治素质显然是不够的，他们同时还需要拥有比其他同学都优秀专业技能、职业素质和心理素质。为此，本科院校入党积极分子培训不能仅偏重思想政治教育，而是将思想政治教育与专业教育、心理素质教育并驾齐驱。成立基础学科拔尖人才培养计划 2.0 专家委员会，充分发挥咨询、指导、评价作用，负责论证高校计划实施方案、指导高校人才培养过程、评价计划实施成效。本科院校入党积极分子培训可以借鉴仿真教学的经验，通过在仿真环境下，体验党员的成长，从而帮助学生历练出优秀党员所需的政治素质、职业素质与心理素质，帮助入党积极分子实现思想政治素质与岗位素质的有机融合。

3. 开展实践教学，提升学生自主学习能力

帮助入党积极分子掌握“学做结合，在做中学”的学习技能。本科院校的学生倾向于动手操作教学，强调的是在做中学，学做结合。为此，入党积极分子党课培训需要结合学生的特点，深入生产一线，通过开展实践教学，引导学生掌握“学做结合，在做中学”的本领，进一步提升自主学习能力。

（三）教学方法创新

1. 坚持导师辅导与专题讲座相结合

在过去的入党积极分子培训中，主要是以知识讲座为主，能够很好地传授基础知识。因此，专题讲座与导师辅导相结合，通过导师辅导弥补专题讲座在学习能力、综合素质培养方面的不足。导师制教育是以学生学习能力培养为主，是引导学生发现问题、寻找解决方案、讨论及解决问题的教育模式，它旨在培养学生的自主学习与自主创新能力。在导师制教育模式下，导师根据入党积极分子的学习能力，与入党积极分子一起制定培养教育方案，全程培育入党积极分子的学习能力与探究能力，并最终实现入党积极分子综合素质的提升。因此，坚持导师辅导与专题讲座相结合，对培养入党积极分子思想政治素质、职业素质与心理素质有着积极的作用。

2. 坚持导师辅导与学生自主学习能力培养相结合

入党积极分子党课培训不仅是单一的党的理论知识传授，更需要加强入党积极分子学习能力、学习自信的培养。

随着经济的发展，社会对人才的要求越来越高。为适应社会对人才的高要求，学生党员只有思想政治素质、职业素质与心理素质等方面均衡发展，才能够在激烈的社会竞争中立于不败之地。为此，入党积极分子党课培训作为学生党员成长的重要环节，必须加强入党积极分子学习能力与综合素质的培养，党课课程教学改革必将关注以下三个方面的内容：

第一，加大关注入党积极分子综合素质提升。

推动学生党员思想政治素质、职业素质与心理素质等方面均衡发展，这就要求对学生党员的教育要重点突出综合素质的培养。入党积极分子培养是党员培养教育的重要阶段，要通过各种教学情景、导师辅导，帮助他们培养政治素质、职业素质与心理素质，要充分发挥基础学科拔尖人才培养模式的优势，通过课本内外、课堂内外、学校内外的教育教学模式，培养和提高入党积极分子的综合素质，增强党组织对他们的吸引力。

第二，继续加大课程教学改革力度。

基于社会对人才综合素质的需求，入党积极分子党课培训需要多方位培养学生的综合素质。党课课程设计需要加大改革力度，保障入党积极分子既能够获得政治素质的提升，又能够获得职业素质、心理素质、人格品质等方面的提升。综合素质培育是一项融合知识传授、能力培养、素质培育的系统工程，需要在师资队伍、课程内容设计、教学模式各方面进行改革创新。

第三，加强入党积极分子自主学习能力培养。

本科院校在基础学科拔尖学生人才培养模式下，学生的学习时间越来越紧迫，参加集中党课培训学习的时间则越来越少。为此，党员（入党积极分子）教育课程内容设计需要增加能力培养模块，需要加强学生自主学习能力的培养，培养他们自主学习的精神。

第六节　基于心理资本开发的学生党员队伍教育研究

加强党员教育是提升学生党员队伍质量的重要途径。如何造就一批高质量的大学生党员，取决于党员队伍教育的机制及模式创新。在学生党员队伍中，不少学生党员存在敏感与自卑、自我放弃、偏激与逆反等心理倾向，如果处置不当，不良的心理倾向甚至可能发展为人格偏执和抑郁情绪，不利于学生党员的信心以及学习主动性的培养，削弱党员素质的提升。

心理资本致力于个人信心、乐观、希望以及心理弹性的开发与培养，对大学生的学习产生积极的影响，也给学生党员教育提供新的理论视角。因此，本研究从心理资本开发的角度，紧密围绕挖掘与培育党员信心、乐观、希望与心理弹性等积极心理能量，探讨党员队伍教育的创新，全面提升党员队伍教育的质量。

一、心理资本视角下的党员队伍教育问题分析

（一）心理资本理论

心理资本理论涉及四个方面的心理特质：信心、乐观、希望和心理弹性。信心是个人对完成特定任务的能力感受，是胜任的自信程度；乐观是个人归因倾向的体现，乐观的人倾向于将成功归于内因（能力、努力），将失败归于外因（任务、运气）；希望是个体的

动机状态，是追求成功的勇气和自信；心理弹性是心理“复原”能力，增强心理弹性能够使个人遇到挫折时，实现心理状态顺利复原或达到更高水平。心理资本理论致力于开发个人心理潜能和完善自我，在学生党员队伍教育中运用心理资本理论，帮助党员培养积极的学习热情，引导党员以乐观、自信与希望的积极心态不断自觉学习、自我完善，有利于提高学生党员队伍的质量。

（二）党员教育问题的心理资本视角分析

1. 党员教育存在的问题

学生党员队伍教育存在两个方面的问题：一方面是思想政治教育类课程偏少，学生理论获取渠道单一；另一方面是理论课程教学量大，学生可自由支配时间少。

2. 应对党员队伍教育现状的心理策略

在思想政治课程单薄、可支配时间少、学习任务重的背景下，党员队伍的不良心理特征不容忽视。第一，缺乏主动性，知识获取过于依赖课堂。思想政治类课程仅占很少量的课时，学生党员获取知识的渠道单一。第二，缺乏信心，存在消极放弃的心理。低年级学生由于心理年龄偏低，对追求先进、保持先锋的信心不足，致使争创先进的积极性低、内在动力不足。第三，归因偏差，心态消极。高校学生入党积极性很高，但是对入党动机的认识不充分，遇到挫折时，不能恰当分析原因，产生消极逃避心态。第四，自制力弱，学习积极性难以保持。高校学生（尤其是低年级学生）心理自控能力差，容易产生放松、享乐的心理，对主动学习和自觉提升政治素质的约束力不足。

应对高校学生党员教育存在的问题及不良心理特征，应该以学生为本，培育党员的信心、乐观、希望和心理弹性等心理资本，发挥党员在学习中的主动性与自觉性。一是加强学生党员的信心教育，帮助他们积极评估自身的能力，提高信心，推动自主学习的主动性和自觉性，引导学生党员自觉从课堂外获取理论知识。二是培养学生党员积极的归因，树立乐观心态。帮助他们积极面对培养中的问题与挫折，保持乐观心态。三是提高学生党员的心理弹性，提高抗挫折能力。高校学生入党积极性较高，但是也存在不少学生信心动摇、产生放弃的念头。因此，通过提高学生的心理弹性水平，培养与提升应对挫折的能力，引导学生保持健康积极的心理状态。四是明晰希望，保持希望是维持学生党员朝着目标方向努力，并取得成功的重要心理资本。

二、心理资本理论对高校学生党员教育的启示

心理资本是个人取得成功的必要保证，基于此，学生党员队伍教育应以信心、乐观、希望及心理弹性等心理资本开发为视角，创新学生党员队伍教育的模式。

（一）党员队伍教育重视心理潜能激发

本科院校实行“3+1”人才培养模式，学生的学习任务重、自由支配时间少，党员队伍教育应该改变传统的课堂知识传授模式，鼓励课堂外自主学习。思想政治类课程少、课

时量少，学生从课堂获取知识是有限的。只有充分激发党员的心理潜能，培养学习的积极性、主动性，才能引导党员自主学习，应对课堂教育的不足。因此，党员队伍教育应关注党员积极心理状态的培育，重视学生党员心理潜能。

（二）党员队伍教育立足心理资本培训

依据心理资本理论，创新党员教育内容，变传统的知识学习为心理资本开发训练。提升党员的信心、培养乐观精神、保持希望等，是培养党员积极心理状态、解决党员教育问题的有效方法。心理资本理论认为信心可以通过成功经验加以塑造，乐观可以通过学会评价与寻找机会加以开发，希望可以通过具体的、富有挑战性的目标进行发展，心理弹性可以通过风险管理、应对策略进行训练。因此，党员教育通过目标制定训练、团体辅导、榜样扮演、归因训练等教育辅导模式，强化学生党员的心理资本开发与培训。

（三）党员队伍教育立足学生心理资本优化

党员队伍教育不是简单的知识学习，更重要的是培养党员的积极心理能量，引导党员自觉、自主学习。心理资本理论致力于积极心理状态的培育，有助于保持和提升学生党员的积极心理状态。因此，高校党课在设计时，第一，要考虑培养党员积极心理状态，明确目标、训练富有挑战，有利于帮助树立信心。第二，要通过游戏互动加强与沟通，保持学生党员的积极心理状态。第三，要强化归因训练，引导党员形成良好归因，如把成功归于能力与努力等内因，把失败归于环境与任务等外因，进而保持乐观、拥有希望，达到维护个人积极的心理状态。

基于心理资本开发的党员队伍教育研究，为新形势下高校学生党员队伍建设提供了新的视角和理论依据。立足于党员心理资本开发，党员队伍教育更显以人为本，更突显学生党员的主体地位。立足学生主体，积极开发学生党员信心、乐观、希望及心理弹性等心理资本，发挥学生党员的主动性与自觉性，从而达到自主学习、自觉提升自身政治素质的有利局面。

心理资本并非遗传而来，是可以通过培训与开发得到挖掘和提升的。因此，创新高校学生党员队伍教育模式，依据心理资本理论设置党课课程，通过集体活动、团体辅导、心理训练等多种培训形式，挖掘和开发党员信心、乐观、希望及心理弹性等积极心理资本，给学生党员培育一种追求理想、争创先进的积极心理状态，帮助他们体验成长的快乐与幸福，并促进学生党员素质的全面提高。

第七节　基于积极心理学的党员教育课程设计研究

近年来，高校学生党员教育大多数沿袭传统的党的基本理论知识、党的方针政策、入党条件与动机等内容的教育，重点培养学生党员的思想政治素质。学生党员教育很少关注

心理素质与自学能力的培养。本文从积极心理学的角度，探索基于心理素质与自主学习能力的党课内容设计。大部分高校已将心理健康教育课程设为必修课，一些本科院校对于这门课程的重要性认识不够，对这门课程与其他课程的融合研究得较少。

一、从积极心理学的视角进行党员教育课程设计

以往学生党员教育课程内容设计主要是以党的基本理论知识为主，着力培养学生党员的思想政治素质，对学生党员心理素质、学习自信的关注力度不够。学生党员教育需要增设心理素质训练模块，加强对党员的心理健康教育，提升他们的心理素质，增强学习自信。积极心理学的提出给大学生党员教育提供了积极的理论参考框架。积极心理学核心理论认为，将积极心理学与心理健康教育相结合，把积极心理学的培养目标纳入心理健康教育中。心理健康不仅仅是负面情绪、情感的减少，同时也是正面情绪、情感的增多，心理健康的目标是促进个体的主观幸福感和积极品质的培养，而非仅仅局限于心理疾病的预防矫正。

基于此，对于学生党员教育而言，应在积极心理学的指导下进行党员心理素质培养实践，拓展大学生党员的心灵，开发其智力潜能，培养他们健康的心理素质，这也是预防大学生心理问题发生的有效途径。高校学生党员教育课程内容设计，应从积极心理学的视角进行课程设计：用一种更加开放的、欣赏性的眼光去看待和开发授课学生的潜能、动机和能力，注重积极心理品质的培养和提升。心理健康教育与咨询中心在大学生心理健康教育课程建设方面，积极融入积极心理学，已经在心理健康基本知识、环境适应、自我认知、人际交往、挫折应对、调控情绪、个性完善、生命教育等方面取得成果。学生党支部在设计党课的心理健康知识模块时，积极引入该团队与该课程的建设成果，为大学生党员拓展心理素质培训，帮助他们掌握维护心理健康的策略和方法；更好地适应新的学习生活环境；正确认识自我，形成自我悦纳的积极态度；掌握建立良好人际关系的方法和技巧，拥有和谐人际关系；调整受挫心理，积极应对挫折；培养良好的情绪管理能力；了解并完善自身的人格；建立正确爱情观，培养爱的能力等。

二、积极心理学视角下学生党员教育课程设计的路径

（一）坚持设计校本教材

本科院校学生党员教育不能简单沿用传统模式，应该结合学生实践操作与技能感知的优势，主动将理论知识向实践操作、技术操作转化，以此调动学生党员党课学习的兴趣。因此，高校学生党员教育课程需要根据自己的学生情况，坚持设计校本教材。

在高校学生党员教育课程中，增设党员心理素质训练模块，作为校本教材拓展的重要内容，突出培养学生的心理素质与学习自信、学习能力。例如，在团体的情境下，针对大学新生在初入大学阶段普遍存在环境适应、自我认知、人际交往、应对挫折、情绪调控、个性完善、学会学习、爱情认知和价值观等方面的突出的心理问题设计了许多生动、有效的活动项目进行训练，在提升大学生心理素质方面积累了丰富的课程建设经验。大学生党

员教育可借鉴该课程经验，帮助学生党员提高心理素质和学习自信。

（二）坚持实施互动教学

传统的学生党员教育课程教学模式主要是以知识传授为主，授课模式主要是“教师讲，学生听”，师生课堂上缺乏深度互动。学生党员教育应广泛结合积极心理学原理，重点引导和培养党员的综合素质，提升学习信心，从积极心理学的视角出发，在老师讲，学生听的基础上增加了学生“练”。强调教学过程的师生互动和生生互动，教师中心逐步转变为了以学生为中心，体现“教师主导，学生主体”的教学改革创新。

建构主义学习理论认为，学习是学习者主动地建构自己的知识经验的过程。在这种建构过程中，一方面学习者对当前信息的理解要以原有知识经验为基础，超越外部信息本身；另一方面，对原有知识经验的运用需要依据新经验对原有经验本身做出某种调整和改造，即同化和顺应两方面的统一。学生主动建构信息，这种建构离不开教师的“教”，但不可能由教师代替，即学习不单是知识经验由外向内的“输入”，更重要的是学生的经验体系在一定环境中自内而外的“生长”。教学也必须把焦点从教师转到学生，从教师中心转到师生互动、生生互动，让学生积极卷入到教学中来，真正实现对知识的意义建构。

因此，在学生党员教育课堂中，需要积极尝试进行案例问题讨论、分组活动体验、情境角色扮演等多种互动教学，提高教学的有效性，达到“教学相长”境界。为此，课程的每个专题的具体训练项目都由“任务”“做做心理游戏，体会心理历程”“谈谈成长经历，交流心理感受”“学学心理知识，读读心理故事”“课后自我心理训练”五个部分组成。每个训练项目目的明确，突出以人育人、以心育心、师生互动、共同成长，突出以学生为主、活动为主、优化为主，突出践行与体验。学生在上课过程中也有一个接受的过程，从第一次课的不太适应，表现得拘谨，逐渐转变为在教师的引导和鼓励下喜欢这样的教学方式，互动明显增加，老师仅仅作为引导和点评，大部分的时间是学生在分享，在参与，在谈感受和收获。

（三）坚持教育效果多元评价

传统党员教育课程考试形式相对单调，基本以闭卷测试为主，且内容多半是检查学生对概念、原则、理论的机械记忆，缺少对各种能力的综合考核。在这种考试的导向下，党员教育课程中，学生的学习方法主要是“死记硬背”，不能融会贯通，更不能做到理论联系实际。以积极心理学的培养目标为指导，学生党员教育应该增加对学生学习过程的评价，采取多元化的评价方式。

1. 课堂表现考核

对学习过程的评价，注重考核学生在平时学习过程中的表现，包含学生党员的课堂出勤情况、参与课堂讨论、参与活动体验、提出创造性见解等。学生提问和回答问题、参与小组讨论和小组合作学习、平时作业等都计入平时成绩，学生参与课堂活动一次适当加分，鼓励师生互动，这种既重结果又重过程的评价方式，提高并强化了学生进行探索和主动参

与的学习行为，有利于提高学生的参与热情，激发学习兴趣。

2. 小组合作学习主题报告评价

小组合作学习主题报告评价就是以合作学习小组为基本形式，以团体的成绩为评价标准的一种课程学习评价方式。师生共同商讨确定好主题后，学生分成学习小组（一般4～6人），小组成员展开合作，积极探究和讨论，最后以小组为单位提交学习报告。这种评价方式不仅考查了学生运用知识的能力，更利于培养学生的社会适应性，养成健康个性。社会心理学认为，人的心理是在人的活动中，尤其是在人和人之间相互交往的过程中发展起来的。小组合作学习提供了成员之间合作的机会，增加学生之间合作、互助的频度和强度，有力地促进了学生社会化程度的提高；小组成员在组内进行充分的语言、思维及胆量的训练，有利于培养学生的自主性；以团体学习成果计分，使组内的每一个学生都树立起集体中心意识，增强学生的集体荣誉感，激发了学习的强烈动机，提高了学习的主动性和积极性。

3. 开放式结课考核作业

课程结束以后，打破以往闭卷考试或开卷考试的弊端，教师根据教学的知识和能力情感目标，布置几道开放式的问题让学生回答，或者给一个大命题，让学生提交一篇论文，主要考查学生在课程学习中的收获和体会。实行这样的考核，不仅可以全面、真实地考核学生的知识吸收水平和知识运用能力，更重要的是可以引导学生积极主动地投入课堂和训练，学会学习，让学生将所学联系实际，运用在日常生活中，提高心理素质，最终达到课程教学的目标。

4. 实施综合素质评定

综合成绩评定是对综合素质水平做一个客观的、形象的反映，为了力求客观体现培养过程，既要体现理论状况，又要体现能力素质，因此，在理论知识自测与实践应用测评均达合格的基础上，进一步评定综合成绩。综合成绩由知识自测（占30%）、实践应用测评（占40%）、综合素质测评（占30%）组成。

第九章　高校党员教育创新实践探索

第一节　高校学生党员队伍建设导入行业文化研究

行业文化是某一行业在长期生产实践中积淀形成的与行业相关的认知、价值观、思维方式、行为规范的总称。高校学生党员队伍建设过程导入行业文化，有利于培养具有行业特色的高素质应用型学生党员，能够帮助学生党员快速成长为企业核心。在当前形势下，高校学生党员主要面向基层企业就业，因此，他们能否快速适应企业、能否在企业中充分发挥使命，关系到党在基层企业中的形象与声望，关系到企业党建工作与社会经济的发展。本科院校学生党员的培养如何实现与行业、企业对接，是学生党员队伍建设亟待研究和解决的重要课题。

一、学生党员队伍建设导入行业文化的必要性

以“3+1”人才培养模式为例，高校学生在校期间需要有一年的企业顶岗实习，人才培养带有强烈的校企合作性质，突显了校企联合育人的人才培养理念。因此，高校学生党员队伍教育需要顺应形势，学生党员培养应当根植于行业文化，推进学生党员队伍建设与行业文化渗透、融合，实现学生党员队伍建设模式创新。

（一）实习期学生党员教育存在的问题

高校学生党员在“基础学科拔尖学生”阶段，如何在毕业后实习阶段加强对党员的教育，这是高校学生党员队伍建设面临的艰巨任务。以企业管理专业为例，由于学生的实习岗位分散在各单位，学生流动性大，给学生党员队伍建设带来许多不利的因素，突出的问

题有三个方面：第一，企业党建参差不齐，对学生党员教育关注度不足。在管理行为中，国有企业、事业单位党建相对较好，学生党员也得到一定的关注。但是，一些私营企业的党建水平相对薄弱，一些企业甚至没有建立基层党组织，企业对学生党员的教育基本为零。第二，学校党建师资缺乏，对学生党员跟踪培养力度不足。由于党建师资的制约，学校无法选派足够的教师党员参与学生党建指导，实习指导主要由专业教师组成，以专业指导为主，实习党员的教育与培养几乎空白。第三，校企联动党建欠缺，对学生管理“各为其主”。企业更加注重学生实习是否与企业的利益密切相连，他们参与学生党员队伍建设的积极性不高。学校巡回指导教师主要是专业教师，他们更注重学生专业技能的发展、岗位能力以及毕业设计情况，很少顾及学生党员队伍建设工作。学生党员队伍建设处于双不管状态。

因此，高校学生党员队伍建设应积极探索符合毕业后实习教学的学生党员教育模式，充分发挥学生党建工作对人才培养的引领作用。

（二）导入行业文化对学生党员队伍建设的价值分析

为应对实习期学生党员教育存在的问题，提高党的人才培养质量与水平，探讨与构建高校学生党员队伍建设导入行业文化的机制及模式，对促进党员培养与企业人才需求的融合与对接、校企联动育人具有重要的实践价值。

1. 导入行业文化有利于学生党员素质培养

“立足行业，服务行业”是高校教育的鲜明特点，学生党员培养在行业文化层面上进行设计，使党员队伍教育植根于行业文化，加强党员培养与行业文化的融合对接。以管理行业为例，管理行业文化凝聚着管理人吃苦耐劳、合理开发资源等行业价值观、发展观，是管理企业的共性，在管理发展中具有引领性的作用。学生党员队伍教育中，导入管理行业的价值观、发展观，促使党员政治素质培养融合行业价值，帮助学生党员养成行业精神，提高党员队伍的综合素质。一个具有行业文化与行业精神的高校学生，必然成为一名“留得住、用得上、干得好”的核心员工。

2. 导入行业文化有利于优化学生党建师资

“3+1”人才培养模式下，因为师资不足的原因，给学生党员队伍教育带来的问题之一是实习期党员队伍跟踪培养力度不够。高校学生党员队伍建设过程中导入行业文化，是实现党建师资拓展与优化的重要途径。管理行业文化是各企业的共性文化，将其导入到学生党支部的建设中，能够深化学生党建的校企联动，有助于调动企业的党建积极性，激发及强化企业员工的党建意识，从而实现学校的学生党建师资拓展到行业企业。党建教师与企业人员交流要坚持“走出去、请进来”的联动模式，加强教师与企业的员工交流，互通有无、共享育人资源。一方面，“走出去”能够帮助教师实地了解当前企业的育人环境与资源，帮助企业员工掌握因地制宜、因材施教的党员教育策略，从而实现党建师资向企业领域拓展。另一方面，“请进来”能够为学生党员教育中注入行业“血液”，吸引企业员工到校交流，了解高校党员教育的模式与理念，提升党建教师与企业人员紧密合作，为学生党员队伍教育注入企业元素。也能够因导入行业企业元素，充实党员师资力量。

3. 导入行业文化有利于提升企业对学生党建关注度

有些企业（不含国有企业）分布在经济落后的地区，企业的党建相对薄弱，他们对学生党建工作的积极性不高。因此，学生党员队伍建设过程中导入管理行业文化，使学生党建与企业建设接轨，提高企业参与的积极性。例如，打造一批具有行业文化特色的活动强化学生党员队伍建设，邀请企业的劳动模范、技术骨干到学生党支部交流，帮助引导学生在学习中理解和融入管理文化，有利于推进校企双方共同培养学生的行业认同与职业岗位能力，共同培育岗位针对性强的优秀党员，从而提升企业的党建积极性。与此同时，导入行业文化并打造一批学生党员联合培养基地，将管理行业标准、企业作风、企业价值与企业建设融合到党员队伍教育过程中，训练和培养学生党员的企业认同与职业精神，帮助企业留住人才，进一步吸引企业对学生党建的注意力，提升管理企业的学生党建关注度。

二、学生党员队伍建设导入行业文化的策略研究

高校学生党员队伍建设营造行业文化育人，党员教育应当充分体现行业对人才的需求，使党员具备职业岗位所需要的技能和素养。为此，高校学生党员队伍建设更要主动寻找合作的行业企业，搭建校企联动的学生党员队伍教育平台。

（一）构建“走出去，请进来”的党员队伍教育体系

学生党员素质培养的过程中，应重视管理行业文化素养与职业精神的培养，让学生党员在校期间提前感悟行业文化、企业价值与职业精神，加快从学生到员工的对接与转换。以管理技术专业为例，学生党员队伍建设要坚持“走出去，请进来”的模式，强化学校与管理企业的党建联动。“走出去”要求学生党员走出校门，深入行业企业开展“零距离”对接教育，鼓励学生理解与体验管理的发展动态，理解与感悟管理工作的行为规范及行业精神，利用行业文化强化学生党员的职业价值观，强化学生对管理职业的认同。“请进来”是在学生党员队伍建设过程中，为提前培育学生党员职业道德、了解企业管理职业行为规范，从企业管理一线直接邀请具有丰富实践经验的企业人员到校参与学生党员队伍教育，实现企业人员向党建师资的转化，并借助行业文化引导党员树立正确的职业价值观，树立起良好的职业道德。

“走出去，请进来”教学模式在学生党员队伍建设中运用，有利于行业文化与党员队伍建设有机融合，有利于党员职业道德、职业精神与职业能力的培养，符合企业建设的利益，也符合高校人才培养的目标，是党员队伍教育校企联动的重要渠道。

（二）构建“双基地”联动模式的党员队伍建设联动体系

学生党员队伍建设过程中导入行业文化，关键在于实现党员队伍教育融入行业元素、岗位元素以及行业精神。学生党员队伍建设导入行业文化并不是简单的文化复制，而是要深入理解文化育人的一般规律，从而对行业文化进行吸收和利用。因此，构造校企“双基地”教育联动模式是行业文化吸收与利用的“转换器”。

“双基地”党员队伍教育模式是指学校在企业成立“学生党员教育实践基地”，企业在学校成立“企业党员学习交流基地”。“双基地”的运用有助于解决高校党建师资不足、企业党建积极性不高的问题，实现学校与企业间文化共享、资源互补、人才共建。一方面，高校学校党建教师依托企业中的“学生党员教育实践基地”，强化与企业人员的思想交流，将教师本人的育人理念与企业人员“零距离”互动，主动为党员队伍教育寻求行业土壤，从而现实校企文化共识、文化共享。另一方面，企业可以依托在高校学校中的“企业党员学习交流基地”，强化企业自身的党建水平，培养符合企业建设需求的人才。对高校学生党员队伍建设而言，企业选派员工到本科院校交流学习，有利于双方人员素质的提升，为实现学生党员联合培养夯实师资力量。

学生党员队伍“双基地”的建设，有助于校企双方交流文化，实现行业文化向党建文化的转换，共同设计与培养符合企业发展需求的人才，推动校企联动育人的发展。

（三）打造行业文化特色的高校党员队伍教育品牌

为使学生党员队伍建设植根于行业文化，本科院校应主动与企业“联动”，打造具有行业特色的教育活动品牌。学生党员教育过程中主动邀请企业参与，将行业企业所需人才的品质和岗位素养，融入学生党员教育活动中。例如，党员教育可以结合行业需求打造一批行业特色的教育品牌，将行业的标准、行业的作风以及行业的精神引入到教育中，营造“校园如企业，教室如单位”氛围。以管理服务为例，通过邀请企业人员给予志愿者培训与指导，将行业文化、职业精神融入志愿者培训，达到训练和培养学生工作技能、锤炼学生职业道德的目的。

高校学生党员队伍建设导入行业文化研究，为解决学生党员建设校企联合培养提供了新视角和理论依据。在基础学科拔尖、校企合作不断深入发展的高校教育形势下，高校学生党员队伍建设积极引入行业文化，以行业文化导入为立足点，主动与企业“联动”，不断拓宽学生党员队伍建设的视域范围。

基于本研究，高校学生党员队伍建设过程中导入行业文化是可行的，而且也符合基础学科拔尖人才培养下的党员教育规律。通过构建“走出去，请进来”“双基地”建设以及行业特色教育品牌的打造，有利于推动学生党员队伍建设广泛吸收行业文化，为学生党员的职业价值观与职业道德、职业素质培育营造良好校企联动共育的空间，为学生党员综合素质整体提高提供保障。

第二节　以先进典型为推手深化支部从严治党策略研究

全面从严治党向学生党支部的纵深发展是本科院校从严治党必然要求。学生党支部是执行党的教育方针政策、立德树人教育理念的可靠堡垒。面对高等教育改革的洪流，学生党支部要加强和规范党内政治生活，加强党内监督，应该创新性地从支部党员先进典型抓起。虽然从严治党在坚持问题导向，党的建设落细、落小、落实等方面取得了不少成果。但是，一些学生党员还存在学习不够主动，理想信念不坚定、党的观念弱化等问题；一些学生党支部在先锋模范、组织生活等领域，存在不同程度的问题。因此，如何推动学生党支部从严治党向纵深发展已经是本科院校基层党组织面临的重要课题。

一、党员先进典型引领从严治党的重要性

（一）先进典型示范，是加强党的建设的宝贵经验

在党的发展历史上，中国共产党历来重视“关键少数”的典型示范作用，并以此成功推动党的建设和从严治党。

在本科院校，学生党支部凝聚了大批先进青年学生，要充分利用先进典型资源开展党风廉政建设，营造支部严肃认真、清风气正的政治氛围，助力全面从严治党向纵深发展。

（二）先进典型示范，是落实从严治党的重要方法

高校学生党务管理中，需要主次分明，不能够事无巨细一把抓。本科院校学生党建师资力量不足，繁杂的日常党务工作很有可能使得教师没有充足的精力顾及从严治党工作。因此，学生党支部从严治党工作需要以先进典型为重点，抓好先进典型的示范作用，通过先进党员的言行，影响支部的其他成员，影响广大青年学生。

学生党支部从严治党目标是抓全面、抓整体，全面推进。在实际工作中，抓好先进典型，以点带面，最后促成从严治党全面深化的局面。实践证明，先进典型示范，是学生党支部落实从严治党的重要方法。

（三）树立先进典型，是解决党员先锋模范短板的迫切需要

本科院校的不少学生党支部，由于受到学生党员教育师资、党员自身学习能力以及党员流动大等因素的影响，一些学生党员理想信念不坚定，先锋模范意识不强烈，甚至有的学生党员存在入党后软弱涣散的现象。因此，学生党支部坚持从严治党就要坚持问题导向，存在什么问题就解决什么问题，什么问题严重就重点解决什么问题。当前形势下，学生党

员模范作用不强、支部主体作用发挥不够，是学生党支部从严治党面临的重点问题，应当加以解决。这些问题的存在，与个别学生党员自身要求不严、支部管党治党力度不够密切相关。因此，学生党支部要树立先进典型，以先进典型传递正能量，通过典型示范，不断增强党员自我净化、自我教育与自我提升的能力。

树立先进典型，既能坚持从严治党的问题导向，又能针对重点问题发挥榜样的示范引领。因此，抓好党支部的先进典型教育，是解决党员先锋模范短板的有效途径。

二、从严治党先进典型培育策略研究

培育学生党员先进典型需要学生党支部要管理好党员，学生党支部从严治党其实质是从严管理学生党员。严格管理学生党员需要抓思想教育从严、抓党员监督从严、抓党员责任落实从严。学生党员先进典型培育需要既从思想教育上严格起来，又从制度设计与执行上严格起来，党支部以严格的标准开展先进典型培育工作，树立典型榜样，推动从严治党责任落到实处。

（一）抓学生党员思想教育从严

强化学生党员思想教育是全面从严治党的根本保证。本科院校的学生党支部作为党的基层组织，要结合高等教育学生的学习能力特点、兴趣爱好，以丰富的形式开展“两学一做”学习教育活动，使之常态化、制度化。通过学习教育活动，使得党员的思想政治素质得到提高。

本科院校一些学生党支部思想教育活动缺乏力度，思想教育形式单一，学生党员的先进性没有得到有效发挥。为此，学生党支部在当前形势下，要抓好党支部思想政治建设，不断增强学生党员贯彻落实党的理论政策与有关精神的思想自觉与行动自觉。在学习形式上，可以实行导师主导、学生主体的学习模式，学生与导师共同制订符合学生学习能力特点的学习计划，采用个人自学、集体交流、导师引导、理论应用体验等形式多样的学习方式，促使学生党支部切实有效地开展学习活动，从严开展学生党员思想政治教育。

学生党支部作为引领大学生思想政治的基层党组织，要以严格的标准开展学生党员思想教育，并依靠党支部战斗堡垒功能，使党员思想教育常态化，从而加强学生党员的政治觉悟和思想境界，推动从严治党全面深化。

（二）抓学生党员监督从严

全面从严治党在学生党支部的直接体现是对学生党员从严监督。依靠党员榜样深入开展从严治党，最好的方法就是对学生严格监督，这也是对学生党员最好的关心和教育，是树立学生党员模范引领的保障。在日常生活中，加强对学生党员的监督，发现党员身上的小问题、小错误的苗头，就能够及时的咬耳扯袖，沟通提醒，就能够有效防止小问题、小错误发展成大问题，有利于保持学生党员的先进性，保障先锋模范作用的发挥。

当前高校学生党员教育中，由于存在党建师资力量不足、学生党员具有流动性、入党积极分子数量大等特点，教师对学生党员的跟踪培养具有一定的难度。因此，学生党员的自我监督、自我教育与管理显得尤其重要。学生党员通过党组织加强交流与监督，一方面强化了党组织对党员的监督管理，另一方面也使得学生党员组织就在身边、组织的关爱就在身边，从而进一步强化监督意识、自我教育意识。

因此，抓严学生党员的监督，有利于促使学生党员在相互监督中保持党员的先锋性，有利于依靠先锋党员的示范引领，推动学生党支部从严治党的深入开展。

（三）抓学生党员责任落实从严

从严治党归根到底是责任落实的问题。学生党员理应是大学生的先锋队，党员先锋模范的发挥是党员的责任问题。因此，不明确责任、不落实责任、不追究责任，学生党支部的从严治党就会成为空话，学生党员责任落实不严，党员先锋模范就失去组织保障。本科院校一些学生党支部的宽松软弱现象，还是一定程度上存在的，学生党员理想信念不坚定，先锋意识不强烈。如果党支部对这类型学生党员要求不严,不追责问责,他们就会得过且过，形成干好干坏一个样的想法。这类思想漫延势必影响全面从严治党的开展，是危险的。

保持党员先进性、树立先锋模范是每一名党员的责任担当，学生党员要以责任担当的高度，自觉从严要求自己，自觉发挥先锋模范作用。学生党支部要抓党员先锋的责任落实，对学生党员先锋示范不力的学生党员要及时教育引导，必要的时候严问责、明确责任，推动学生党支部全面从严治党的开展。

因此，将学生党员先锋模范与党员责任担当密切联系起来，以严抓责任落实促成党员先锋模范的培育。从严治党关键在从严落实党员先锋模范的责任，为党员先进典型培育明确责任主体。因此，抓严党员责任，必将为党员先进典型营造良好的环境，夯实先进党员培育的基石。

三、先进典型助推从严治党深入开展的策略研究

党员先进典型与全面从严治党相辅相成。一方面，只有全面从严治党才能够更好地培育党员先进典型，发挥党员的先锋模范作用。另一方面，党员先进典型是党员同志坚持高标准、严要求，切实严格自律的结果，他们能够助推全面从严治党的深入开展。因此，通过学生党员先进典型的示范带头作用，能够推动全面从严治党的有效开展。学生党员中的先进典型是广大先进青年的标杆，他们的言行具有巨大的感召力，是有效带动从严治党开展的有力武器。

（一）带头讲政治，营造支部廉洁正气

讲政治是支部建设的生命线，也是学生党员补钙壮骨、强身健体的根本保障。在当前复杂的国际形势下，思想潮流呈现多元化，只有旗帜鲜明地讲政治，始终在思想上和行动上同党中央保持一致，学生党员才能够自觉抵制各种不良思想潮流的影响。

学生党员在成长过程中，难免有的同志理想信仰不坚定，在复杂形势面前，举棋不定，

思想很有可能动摇。因此，党支部要组织和利用好先锋党员，要充分发挥他们的模范作用，通过党员身边的先进典型，引导广大党员掌握抵制不良风气的方法，提高支部的廉洁正气。先进党员与先进事迹是党内的先进典型，是广大学生身边的真人真事，他们的先进事迹更容易引起青年学生的共鸣。先进党员是广大学生的榜样，他们带头讲政治，带头强化思想素质，更容易引起其他党员、广大学生的思想认同、政治认同和情感认同，因此能够带动支部形成讲政治、讲廉洁的清风正气，推动支部从严治党向纵深发展。

（二）带头讲斗争，扭转支部宽松软弱

讲斗争是从严治党有力武器。学生党支部建设中，党支部宽松软弱是从严治党的最大腐蚀剂，它不仅割裂了学生党支部与广大学生的联系，而且直接侵蚀大学生思想政治教育的根基。对自己放松是党员面临的最大的危害。从严要求自己，从意志上克服宽松软弱现象，是党员保持先进性的根本要求。一些党员由于存在侥幸心理，认为某次或者暂时放松要求无关紧要，在小错误、小问题面前不讲斗争，结果任由小错误、小问题发展成大错误、大问题。

学生党支部在整治宽松软弱不良风气时，鼓励先进党员带头讲斗争，要充分发挥先锋党员的先进典型示范作用，用党员身边的成功事迹告诉支部成员，从严要求自己并非是遥不可及，而是确实存在于每一个人的身边。学生党支部通过先进典型的示范作用，让支部成员生动认识到斗争的法宝并非在遥不可及的远方，而是就在生活的身边。借助先进典型示范，引导学生党员自觉同形形色色的不良现象作斗争，以榜样为标杆，从自己做起，从身边的生活做起，从近身的地方构筑起预防和抵制不良现象的保护网，积累斗争的经验。

学生先进党员讲斗争，树立榜样，是引导广大学生党员树立斗争意识和克服不良现象的正能量。

（三）带头讲模范，树立支部榜样示范

学生党员是大学生的先进代表，学生党员带头讲模范，有利于促进校园积极、健康、向上的导向作用。在学生党支部，以学生党员为核心培育先进典型，发挥党员的榜样作用，引导大学生以身边的例子激励自身的积极性和创造性，自觉向先进看齐。

学生党员带头讲模范、树榜样，更符合学生“受众”的感受。“受众”是榜样宣传的对象，是榜样的直接感受者。如果先进典型脱离学生的实际，容易忽略受众的感受。在典型宣教过程中，教师只追求先进典型材料的挖掘和渲染，而忽视了对大学生切身的感受，使得教育的形式和效果不切合学生的思想动态。先进典型教育选择身边的人和事迹，以“朋辈”的力量感染和教育学生。

学生党员带头讲模范，有利于挖掘广大同学身边人、身边事的闪光点，运用看得见、摸得着的人和事激励、引导广大学生，充分发挥学生党员先进典型的示范作用。学生党员带头讲模范，营造模范就在身边的环境氛围。

四、学生党支部从严治党的展望

目前，本科院校开展从严治党已经成为热点与重点工作，但是从学术的角度探讨从严治党在学生党员教育中的路径，研究者还是关注得比较少。学生党支部从严治党工作主要对象是大学生党员，从严治党工作在学生党支部开展关键是使从严治党教育在大学生中入耳、入脑、入心，使学生党员的思想观念、理想追求和价值观、人生观得到强化，保持党员的先锋性，使得党员先锋模范作用得到充分发挥。

在高等教育改革的新形势下，加强学生党支部从严治党与学生党员模范培育紧密相连。从严治党是保持党员先进性的精神动力与制度保障，充分挖掘从严治党的教育能量，推动学生党员先进典型的培育，进而以学生党员为榜样，促进广大学生以榜样为标准，做到知行合一，将榜样内化于心、外化于行，最终成为从严治党的积极践行者。本科院校抓好高等教育新常态下的从严治党教育的各项工作，打造学生党支部从严治党教育和崇尚从严治党的文化生态环境，多途径探索有效提升高校从严治党教育的路径，使从严治党教育转化为学生党员的自觉行为，形成卓有成效的教育格局，推动学生党员价值观教育的健康发展。

网络是本科院校开展从严治党的重要阵地。为了适应本科院校高等教育改革新形势、新常态，拓宽新常态下高校从严治党教育的渠道，党生党支部要开辟网络新载体拓展舆论阵地。例如在网上建支部，利用QQ、微信等网络平台，开辟从严治党教育专栏，设计简讯生动形象地宣传从严治党教育政策理论，营造和谐舆论氛围，着力发展特色网络从严治党教育，促进党员的理论水平、道德修养和拒腐能力不断提升。加强对网上舆情的监控和引导，利用QQ、微信等网络平台，推进从严治党教育的网络互动，使从严治党教育入耳、入脑、入心，结合网络潜移默化地影响学生党员的思想观念、理想追求、道德规范和价值取向，推动本科院校学生党支部从严治党教育深入发展。

第三节　发挥学生党支部在“立德树人”中的核心作用

学生党支部是本科院校基层党组织中的战斗堡垒，是与学生联系最为紧密的基层党组织。推动学生党员教育，培养政治过硬、思想素质高尚的优秀人才，是高校人才培养不懈追求的目标。我国大力发展高等教育以来，“立德树人”始终是高校人才培养的根本任务，是高校学生思想政治教育根本立足点与发力点。面对新形势新任务，学生党支部如何顺应形势，努力成为本科院校“立德树人”人才培养事业的核心力量，这是学生党支部建设与学生党员教育面临的重要研究课题。当前，一些本科院校学生党支部软弱涣散、缺乏战斗力，正逐渐引起研究者的关注，高校学生党支部建设与学校教学改革不同步的现象也随之显露。不少本科院校重视职业类学科建设、专业教师培养与人才引进，而对学生党建工作却显得是“说起来重要，落实起来次要，忙起来不要”。学生党支部建设的忽视，必将导致学生

党支部在大学生思想政治引领中核心作用，削弱党支部在立德树人事业中的核心地位。

学生党支部是联系广大青年学生的重要桥梁，是大学生信赖的基层党组织。在当前形势下，本科院校要充分推进学生党支部建设，从严治党。

一、学生党支部建设现状研究

（一）学生党支部实现全覆盖，党员队伍流动性大

支部教师党员队伍也呈现相对的流动性。当前，学生党支部的教师党员主要由辅导员、分管学生社团的年轻教师兼任，由于辅导员转岗、换岗、离职的可能性非常大，队伍不稳定，因此导致学生党员教师的不稳定。一些由专业课程年轻教师兼任党支部工作的学生党支部，由于年轻教师的授课任务增加，他们也逐渐退出支部教师党员队伍。

党员队伍的不稳定性可能导致支部建设面临诸多困难，例如党务工作不够熟练、支部活动不正常、学生党员教育不连贯等，导致学生党支部受到明显的影响，不利于党员先锋模范作用的发挥，也不利于学生党支部在大学生思想政治教育中政治核心作用的发挥。

（二）学生党支部建设与学院教学改革不同步，支部建设略显滞后

本科院校在整体发展规划中，对学科建设、教学科研申报、专业师资队伍建设普遍都非常重视，学科建设资金投入、专业课程教师培训经费投入都占据较大的比重。然而，在学生党支部建设中，教师党员的教育培训缺乏系统规划，党建师资培训被党务培训所取代，教育教学业务培训被忽视。

由于本科院校学制特点，本科院校学生中，各支部学生正式党员的数量较少，很难建立单纯由学生组成的党支部。因此，学生党支部的数量较少，使得学生党支部建立在年级、班级、公寓具有很大困难。仅在教学系建立学生党支部很难适应学分制教学改革的需求。

（三）学生党支部战斗力有待增强，德育示范作用不突出

战斗力是学生党支部在立德树人教育中发挥政治核心作用的可靠保证。本科院校学生党支部由于教师党员的不稳定性、党员教育师资不足、学生党员流动性大等因素，导致存在支部活动不丰富、党员教育不及时、党员管理不全面等不足，一些党员在组织中的归属感、认同感受到弱化，党支部的战斗力被削弱，例如工作积极性不高、缺乏工作热情、支部委员领导不力等。

加强教育引导与学习保障是提升党支部战斗力、发挥党员德育示范作用的有效途径。当前，不少本科院校学生党支部建设的实际工作中存在师资不足、教育引导不力、学生党员缺乏有效的学习保障机制、自主学习能力不强等问题。这些问题的存在，致使学生党员的先进性发挥不足、党员模范意识薄弱，制约了党员德育示范作用的发挥，削弱学生党支部在立德树人中的政治引领作用。

二、促进学生党支部建设的对策研究

（一）党务教务分离，加强教育师资建设

师资是学生党员教育质量的决定性因素，师资队伍的教学能力与党员质量提升息息相关。在当前高校教育背景下，学生党支部的师资队伍存在党务、教务混淆不清的现象，即党员教师既是党务工作的承担者，又是党员教育的施行者。在不少本科院校，党支部的教师表面上看数量原本就不多，能够熟知学生党员教育教学业务的教师更不多。党务、教务不能有效分离，必将不利于师资队伍建设，使得党员教师教育业务培养受到影响。

因此，将从事学生党支部建设工作的师资队伍进一步区分出党务教师与教务教师，实现党务与教务分离，进一步针对性地加强师资队伍建设。一方面，加强党务教师的党务管理业务培训，提高学生党支部管理教师的业务水平，强化党支部管理的正常化。实施党务与教务分离，也有利于避免在党建工作中出现以党务管理代替党员教育的现象。另一方面，加强党员教师教学业务能力培训，提高党员教师教学能力水平，强化学生党员教育的开展。实施党务与教务分离，从事党员教育教学业务的教师能够有更多的精力研究学生学习的特点，也能够有更多的精力研究教育教学规律，从而提高教育教学质量。

将党支部建设师资队伍进一步精细分化为党务教师与教务教师，是学生党员服务与管理、党员教育精细分工的体现，是学生党员培养教育机制的改革创新。

（二）学习教育常态化，增强支部战斗力

面对学生党支部建设存在的问题和挑战，学生党支部需要加强自身的组织建设，需要加强精神补钙，借助组织信仰、党的理论与社会主义核心价值观汇聚党支部的力量，增强支部的战斗力。学生党支部作为本科院校的基层党组织，是我们党在教育事业中的战斗堡垒，学生党支部组织建设的战略意义不言自明。在新形势新任务下，学生党支部要深入贯彻习近平总书记系列讲话精神，自觉将全面从严治党向学生党支部深化，积极开展“两学一做”学习教育，以精神的力量汇聚党支部的战斗力。

党支部学习教育常态化，是增强支部战斗力的有效途径。一些本科院校学生党支部战斗力不强，根本原因在于组织教育不及时、学习活动失去常态，造成学生党员在支部内体验不到归属感，员之间信任感不强，支部团队建设也不完善。因此，加强支部学习与教育常态化，增强党员在支部建立“家”的情感归属，在共同学习中体验信任，促进彼此之间的认同，使得党员们从心理上愿意融入党支部的大家庭。

推进党员学习教育常态化是汇聚人心力量的天然渠道。党员之家的建设经验表明，党员的活动与交流主要在支部，党支部是他们谈心、谈工作、谈理想是天然场所，是广大先进青年学生交流思想、汇聚力量的家园。学生党支部汇聚了优秀大学生，经常性开展学习教育活动不仅能让他们吸取营养，还能让他们相互学习、共同进步，同时能够让他们通过党支部影响更广大的青年学生。

（三）培育支部德育文化，增强支部政治核心作用

支部文化是党支部成员共同价值观体系的集合，这是一个党支部区别于其他党支部的独有特征。学生党支部凝聚了最先进的大学生，支部成为学生德育培养的风向标。本科院校学生党支部积极营造学生道德引领的文化氛围，发挥党支部德育引领在大学生思想政治教育中的示范作用。

培育支部德育文化，关键在于培养支部党员优秀作风。党支部政治核心作用的发挥很大程度上取决于支部文化的先进性，支部党员是支部文化的创建者，党员的作风直接关系到支部文化的建设。因此，在学生党员培养教育过程中，除了加强党员的理论修养、政治素质的提升外，还应注重党员品质、学习能力、气质和作风等方面的培养，并制定符合党员个人特征的培养方案和培养计划。

培养学生党支部德育文化，需要创新支部学习教育内容。主要有三个方面：一是要打造支部核心价值体系的先进性，以社会主义核心价值观为基础，结合时代形势与时代主题、校园文化，明确学生党支部在学生德育引领中的核心地位。二是要加强学生党员培养教育。高校学生自身的理论学习能力较弱，教师需要为学生制定符合个人能力水平的教育培养方案。例如，党员教育引入导师模式，为学生党员量身定制培养方案。三是要强化党员德育模范作用的发挥。学生党支部通过加强学生党员培养教育、强化监督和考核等举措，充分发挥学生党员的积极作用，让他们有机会多参与学生管理服务、志愿服务、社会实践，积极创建平台让他们展示党员的先锋模范作用，从而强化学生党员在大学生思想教育上的德育引领作用。

三、发挥学生党支部立德树人的政治核心作用

（一）强化学生党支部的政治引领，筑牢大学生成才的基石

在学生当中建立学生党支部是党对教育事业领导的体现，也是夯实党对大学生思想政治教育引领的基石。学生党支部要在本科院校立德树人中发挥政治核心作用，就要在思想上、政治上同党中央保持高度一致，自觉在大学生思想政治教育中坚定不移地落实党的方针政策，把学生党支部建设成为强大的德育示范学校。

站在本科院校高等教育改革的洪流里，学生党支部要全面贯彻习近平总书记系列重要讲话精神和治国理政新理念新思想新战略，强化党支部组织建设，积聚支部的精神力量。因此，学生党支部需要丰富和创新支部活动，以学生党员的需要和学习能力为基础，以高校学生的德育要求为切入点，充分调动学生的学习积极性和兴趣，进而提升学生党支部在学生思想政治教育中的凝聚力和战斗力，使党支部成为大学生思想政治教育政治引领的基石。

（二）强化党支部德育引领示范，推动大学生道德养成

学生党支部是大学生的家园，是以先进青年学生团结与凝聚广大青年的战斗堡垒。教

育兴邦，青年强则国强。学生党支部作为党在本科院校的思想教育阵地，必须坚持政治引领、立德树人的德育理念，推动当代青年大学生道德养成。

学生党支部在开展党的知识学习研讨之余，可以结合学生的专业结构、兴趣爱好，灵活多样地开展支部学习教育活动。党员之间可以自由组队，开展社会调查、专业志愿服务，围绕党的知识理论组建宣讲队、知识服务队，深入校园生活和社会生活开展服务活动、体验活动，并引导广大学生在活动中自觉养成优秀的道德品质。

在学校的层面上，本科院校可以根据支部活动的情况，对学生党支部开展的活动项目进行评比，并给予经费支持，并对取得优秀成果的项目给予奖励，以此提高学生党支部的工作积极性，提高项目活动的教育质量。

以项目为平台，建章立制、明确奖罚，以学生党员为榜样，吸引更多大学生参加到支部活动，充分发挥学生党员的德育示范作用，助推大学生道德养成。

（三）强化党支部战斗力，确保大学生思想政治教育举措落实

富有战斗力的学生党支部是党实现对本科院校思想政治教育引领的组织保证，是党的方针政策在大学生思想政治教育阵地落实落地的强有力保障。学生党支部建设坚持立德树人的德育方向，坚持问题导向、强化队伍和统筹教育资源，是落实党中央德育思想、学校德育部署的可靠途径。主要体现在：

1有利于压实主体责任

学生党支部坚持从严治党，根据学生的学习能力和德育现状，加强学生党支部的建设，以政治纪律和政治规矩规范学生党员行为、锤炼党性，使学生党员切实发挥先锋模范作用，充分落实德育先锋的主体责任。

2. 有利于实施智力支持

加强学生党支部德育政治引领作用，以党支部为堡垒，坚持问题导向，以先进青年学生为智力资源，充分发挥学生党员在大学生思想政治教育中的示范作用。在大学生队伍中培育德育榜样，借助“朋辈”的教育力量，充分发挥大学生自我管理、自我教育的天然优势，深层开拓学生德育的智力资源。

3. 有利于落实德育保障

学生党支部强化从严治党，坚持依规治党，有利于形成党支部建设的纪律刚性约束，增加学生党支部的战斗力，依靠学生党支部踏石留印、抓铁有痕的工作作风，吸引广大青年学生参加学校各项德育活动，能够确保学校德育的各项举措落到实处。

在当前高等教育形势下，加强学生党支部建设需要树立以德树人的全局观，统筹党支部建设与学生党员教育改革创新，进一步以先进学生凝聚广大青年学生，充分发挥学生党支部在思想道德教育中的引领作用。在学生党支部德育示范过程中，支部学生党员要充分利用好自身与广大青年学生紧密联系的天然优势，为身边的青年学生树立榜样，发挥党员先锋模范作用，为高校学生树立德育标杆。

第四节　学生党员先进典型培育的思考及其德育实践

先进典型教育研究已经成为学术界关注的焦点领域之一，以先进典型为榜样进行大学生思想道德教育是本科院校德育工作的重要方法。过去的研究在大学生先进典型培育、教育价值、宣传挖掘等方面都有了深入探讨，也取得了丰富的成果。然而，在以学生党支部为核心的学生党员先进典型的选树、培育、德育价值等方面的研究，依然有待深入探索。学生党支部作为党在高校的基层党组织，凝聚了大量的先进青年学生，如何选择和培育学生党员先进典型，使他们成为大学生身边的先进典型、成为大学生德育的示范引领，已经成为本科院校学生党支部建设的重要课题。当前，不少本科院校学生党支部存在宽松软弱、学生党员先锋模范不足、学生党支部德育引领不强等问题。如果本科院校的学生党建工作者能够为学生党员先进典型培育及其德育价值发挥提供相应的理论和方法，就能够通过先进典型的榜样示范，感染和引导支部党员和广大学生自觉向榜样看齐，从而达到大学生的自我教育与自我管理服务的自主教育目的。

一、学生党员先进典型培育的对策研究

（一）重视先进典型培育

高等教育不断深化改革，高校学生的职业技能、就业能力的培养被放在了异常突显的地位。而学生的思想道德教育则显得相对薄弱。

学生党支部先进典型培育工作是一个系统的、复杂的工程，本科院校的领导、学生党支部的支部委员要高度重视，加大力度，有针对性地依托学生党支部培育大学生身边的先进典型，引领大学生新风尚，推动大学生思想政治教育工作。

（二）适当选择典型案例

学生党支部先进典型选择方面，需要解放思想，多点、多面挖掘和培育先进典型案例。俗话说，人无完人，先进典型培育不能够过于追求完美完善，而是解放思想，扬长避短，多角度、多方面培育先进典型。本科院校学生党支部在培育学生先进典型时，一方面要坚持以弘扬社会主旋律和正确价值观取向为标准，另一方面坚持生活化、真实性的原则，将先进典型事迹选材贴近生活，弘扬某方面的优点与优势，不必刻意追求完美，扩大先进典型可选择的范围，拓宽选树对象。

高校学生党支部选择先进典型培育对象，应把关注重点由原来的正式党员、预备党员转向入党积极分子。坚持先进典型贴近生活的原则，用真切的事实和精神感动和教育广大

学生。入党积极分子是立志追求先进的青年学生，在他们身上有值得弘扬和培育的优点、优势，通过培育他们成为先进典型，既有利于入党积极分子的成长，也有利于促使选树的先进典型更能够体现广大党员队伍的生活实际。

（三）创新先进典型培育模式

先进典型是本科院校开展大学生思想政治教育的宝贵资源，对引领大学生思想道德建设具有重要的作用。学生党支部要立足学生生活实际，发现学生党支部党员个人某方面的优点、优势，发掘和培育大学生身边的先进典型。学生党员队伍先进典型是基于“身边人，身边事”的闪光点而培育起来的，使得典型榜样更加真实、可信，更加有利于大学生接受。

大力发掘和培育学生先进典型，可以在培育模式上由“教”向“学”转变。过去的党员先进典型培育主要是以“教”为主，在这个培育过程中，主导作用的是教师。学生党支部由于教师资源十分缺乏，加上党支部教师能够投入的精力有限，以教师为主导的培育模式不符合大量发掘和培育先进典型的要求。因此，在培育模式上需要由“教”向“学”的转变。在这个培育过程中，学生先进典型与其说是教师教出来，还不如说是学生自己学出来，起主导作用的是学生自己。在先进典型培育中，是基于学生闪光点，是“身边人，身边事”，榜样教学的主体是学生，榜样与学生之间的关系比教师与学生之间的关系更为密切，因此，榜样教学过程是相互学习的过程，重点是突出“学”的作用。

（四）探索先进典型培育的长效机制

学生党支部由于学生思想状态、学习能力以及支部教师党员的不稳定性等特点，决定了支部学生党员先进典型培育需要投入更多的精力，来保持培育工作的持续性。因此，学生党支部学生先进典型培育要有整体规划，做好“培育设计”，形成长效机制。学生党支部中，教师党员由辅导员构成，具有较大的不稳定性，如果党员先进典型培育没有建章立制，一旦辅导员流动，新的党支部成员由于不了解情况就会造成培育工作中断的局面。

二、先进典型与大学生德育引领的实践探索

（一）先进典型与立德树人

在本科院校德育工作中，以先进典型为榜样示范，能够引导大学生见贤思齐，陶冶情操，自觉提升思想境界，帮助青年学生道德养成。大学生先进典型与立德树人教育有密切的联系。在当前复杂的国际形势下，社会主义核心价值观是大学生思想政治教育的指航灯，而学生党支部基于学生的“闪光点”基础上，培育出具有时代先锋和学生楷模的先进典型，进而能够借助学生身边的典型事迹引导广大学生形象鲜活地理解和把握社会主义核心价值观，引领大学生思想道德建设，推动立德树人工作全面深化。

先进典型的培育是基于身边人、身边事的“闪光点”，为党支部凝聚积极进取的力量，促进党支部依靠大学生身边的事迹和先锋人物，向广大学生传递社会的正能量，鼓舞和感染每一个学生，从而为校园营造良好的德育氛围。

（二）先进典型与朋辈教育

先进典型取材于身边的普通党员、身边的平凡事，是以这些普通人、平凡事的“闪光点”传递正能量,激励大学生的积极性和创造性。学生党支部培育的先进典型的主体是学生，他们与广大学生有着相同的特点，因此，榜样示范与榜样受众同是学生，他们更多的是“朋辈”关系，而不是“师生”关系。

在先进典型培育中选择“朋辈”事迹，使得广大学生更加容易认同、接受，事迹精神更加深入人心。一些先进典型教育中，有的事迹并不是学生身边的人和事，学生缺乏相同或者相似的经验，不容易认同和接受。因此，有不少学生虽然参加了先进典型教育活动，但他们并不是被先进典型事迹所感动，而是在学校要求下被动参加。由此可见，选取身边的朋辈事迹,更符合学生的需求,更能贴近学生的生活实际,使得先进典型更具有教育效果。

（三）先进典型与榜样示范

先进典型的教育功能与一般的课堂教学不同，它是以榜样示范为基础，具有很强的直观性和可模仿性。本科院校的学生，思维比较活跃，形象思维和动手操作能力都很强，他们的这些特点更适合开展榜样示范教育。以身边人、身边事为先进典型,以朋辈为榜样示范，使得高校学生能够直观地感受榜样的经验、榜样的精神与力量。

管理类高校学生的文化理论学习能力相对偏低，理论宣讲或者简单知识传授不利于他们对榜样精神的学习和掌握。以“朋辈”榜样为例子,借助让他们看得见、摸得着的人或事，引导他们更直观地、真切地感受榜样的成长，从而引导他们自觉树立和践行社会主义核心价值观，自觉养成良好的道德品质和精神风貌。

积极开展朋辈先进典型示范，能够合理规避朋辈的消极影响。朋辈对大学生的影响是一把双刃剑，不良的朋辈经验对大学生的成长带来消极的影响。因此，加强朋辈先进典型示范，发挥朋辈示范的积极作用，尽量回避朋辈作用的消极影响。

先进典型培育及其德育功能的发挥是一个历久弥新的课题。在当代高等教育改革中不断地被赋予新的使命和新的内容。在本科院校中，以学生党支部为核心，积极开展学生党员先进典型培育对发挥其德育引领作用，有着积极的教育意义。

学生党支部是连接党和学生的天然桥梁，是党面向大学生开展思想政治教育的战斗堡垒。学生党支部积极发掘学生的“身边人，身边事”，广泛培育学生生活中的先进典型，充分发挥学生党支部开展德育的独特优势和巨大力量，营造良好校园德育氛围，服务大学生健康成长。

第五节　学生党员素质体系构建及其培育与考核探索

素质是衡量一个人的价值和能力的重要指标，它是一个人在思想、政治、知识、技能以及心理品质等方面的综合体现。一个人的素质并非是与生俱来的，而是经过后天长期学习形成的稳定的特质。青年时期是个人综合素质养成的关键时期，本科院校如何帮助青年学生养成良好的素质是高等教育改革面临的重要课题。学生党员是广大青年的先进代表，加强大学生思想政治引领和培养学生党员素质，是学生党支部义不容辞的责任。

随着本科院校职业教学改革不断深化与发展，学校为了让学生适应社会发展需求，对学生党员素质的要求也越来越高。近年来，我国产业进入转型升级期，导致社会用工量逐步缩减，不少单位甚至大量裁员。在新的形势下，职业院校毕业生就业难的问题将会进一步突出，毕业生就业压力逐步增大。“双向选择，竞争上岗”的就业法则对毕业生素质提出越来越高的要求。在过去的研究中，研究者大多数从高等教育的角度探索高校学生素质体系和培养路径，但是很少有研究者从学生党支部的角度，有针对性地研究学生党员素质体系的构建与培养。学生党员是高校学生的先进代表，学生党员素质培养的水平直接影响着广大青年的发展动力。因此，学生党支部需要加强对学生党员的素质教育，培育具有全面素质、适应岗位需求、受到用人单位认可的人才，才能充分发挥学生党员在广大青年学生中的榜样引领作用，才能促进学生党员健康、全面地发展。

学生党支部是开展学生党员教育的基层组织，本研究以学生党支部为着力点，试图探索符合支部实际的学生党员素质体系，寻找有效的学生党员素质培育与考核途径。

一、构建学生党员素质体系的意义

第一，构建学生党员素质体系是推动学生党员教育改革的迫切需要。不少本科院校正在深化基础学科拔尖人才培养模式改革，大量课程已经结合工作岗位、职业能力、职业文化等方面，积极构建基础学科拔尖学生人才培养模式的教学体系和教学改革。学生党支部作为学生党员思想素质、政治素质培养的基层组织，要加强对学生党员思想政治教育的引领，大力推进学生党员教育的改革与创新。

很显然，随着基础学科拔尖人才培养模式的深化改革，学生的能力素养与素质体系已经朝多元化方向发展，学生党支部能否在学生素质体系培养中发挥引领作用，关键取决于学生党支部能否从高等教育全局上构建符合高校学生特点的素质体系。因此，学生党支部构建学生党员素质体系是学生党员教育改革的迫切需要。

第二，构建高校学生党员素质体系是促进党员教育课程改革的重要手段。社会对学生

党员的素质需求越来越复杂，要求也越来越高。传统学生党员培养只注重思想素质提升的课程模式已经不适应时代的要求。根据社会发展对人才素质的多元化需求，学生党支部必须构建多维度的学生党员素质体系，并以此促进党员教育课程改革。

传统的党员教育课程主要是培养学生思想政治素质，课程内容设计主要是党的理论知识、党的历史与经验、党的性质与宗旨、党的纪律等，课程内容很少涉及其他素质成分的培养。学生党支部通过构建党员素质体系，在思想政治素质的基础上，完善对科学素质、职业素质、心理素质的综合培养，推动党员教育党课课程向党的理论知识、职业知识、心理健康知识等多维度发展，实现党员教育课程改革。

第三，构建高校学生党员素质体系是吸收高等教育改革成果的有效途径。目前，本科院校在基础学科拔尖人才培养教学改革方面取得了丰硕的成果，例如，在课程改革、教学模式创新、校外导师聘任、学生能力体系培养等方面取得重大成就。相比之下，学生党员教育发展相对缓慢,甚至滞后。例如,一些本科院校学生党员教育仅限于党员思想素质教育，担任党课教育的教师主要是思想政治课程的教师，或者是党建经验与理论丰富的教师。在校党员的教学没有及时引入企业、行业元素，党员教育基础学科拔尖理念不强。对在校外实习的学生党员则主要是通过辅导员跟踪管理，党员教育存在以管代教甚至是断层的现象。

因此，构建高校学生党员素质体系，促使党支部从多维度视角培养学生素质，使学生党员教育突破思想政治素质单一维度的束缚，更加能够突显学生党员能力培养与综合素质培养的主线，为学生党员教育借鉴和利用高等教育改革的成果创造新的平台。

二、高校学生党员素质体系构成初探

（一）主要依据

教育部在《关于全面提高本科教育教学质量的若干意见》中提出要“提高学生的实践能力、创造能力、就业能力和创业能力”，重点指明了基础学科拔尖人才培养模式下，学生能力培养的多维度特征。

中组部在《中共中央组织部关于进一步做好新形势下发展党员工作的意见》中明确要求：“在大学生中发展党员，要把课堂教育与课外活动、理论学习与社会实践有机地结合起来，构筑多渠道、多层次的思想政治教育体系，帮助大学生树立正确的世界观、人生观、价值观。认真办好业余党校，提高教育培训的质量。”

在上述基础上，学生党支部要积极构建由多维能力、多元素质构成的学生党员素质体系，是学生党支部建设与党员教育改革的必然要求。

（二）主要指标体系初探

学生党员素质体系是一个有机的系统，它们在党员素质培育中不能厚此薄彼，需要均衡发展。学生党员作为高校学生里的先进代表，学生党支部应该不断改革与创新教育教学方法，不断引入优秀人才，充实党员教育师资，依靠导师，突出自主学习能力与研究能力素质的培养，帮助学生自觉形成具有较强创新精神、创新能力的素质基石，进一步帮助学生协调发展思想素质、政治素质、职业素质与心理素质等素质体系。学生党支部作为学生党员教育最基层的组织，需要积极创设各种人才培育情景，将学生党员素质培育融合到党员教育活动的各个环节，以培养政治合格、业务能力强的高素质党员人才。

三、高校学生党员素质培育路径研究

（一）深化党员教育课程改革

首先，明确目标，重视党员素质培养。教育部在《教育部等六部门关于实施基础学科拔尖学生培养计划2.0的意见》中明确提出，要“加大课程建设与改革力度，增强学生的职业能力”，“大力推行基础学科拔尖结合，突出实践能力培养，改革人才培养模式”，这指明了本科院校课程改革的基本原则。学生党员教育课程要主动适应改革的潮流，明确党课改革目标为：将培养学生政治素质与培养职业能力、实践能力相结合。进一步实现党员教育基础学科拔尖课程改革的进程，帮助学生党员在政治上、业务能力上、实践能力上争当先锋，帮助他们发挥党员的先锋模范作用。

其次，完善党员教育课程内容体系，夯实党员素质培养的基石。课程内容主要服务于党员培养目标，这是党员素质培养的根本保证。党课课程在所有思想政治素质培养的基础上，增加对党员业务能力、实践能力、心理素质的培养，突出学生党员在社会背景、企业背景、实践背景等方面增强政治素质以及各方面能力素质。在内容体系上，党员教育课程积极构建学习情景，借鉴专业课程中基础学科拔尖教学改革实践取得的经验和成果，积极构建党的理论与实践一体的课程内容体系，增强党课课程内容的针对性。

最后，加强党员教育课程建设，丰富党员素质培养的内涵。在党课课程建设中，要解放思想，打开思路，积极吸收其他课程的建设成果，加强党课课程建设。过去的党课课程主要以党的理论知识、方针政策为主，这只突出政治素质与思想素质的培养，不符合新形势对党员素质全面发展的需要。为此，党课课程需要融合新的专业动态、新的工艺动态，甚至补充职业领域的新方法、新材料，以此增加课程的先进性，引导学生党员追求先进思想、先进技术，激发他们在行业背景、专业背景、实践背景下争当先锋的意识。

（二）深化党员教育师资改革

一方面，实现多元化师资结构，保障学生党员素质的全面培育。学生党员综合素质是一个复杂的体系，全面培养学生党员的素质更是一项系统的、复杂的工程，如果没有充足的师资力量和多样化的师资理论结构，是难以实现的。因此，学生党支部要通过“内培”和“外聘”的途径，将不同知识结构的教师或企业优秀人才引入到党建师资中，利用导师各自的专长，针对性地培养学生党员的素质。

另一方面，突出学生党员能力与素质培养的主线，制定符合基础学科拔尖人才培养模式的师资建设方案。党员教育需要围绕基础学科拔尖人才培养模式的特点，加强党员教育

师资的建设。例如，明确导师聘任制度，从专业教师、企业优秀技术人员中引进人员担任党建师资，以导师制的形式在校内及校外担任党员教育指导教师。

（三）创新情景教学

情景教学是培养学生能力和素质的有效教学模式之一。在学生党员教育情景教学中，导师根据能力培养目标，将知识及知识应用背景结合起来，创设教学情景，通过引导学生置身情景中，亲身体验知识创造、获取和运用的能力，进而达到能力培养的目标。导师制下的情景教学关键是培养学生的自主学习和研究能力，并以此达到培养和提升学生综合素质的目的。在基础学科拔尖人才培养的背景下，为使学生党员素质的培养与生产实际实现“零距离”的对接，需要借鉴专业教学与实训的经验，鼓励导师积极创设各种情景，通过引导学生在“准行业、准企业、准工作岗位”情景中体验和掌握学习能力，帮助他们掌握自主提升综合素质的能力。

（四）构建实践平台

学生党员素质体系是学生党员综合素质的具体体现，全面培养学生党员的综合素质需要积极构建实践平台，从外部因素保证学生党员综合素质的培育。一般情况下，本科院校在推进基础学科拔尖人才培养模式改革进程中，都相当重视校内外实训基地的建设。

四、高校学生党员素质考核探索

学生党员素质培养的效果有时候不一定立竿见影，它可能需要较长时间。因此，对学生党员素质的考核，需要不断加强研究，创新方法与手段。以下从基本知识自测、实践应用测评、综合素质测评三个方面探讨考核体系的构建：

（一）基本知识自测

基本知识自测主要是考查学生自学的效果，考查学生自主学习的能力。在党员素质培养体系中，思想政治素质是核心，但是对思想政治素质的培养并不是直接通过知识的传授而来，而是通过其他素质培养，激发学生自主学习、自主探究和学习自信等能力，促使他们自我提升。因此，通过知识自测，可能反映出学生能力水平和素质状况。

（二）实践应用测评

学生党员素质培养是通过各种教学情景培育的，是基于学生能力发展的前提。基于此，在学生党员素质考核中，除了注重理论知识的考核外，还需要重视学生党员能力培养过程的考核。因此，对学生党员素质考核需要在实践情景或者是模拟情景中考查学生应用知识的能力，进一步考查他们的能力状况和素质品质。例如，可以通过结构化访谈，测评学生应用知识的能力以及相应的职业素质、心理素质。

（三）综合素质测评

结合学生党员素质体系的各项指示、课堂表现情况、知识运用情况，采取学生自评、导师评价与党支部考核相结合的方法，对学生党员进行综合素质测评。综合素质测评包含了学生因素、教师因素与过程因素，能够比较客观地反映学生的情况。

（四）综合成绩评定

综合成绩评定是对综合素质水平做一个客观的、形象的反映，为了力求客观和体现培养过程，既要体现理论知识，又要体现能力素质，因此，在理论知识自测与实践应用测评均达合格的基础上，进一步评定综合成绩。综合成绩由基本知识自测（占 30%）、实践应用测评（占 40%）、综合素质测评（占 30%）组成。

学生党员素质培育是本科院校立德树人的一项系统工程，学生党员综合素质培育涉及党员教育的各个环节。在基础学科拔尖人才培养模式下，学生党支部要积极探索党员素质体系构成，积极推进党员教育教学改革，从而培养符合社会需求的全面发展的高校学生党员。因此，培养政治合格、综合素质全面发展的高校学生党员必将成为高等教育发展的趋势。

为做好学生党员素质培养，以下两方面值得学生党支部建设工作者加以关注：

首先，学生党员自主学习能力培养。自主学习能力是学生党员综合素质提升的重要手段。在基础学科拔尖人才培养模式下，学生面临学业、职业、就业竞争等多重压力，他们很可能没有太多的时间参加各种党的理论知识培训或讲座，因此在党课教学中，需要加强对学生党员自主学习能力的培养，帮助他们实现自我提升。

其次，高校学生党员教育创新。加大学生党员教育教学改革，保障学生党员素质体系切实得到实施。党员教育教学改革是一个热门课题，在基础学科拔尖人才培养模式下，学生党员教育既要注重党的理论知识学习，培养政治素质与思想素质，又要注重职业技能的学习，培养职业素质与心理素质等方面，所以需要深化学生党员教育改革。学生党员教育改革只有突破传统单一的政治素质培育模式，通过实现素质体系教学内容创新、教学模式创新，才能够立足学生专业素质，全面推动学生综合素质的提升。

第十章 充分发挥高校党员先锋模范作用

第一节 结合高校特点发挥党员先锋模范作用

一、充分发挥教师党员的主体作用，做到教书育人

大学教育所承担的功能、教育的方式、培养的目标与基础教育相比有质的不同。首先，从反映国家整体水平看，基础教育代表着国民的普遍素质水平，是横向关系；高等教育代表着国家的科学技术发展水平，是纵向关系。两种教育构成了一个国家的整体教育水平。其次，基础教育是完成一个人从不知到知的启蒙教育，为后续教育奠定基础，高等教育在这个基础上，完成其面对社会从事某种专业技术工作或研究的能力的培养。第三，基础教育重视的是对知识本身的掌握，而高等教育重视的是对现有知识的研究和批判，以及对未知领域的发现与探索。第四，基础教育重视对学生品格的养成和塑造，而高等教育更重视对学生品格的张扬与完善。第五，基础教育教师和学生的关系更多的是教师向学生传授知识，教育基本是单向的。高等教育却不同，由于在大学里，教师和学生结为一个特殊的面对新知识的探索和研究群体，因此，教师和学生的关系是互动，是双向的。总的来说，大学教师对学生承担的教育任务更加繁重和艰巨。肩负人才培养、发展科学和服务社会三项基本功能的高等学校，在知识经济的时代，其地位和使命的特殊性不言而喻。

在学校教育工作中，全部的教学过程，教师都起着主导的作用，学生学习的积极性和主动性，在相当程度上也要依靠教师来调动。我国古代教育家韩愈说：“师者，所以传道、授业、解惑也。”韩愈所说的“道”和“业”虽然有他那个时代所代表的阶级的含义，但

还是从几个主要方面说明了教师的作用和对学生进行思想教育的特殊地位。因此，教师不仅是高等学校的主体，而且是学校教书育人工作的一支最广泛、最直接的力量，围绕着这个任务和目标，教师在教学活动中应毫无疑问地肩负着三项任务，即传授知识，培养智能，帮助学生形成正确的世界观。教师党员理应作为这三项任务的带头人，既是专业知识的传播者，又是正确政治方向的引导者，高尚心灵的塑造者。教师的每一堂课，进行的每一项教学活动，都是在对学生进行思想教育，教师与学生接触的时间比较多，教师的一言一行都对学生起着潜移默化的作用。

第一，要发挥思想政治理论课教师党员的理论武装功能。大学生在校学习期间，必须对马克思主义哲学、马克思主义政治经济学、科学发展观以及思想品德、法律基础等课程有一定程度的了解，这基本依赖于思想政治理论课教学。思想政治理论课教师党员处在思想理论阵线的最前沿，必须认识到当代中国大学生的头脑如果不用马克思主义去占领，就必然会被非马克思主义思想占领；必须时刻把握时代脉搏，跟上社会发展步伐，尽一切努力占领这块重要阵地并坚守不移；必须切实提高思想政治理论课教学质量与效果，造就德才兼备的中国社会主义事业的接班人。

第二，要发挥专业课教师党员的学识感召功能。专业课教师党员有知识技能优势，是各专业领域的佼佼者，他们在高校教育发展中视野更开阔，在高科技时代有发言权，青年学生的心理特点也使得他们的言行更有感召力、吸引力和说服力。因此，在高等教育中，专业课教师不论是什么职称，什么专业，只要身为中国共产党党员，就应把先锋模范作用集中体现在坚定不移地贯彻党的基本路线和教育方针、忠于党和人民的教育事业方面，努力在教书育人的本职工作上做出成绩，成为教书育人的模范。

二、充分发挥政工党员的培育作用，做到管理育人

高等学校的教育过程，是由教师、职工、学生、教学条件和教学管理四个基本因素，按一定的教育要求组成有机的系统来实施的。在这四个因素中，教学条件和教学管理起着重要的物质保证和组织保证。没有现代教学、科研所需的各种物质手段，不能把学校拥有的人力、物力、财力合理地组织起来，做到各个部门及各部门的各个环节相互配合和衔接，学校的教育过程就难以实现。所以说，管理工作在学校育人过程中是非常重要的，是教书育人的坚强后盾。

学校的育人工作是一个统一的整体，教书育人是学校育人的主要方式和途径，是教师的根本职责。同样，管理育人也是学校育人不可缺少的一部分。高等学校管理的基本职能，就是通过组织、计划、实施等行为，使学校所拥有的人力、物力和财力发挥出最大的效益，以实现本校的奋斗目标，完成学校所担负的育人任务。其第一位的重要职能，就是要保证党的路线、方针、政策的贯彻执行，使学校为社会主义现代化建设培养出德、智、体全面发展的人才。由此可见，学校管理工作的本身就具有很强的教育性。学校里大量的经常的教学、科学研究、思想政治和后勤总务等工作，都是依靠各级各部门的管理干部具体去执行的，这支干部队伍包括：教学和科研管理人员、党政工作干部和后勤管理人员，即通常

所说的校院、系和各部门的各级干部。他们的工作态度、思想作风、道德修养等对学生有着直接的影响。其作用和效果，与课堂教育是相辅相成的，从这个意义上来讲，学校管理人员是不上讲台的教师。

政工党员直接参与对学生的管理，寓教育于管理之中。在学校管理工作中，许多管理部门的党员直接从事学生管理工作，不仅要向学生广泛宣传学校的各项管理规定，让同学们知道自己应该做什么，不应该做什么，使校规校纪深入人心，成为每个学生行为的准则，而且要对表现突出的学生实施奖励，以达到鼓励先进，督促后进的教育效果。对违纪学生的处理，身也是一个教育的过程，政工党员不但要严格执行纪律，同时也需要对违纪学生做大量的说服教育工作，使犯错误的学生心服口服，让广大同学从中吸取教训，引以为戒。此外，政工党员在工作中表现出的认真负责的工作态度、严谨求实的工作作风，都将对学生产生良好的影响。由于政工教师党员在日常工作中大部分时间都是处理学生事务，用于理论学习和研究的时间比较少，因此在工作中要带头抽时间认真学习马克思主义理论知识以及心理学、教育学等相关思想政治教育知识。另外，在工作作风方面，政工教师党员要带头做到以人为本，不能把工作仅仅停留在喊口号上，必须落实到具体实践中。政工教师党员要树立扎实的工作作风和强烈的创新精神，要贴近实际、贴近生活、贴近学生，坚持解决思想问题与解决实际问题相结合，既讲道理又办实事，既以理服人又以情感人，要关注学生的学习成才、就业创业、经济困难资助、心理健康、文化生活、思想情感困惑等方方面面的问题，争当帮助学生解决实际困难的模范。

高校政治辅导员处在学生工作第一线，基本都是党员，是高校政工党员的一支生力军。同时高校辅导员党员又担负着培养创新人才健全的人格、提高学生思想政治素质的重任，是学校党组织和全体教师党员在学生面前的缩影。一方面他们担负着教育者的角色，他们的一言一行对学生的成长起着潜移默化的作用；另一方面这支队伍还对学生进行专业思想、学习目的和心理健康等方面的教育，督促大学生全面完成学习任务，指导开展学习和交流活动，改进学习方法，提高学习效率。这些对学生的成长有重要的指导作用。高校辅导员党员队伍是高校大学生思想政治工作的重要力量，这支队伍能否与时俱进，行之有效地开展工作，是关系到大学生在成才的同时能否具备良好思想政治素质和健全人格的关键。因此，辅导员应当具备一定的职业技能，包括调查研究能力、文字表达能力、宣传演说能力、组织协调能力等。只有具备这些能力要求，辅导员才有可能在市场经济条件下探讨新时期思想政治工作的理论和方法，才有可能胜任新时期的大学生思想政治工作。

三、充分发挥后勤党员的服务作用，做到服务育人

服务育人是高校育人工作中不容忽视的重要部分。教育的一致性是教育学上的一条重要原理。这条原理要求学校各方面的教育及对学生培养的整个过程要相一致，否则就不能收到良好的教育效果。高等学校的根本任务是培养人才，因此，作为高等学校工作的重要组成部分的后勤工作也必须体现教育性原则。后勤工作从根本上讲，是服务性的工作。服务周到，这是服务工作本质的要求，是后勤工作的方向和目标。高等学校是建设社会主义

精神文明的重要基地之一，学生在学习和生活中，有很大一部分时间与后勤职工接触，学校后勤职工的服务态度、思想作风、道德修养等对学生都有直接影响。因此，后勤党员要发挥先锋模范作用，为人师表，以自己的好思想、好作风影响学生，使后勤管理过程、服务过程成为积极的教育过程。后勤党员把学校后勤工作搞得好，各项工作开展得井井有条，人尽其才、物尽其用，便会具有良好的经济效益和社会效益，有助于培养学生的管理意识、经济头脑和爱护公物、艰苦朴素、勤俭治国的好思想。同样，整洁优美的校园环境对学校育人也是十分重要的。学校环境整洁、卫生、安静有序，校园园林化，富于美感，不仅对学生的健康有益，而且有助于陶冶学生的情感，激发学生的成长。优化育人环境，通过学校后勤服务工作党员的勤奋努力，在学校形成幽美高雅的生活和学习环境，让青年学生在美好环境的熏染下茁壮成长，创造“环境育人”的良好环境。后勤服务党员在这一环境育人过程中，具有举足轻重的作用，首先在创造良好育人环境的硬件建设过程中，他们是主力军，学校的一草一木，道路、建筑都是他们辛勤劳动的结晶；其次在育人环境建设的软件方面，特别是良好的道德风尚、语言行为规范方面，他们的一言一行对学校整个育人环境的影响意义十分重要。

同时，环境育人也不仅仅是后勤服务部门的事，在学校只有形成一个整体协调的美好育人环境，才能谈得上发挥环境育人的作用。因此，良好的校风、教风、学风、务实的工作作风，这些良好风气的形成，是每一位生活在学校里的党员都应该为之奋斗的。高等学校的“三育人”工作是一个复杂的系统工程。教师教书育人离不开管理人员、服务人员的劳动，管理育人也不单纯为管理人员本身的活动，教师也同样参与学校的管理，后勤服务人员工作也具有很强的管理属性，服务育人也不仅限于服务人员自身的工作，管理也是一种服务。随着高等学校民主化管理的逐步推进和机关作风的不断转变，教书育人、管理育人和服务育人工作，愈来愈显得密不可分，将成为一个统一的整体。因此，高等学校在深入持久地开展“三育人”工作的同时，要认真进行调查研究，组织理论研讨，积极探索育人规律。广大高校党员只有以主人翁的态度，全身心地投入教育和教学改革中去，进一步搞好教书育人，管理育人和服务育人，才能不辜负党和人民的厚望，才能无愧于我们所处的伟大时代，无愧于党员先进性的具体要求。

四、充分发挥学生党员的模范作用，使其成为自我教育、自我管理、自我服务的楷模

高校发展取决于两个大的方面：一是教学和科研水平，执行主体主要是教师，二是学生的素质和质量，主体对象当然就是大学生。从教育的功能看，前者是投入，后者是产出。高校的所有工作最终的目的都要归到学生的培养上。大学生成才，首先是专业知识和本领的拥有，但只有一技之长不能算是一个合格的人才。在中国特色社会主义建设事业的要求下，人才是个综合的概念，除了一技之长外，更要具备良好的思想素质和健全的人格。大学生不可能都成为共产党员，但党员大学生应该成为大学生中人才群体的主导，学生党员应该发挥好先锋模范作用。

第一，学生党员要在思想政治教育方面发挥中坚作用。加强和改进大学生思想政治教育，是推进素质教育、引导学生全面成长的基础工程。思想政治素质作为大学生最重要的素质，对其健康成长和全面发展起着不容忽视的决定作用。学生党员在提高自身理论素养的同时，应该积极协助组织好周围同学的党章学习活动，成立党章学习小组，并定期开展学习讨论活动。目前，随着学分制的推行，不同专业的学生交流有所增多，由此也可通过学生党员以点带面，从而带动广大学生学习政治理论的风气。学生党员既是受教育者，也是教育者。对于要求入党的积极分子，学生党员应当积极主动做好其培养教育工作，对他们进行党的基本知识的教育，引导他们了解党的理论知识，端正他们的入党动机。此外，结合校园文化建设和社会实践，学生党员要自觉地引导周围同学遵守法律法规，接受实践锻炼，坚定社会主义信念。

第二，学生党员要在学风建设中发挥表率作用。学风是一所大学的气质和灵魂，也是一所大学的立校之本。学分制管理模式下，进一步加强学风建设，才能为大学生的成才营造良好的育人环境，增强全校学生学习的积极性和主动性，促进大学生的健康成长和综合素质的全面提高。学生党员在本质上还是学生，学习是第一要务。推行学分制后，学生党员必须具有正确的学习动机，端正学习态度，刻苦钻研，勤奋进取，努力培养综合学习和研究能力，进一步掌握学习规律，提高学习质量。同时，充分利用校园学习资源与设施，拓宽知识，提高素质，争取取得优秀的学习成绩，影响和带动其他同学共同进步，促进良好的学风建设，体现学生党员的表率性。学生党员在注重“自我教育、自我管理、自我服务”的过程中，坚持为广大同学服务的宗旨，其中一个很重要的任务就是倡导和引导良好校园学习氛围和学风环境的形成。学生党员在提高自己成绩的同时，还应主动帮助学习暂时有困难的同学，帮助他们掌握大学的学习方法，形成良好的学习习惯，摆脱部分学生因学分制的“自主性”带来的惰性影响，使他们学会独立地支配学习时间，自觉地、主动地、生动活泼地学习，达到共同进步，营造优良学风。

第三，学生党员要在校园文化建设中发挥带头作用。学生党员不仅要在学习上出色地完成任务，还要在校园里代表先进文化前进方向中发挥先锋模范作用。构建和谐的校园文化是为了促进师生和学校的共同发展，要在传承优良高雅的校园文化基础上，结合时代的要求，构建积极向上具有个性的校园文化。学生党员要发挥优势，探索和实践校园文化的内涵建设，在学分制管理模式下建设高格调、高水平、高质量的校园文化。通过经常性地开展丰富多彩、寓教于乐的交流活动，并积极参加校园里的其他文明建设活动，活跃校园文化，在学校树立互帮互助、文明友爱的良好风气，树立学生党支部的威信，扩大党支部的影响。

第二节　高校党员先锋模范作用的落脚点

一、在和谐校园建设中当模范

高校党员先锋模范作用的具体要求应该落在实处，应从小事抓起，应结合做人的基本准则和工作业绩，符合高校自身发展的要求，顺应时代发展的需要，使知识学习与思想磨炼相结合，找准落脚点，突出模范作用。首先，高校党员要不断学习，进一步加强党性修养，把自己锻炼成为具有较高政治素质、忠诚于马克思主义、忠于党和国家的事业的组织者和实施者，成为勤奋学习，善于思考，解放思想，与时俱进的模范。其次，要密切联系群众，一切为了群众、一切依靠群众，克己奉公，有责任感和使命感，以学校的建设和发展为己任，把开展工作与履行为人民服务宗旨紧密结合，把个人的发展与学校的发展紧密结合，把做好本职工作与实现党的奋斗目标紧密结合，脚踏实地、创造性地做好本职工作，发挥先锋模范作用，创造出一流的工作业绩。高校发展中面临的矛盾很多，困难来自各个方面。克服这些矛盾和困难需要多方面的努力，而和谐校园建设则是重要的方面。高校的发展缺乏一个和谐的氛围就从根本上失去了前提条件。

“和谐”即为“协调”，和谐是真善美的统一，是事物存在的最佳表现形态，是一切美好事物的共同特点。和谐校园是以高校可持续发展为根本，高校组织系统的整体功能极大化为目标的综合体，和谐校园既是高校构建与发展中的理想状态和终极目标，又是高校组织系统运行工作中的一种内在机制。和谐校园的核心在于“和”，其基本精神就是通过协调而使各种事物达到新的和谐统一，从而使事物自身在和谐统一的过程中得到充分发展，这种多元文化的共处和发展为和谐社会的建构提供了强大的精神和文化支撑。

（一）充分认识高校党员在构建和谐校园中的历史使命

和谐校园是一个民主法治、公平正义、诚实友爱、充满活力、安定有序、和谐发展的校园。高校党员是建设和谐校园的中坚力量，维护校园稳定、促进校园和谐、促进教育改革发展是高校党员在新时期的重要职责，发挥高校党员先锋模范作用对构建和谐校园具有重要的现实意义。

首先，构建和谐校园，赋予高校党员更大的责任。当前，高校面临着新的社会经济和文化背景。日益激烈的综合国力竞争、世界多极化、经济全球化以及社会主义市场经济体制的建立和完善，社会经济成分、组织形式、就业方式、利益关系和分配方式日益多样化，冲击和挑战着高校的教师和学生的道德规范，大量社会矛盾和问题因涉及社会稳定也进入了大学校园。维护高校的安全稳定工作不是仅仅靠几个安全保卫人员所能解决的。高校的

党员理应成为维护高校校园安全稳定的主力军。高校作为培养实现社会主义现代化人才的地方，历来不是一块风平浪静的世外桃源。敌对势力总是把高校作为他们实施西化分化战略的重要突破口。高校在维护和谐工作中的每个失误都会对社会产生极为不良的影响，甚至被敌对势力所利用，直接关系到和谐校园建设的成效。因此，高校党员在这关键时刻要站得出来，要体现共产党员的无私奉献精神，展示当代共产党员的风采和共产党员的高贵品格。只要高校的每一个共产党员充分发挥先锋模范作用，体现党员的先进性，一个民主法治、公平正义、诚信友爱、充满活力、安定有序、和谐发展的文明校园一定能够构建起来。

其次，构建和谐校园，赋予高校党员更高的要求。在高校改革发展中，维护校园安全稳定的任务极为艰巨，实现校园和谐要付出更大的努力。这就要求高校党员不仅要着眼于社会稳定，更要着眼于校园的和谐，把工作的着力点定位在促进校园和谐上。在开展“一个党员就是一面旗帜”的党员形象建设中，强化理想信念意识，树立正确的世界观、人生观和价值观。强化责任意识、爱岗敬业，努力构建和谐校园。强化服务意识，坚持以生为本，以和谐校园工作为重。发挥党员先锋模范作用，强化自律意识，构筑遵章守纪的防线。在民主管理工作中，凡是涉及事关师生员工切身利益的问题，都应充分发扬民主，建立畅顺的利益表达渠道。提供合理表达利益的制度性平台，引导他们以理性合法的形式表达利益要求，实现教职工、学生与学校组织的沟通。促进利益合理整合，防止利益关系失衡和利益矛盾激化的现象发生，营造科学、民主、和谐的管理氛围。在做学生思想工作中，不能只满足于说说大道理，或只依赖于处罚使学生驯服；而要实事求是，有针对性地联系实际情况，从根本上理顺学生的情绪，比如，做好家庭经济困难大学生的思想工作，要理解人、关心人，贫困不是他们的错，他们需要真正的理解和尊重。多一些关爱，做他们的知心朋友，努力发现他们身上的闪光点，鼓励他们提高信心和勇气。同时，要从解决实际困难入手，根据实际情况，采取奖贷助、学费减免、特殊困难补助、绿色通道等各种措施帮助家庭困难学生完成学业，真心诚意帮助他们渡过难关。在维护校园治安秩序时，不能简单地以处罚使人服从，而要立足于师生员工心悦诚服地遵守学校的规章制度，减少对立情绪。总之，实现校园和谐比实现稳定要求更高，高校党员必须正确认识党员先进性与校园和谐的关系，以“一个党员就是一面旗帜”的形象构筑一个民主、和谐的文明校园。

最后，构建和谐校园，赋予高校党员更重的任务。构建和谐校园，拓展了高校党员的作用范围和工作任务，不仅要发挥好党员的先锋模范作用，更重要的是正确处理好改革发展稳定的关系。提高处理学校中党政组织、教师和学生之间协调关系、化解矛盾的能力，维护公平，增进团结，促进高校和谐发展。在处理教师和学生的关系中，要深刻理解构建和谐的师生关系对于构建和谐校园，促进和谐发展的重要意义，要带动和引导全体教职工与学生建立融洽的师生关系。用尊重架起与学生心灵沟通的桥梁，以健康的情感去感染、教育激励师生。师生友好相处，化解教师与教师之间、教师与学生之间、学生与学生之间的矛盾和摩擦，善于把消极因素转化为促进校园和谐的积极因素，以党员的先锋模范作用营造更多的和谐因素。

（二）充分发挥高校党员在构建和谐校园中的先锋模范作用

高校党员要充分发挥共产党员的先锋模范作用，紧紧围绕学校中的教师、学生、行政管理人员的和谐关系这一主线，以卓有成效的工作业绩促进校园和谐建设。为更好地发挥党员在构建和谐校园中的作用，必须处理好以下几个方面的关系。

1. 处理好学生生理与心理健康的关系

大学生是高校校园文化的载体，也是构建和谐校园的主体。面临新的社会经济和文化背景，随着社会主义市场经济体制的建立和完善，社会成分、组织形式、就业方式、利益关系和分配方式日益多样化冲击着传统的思想道德规范。大学生中存在的心理健康问题，影响了校园和谐的构建。高校党员必须坚持以人为本，用科学发展观正确处理好学生生理与心理健康的和谐，按照现代教育的要求，让学生学会健身，学会学习，学会关心。学会健身就是要提高活动教育质量，培养学生敢于竞争的个性品质和健康的身体素质。学会学习就是要研究学习方法，努力培养学生科学探究的学习能力，激发兴趣，引导思维，探究问题，创新学习。学会关心就是要弘扬人文智慧，以人为本，用真情温暖人心，用坦诚交换人心，用人格魅力臣服人心，学生党员要以自己良好的人格魅力关心人、影响人、带动人，充分发挥自己和同学在联系和沟通上的桥梁纽带作用。及时发现有心理问题的学生，配合辅导员和心理老师做好心理障碍学生的心理疏导工作，把不和谐的因素排除在萌芽状态。

2. 处理好教师与学生之间的关系

以人为本是和谐发展的本质和核心，创建和谐校园的前提是融洽的人际关系。高校中的行政干部和教师的关系、教师和学生的关系以及教师与教师、学生与学生之间关系，每时每刻都在潜移默化地影响着学生的心灵。其中以教师与学生之间的人际关系状况尤为重要，高校党员必须学会以相互尊重、相互促进、相互沟通的方式促进师生互动。师生在互动中协调彼此的情感与行为，有助于增加智慧，丰富生命的体验，提炼生活的意义。通过互动，彼此也敞开了各自的心扉，去真诚地倾听彼此的心声，一起交流意见、思想、情感。在对话中提升教师和学生的情感。

3. 处理好教师和行政人员之间的关系

高校党员要协调好教师和行政人员之间的人际关系、利益关系，既要尊重知识、尊重人才，又要尊重劳动、尊重创造。教师的角色是深深地扎根于某一学科领域，行政人员的角色是从事教学管理活动，围绕学校组织的利益做决策和解决教与学过程中出现的各种问题。因此，教师党员要积极地构建一条教师与行政人员的沟通桥梁，通过学校工会作为交流平台，组织教师和行政人员共同参与活动，如各项球类比赛、知识竞赛等寓教于乐的活动。通过各种有益的活动，消除他们之间的隔阂，增进他们之间的友谊，促进他们之间合作互惠的关系。其次，摆正教师和行政人员的地位，教师与行政人员是大学管理活动中地位平等相互合作的两大群体，不存在管理与被管理的关系，教师党员要从教师和行政人员最关心、最直接、最现实的利益出发，不断实现好、维护好、发展好他们的政治、经济、文化利益，不断发挥好行政人员在构建和谐校园中的积极性、主动性和创造性。

4. 处理好校内和校外之间的关系

高校党员要充分开展外部公共关系活动，应从四个方面入手：首先要协调好与政府教育行政部门的公共关系，争取政府及各职能部门对本校的了解、信任和支持，从而为高校的生存和发展争取良好的政策环境、法律保障和资金投入。其次要协调好与新闻媒体的公共关系，争取新闻界和传播媒体对学校的了解、理解和支持，以便形成对高校有利的舆论气氛，并通过新闻媒体实现与大众的广泛沟通，增强高校的社会影响力。再者要协调好与企业界的关系，处理好高校与企业界的关系有利于高校得到经济上、物质上的援助。同时，高校应主动与企业界建立和谐的公共关系，协调好与企业界的利益关系，提高为企业服务的意识，将科学研究成果转化为生产力，并为企业输送优质的人才，逐步形成利益的共同体；最后要协调好与周边社区的关系，把创建校园精神文明活动融入社区中，充分利用高校的先进文化，组织青年团员为社区多办实事和好事。同时，高校要遵守社区管理的条例和规定，积极参加并支持社区开展各项活动，赢得高校生存和发展的良好环境。

二、在教学科研中当模范

教学和科研是高校教师的本职工作，作为一名高校教师，搞好教学和科研，是最基本的要求。教学和科研首先是个态度问题，能否认真对待，事实上有较大的差距。虽然高校有各种制度的规定，也有各种考核的标准，但是由于社会转型中各种诱惑和其他因素的干扰，如何正确地对待教学和科研并不是一个容易解决的问题。高校党员教师的先锋模范作用在教学和科研活动中意义十分重要。

（一）首先要正确处理教学与科研的关系

教学与科研是高等学校最重要的两大职能，同时也在教师业绩中占有很大比重。从这个意义上讲，教师党员必须在教学与科研方面都取得显著的成就。对于大学来说，教学与科研上的高水准更成为对教师的基本要求。但对于高校教师来说，教学与科研却是一对普遍存在的矛盾。究其原因，主要是由于人才培养存在群体性，一个学生的成才与某位老师的教学效果关系甚微，而是群体共同造就的结果，这使得教学的工作量可以计量，其效果却难以衡量。也就是说，一名教师可能在教学上付出了巨大的努力，却收益甚微，或者说不能直接表现出来。相比之下，科研虽然其研究过程也是极其复杂的，但其成果比较容易衡量，而且会得到他人对其才干的认可与尊重，并得到随之而来的社会地位和待遇的提升。尤其在研究型大学里，科研水平是教师赖以谋职和发展的关键因素。因此，从教师个人角度讲，教学相对于科研来说内部动力明显不足，很多教师将大量精力投入科学研究而不愿意从事教学工作，这使得教师的目标与大学的目标产生了偏离。

面对教学与科研的矛盾，高校教师党员要正确处理两者的关系。一是必须意识到教学与科研作为一个整体，构建了高校的育人环境。学校的一切工作都应以培养人才为中心，在明确教学与科研的功能的基础上，才能找到教学与科研的最佳结合点。传统的教学观念，侧重于系统地教授知识及其概念的理解。然而，知识是动态的，知识首先产生于具有科学研究能力的高校和其他研究机构，产生于少数专家的创造。随着时间的推移和教育的作用，由少数专家掌握的知识转化为公共知识，真正推动历史进步和人类文明发展的是它所具有的强大的生命力和创造性。科学研究是创造知识的源泉。高校是集科学与人才为一体的有机体，教学与科研是手段，培养人才和创新知识是目的。其内在的联系形成一个良性循环的互动架构，共同营造高校的整体环境。科研为教学服务是高校科研区别于专业科研究机构的重要标志，是创造培养创新人才环境的重要内容。同时高校教学过程也离不开科学研究，即教学与科研的关系实质上是“源”与“流”的关系。教学中碰到的问题就是科研所面临的问题，科研研究的成果对于加大教学内容的深度和提高教学质量有直接的帮助。当今世界，科学技术突飞猛进，知识的更新给高等教育提出了新的要求，现代教育思想以全面提高学生的整体素质为中心，教师给学生传授知识的过程，都需要科研作后盾。

面对教学与科研的矛盾，高校干部党员要转变观念，改革现行的教学管理制度和科研管理体制，树立教学与科研整合的管理思想。实现教育与科研相互融合，相互促进，摆正高校教学与科研的恰当位置。首先要建立教学与科研相互融合、互动发展的机制。要以学科建设为龙头，以人才培养为核心，以学术交流为补充，促进教学与科研相互推进，协同发展。学科建设是高校的重中之重，学校应以学科建设总体发展目标为基础，加强重点学科建设，使重点学科成为带动教学与科研的龙头。在人才培养方面，教师在担任教学工作的同时，要积极从事学术研究，通过参与科研项目提高自身的学术水平和教学水平。在学术交流方面，学校应大力支持教师参加国内外学术交流活动，积极开拓，广泛建立多种校际合作关系和国际合作关系，通过多种合作方式，促进学校的教学、科研水平的提高和进入国际学术的前沿。其次要理顺教学与科研的关系，使二者真正统一起来，即教学必须建立在科研的基础上，科研要注意围绕教学展开，实现教学科研一体化。教学过程也是对科研工作的审视和总结，科技成果可以为教学增添新的内容和活力，教学中遇到的难点又可加深对科研的要求。教学与科研两者的结合是高校教师在科学领域里不断有所创新、有所发现的优势所在，教学与科研要二者兼顾，不断增强高校科技工作者的基础。再者要切实转变思想，将教学管理和科研管理纳入一体，为教师创造一个良好的教学和研究环境，在“教”与“学”的过程中共同提高知识水平和研究能力。目前，我国大多数高校的教学管理和科研管理体制是从上到下分属两条线的条块管理，教学管理是从主管教学的校长、教务处到各院主管教学院长和教学办主任、教学秘书形成一条教学管理线，科研管理是从主管科研的校长、科研处到各院主管科研的院长和科技办主任、科研秘书形成一条科研管理线。两条线分权施政，各自为政，相互配合不够，有时还存在互相扯皮、强调部门利益的现象，客观上造成教学与科研的分离，使教学管理与科研管理互相脱节，客观上不利于教学与科研的融合互动，有待改进。这就需要领导干部党员发扬改革创新的精神，改变管理方式，建立教学与科研相互融合、互动发展的管理机制，从根本上打破教学与科研分离的局面。同时，要探索建立协调的教学与科研激励机制。协调教学管理与科研管理中的矛盾，建立科学的教学与科研激励机制，有利于学校教学和科研水平的整体提升，积极出台一些有利于教学与科研发展的政策与措施，如设立科研发展基金、专著及教材出版基金、学术

交流基金、人才培养基金等。另外，在教学管理上，要认真研究和制定评价教师教学质量的标准和数量标准，将定量评价与定性评价相统一。教学质量标准和数量标准的量化涉及标准本身的科学性、执行标准的可行性与科研成果的可比性，因此，要引起高度的重视。在科研管理上，要严格把好科研成果的质量鉴定关，在教学管理与科研管理中引发矛盾的主要原因之一是对科研成果评定的量化标准，只有严格把握科研成果的评价标准，才能端正教师和研究人员的科研态度，从根本上解决科研和教学价值导向失衡的问题。

（二）课堂教学是最基本的教学形式，也是高校教师党员发挥先锋模范作用的主要途径

教师在教学中传授知识，同时也传播各种思想，通过教学可以对学生进行爱祖国、爱科学的教育，进行组织纪律性的教育，培养学生正确的学习目的、严谨的治学态度和良好的道德品质，培养正确的思维方法和树立实事求是的科学态度。因此，教师在研究教学内容时，要站在一定的高度，去思考挖掘本学科教材中所体现的思想教育内容，并善于将它渗透到教学之中。同时，还要重视教学过程中学生表现出来的学习动机、学习态度、情感、意志等心理特点，结合教学培养学生良好的学习风尚，使学生不仅在知识上有所提高，而且在思想上、行动上有所改进。教书育人必须贯穿于教师的全部教育过程中，做到传授知识与思想品德教育的有机结合、教育任务与培养目标的高度统一。

思想政治教育课是对大学生进行思想熏陶、政治素质培养和道德教育的主渠道、主阵地，应该充分发挥好思想政治教育课对学生进行马克思主义理论教育和思想品德教育的主渠道作用。首先，从事思想政治教育课教学的教师党员要提高自身理论素质。教师党员要切实提高知识水平，包括专业理论素养、教育理论素质以及教学研究能力，从而具备传道、授业、解惑的师者之能。教师要树立终身教育的观念并形成制度或规范，坚持教师进修和自修相结合的原则，采取以老带新，统一备课，相互听课，相互促进的方法，发挥集体优势，共同攻关，解决教学中存在的问题。其次，在教育教学中，思想政治教育课教师要注重实效。现在大多数青年学生很少读过马克思主义著作，对这一科学理论了解不多，同样对西方的历史和现实也不甚了解，思想免疫能力较弱。在当代中国社会多元发展的情况下，自觉抵制不良社会思潮影响的能力往往显得较差，容易跟风和盲从，难以对各种复杂的思想作出理性的判识。从事思想政治教育课教学的教师党员一定要认识到，青年学生在世界观方面具有很强的可塑性。思想政治教育课教师党员在教学过程中，可以经常向学生推荐、指导学生阅读马克思主义经典著作或重要章节，以加深学生对马克思主义理论的认识；可以通过个别谈话、集体讨论、问卷调查等方法时刻注意学生的思想动态，针对学生因理论与现实脱节所产生的困惑及时解答，排除学生心中的疑惑；还可以多了解一些社会上流行的错误观点，在课堂上直接对其辨析，引导学生坚定马克思主义信仰。对于学生关注的一些热点、焦点问题，不容易弄清的疑点，难点问题，可在教师引导下通过讨论、辩论等方式，互相启发，明辨事理。教学形式上除了课堂讲授、讨论外，还可以通过竞赛演讲、参观考察、影视音像等方式提高学生的学习兴趣和实际效果。

专业课教师党员与大学生的关系最接近，从专业学习的角度看，学生最易于形成对于专业课教师的向心力。学生们一般都愿意向专业课老师敞开心扉，倾诉自己对于学习、社会和人生的思想认识，表达自己的情绪，甚至自己的心理问题也愿意向老师讨教。这就为专业课教师做好教书育人工作，开展对大学生进行思想道德和政治方面的教育，乃至心理疏导和调整提供了极好的机遇。专业课教师所讲授的每门专业课程都包含着思想和道德乃至政治方面的教育因素，即所谓“书中有思想”“书中有道德”“书中有政治”。这可以从以下几方面加以认识。一是大学生学习和掌握的每门课程都有一个学习目的、目标和方法问题，而其中大多与人生价值观、世界观和方法论有关。如过去人们常说的“学会数理化，走遍天下都不怕”，说的是学习目的和目标。孔子说“学而不思则罔”，说的是学习上的思想方法。专业课教师在讲授一门课时，完全有条件将课程学习目的、目标和方法中所包含的人生价值观、世界观和方法论问题，分析给大学生们听，对他们施加积极的影响。二是不论哪一个专业的教材，都包含着思想道德乃至政治教育方面的内容。文科教材不用说，因为文科各专业的教材都是围绕社会历史和人的问题展开它的内容体系，有些文科专业的教材就直接与政治和思想道德方面的内容相关。理工科专业的教材所包含的思想道德和政治教育方面的内容，通常是以“隐性”的方式而存在的，不像文科那样一目了然，但只要我们稍加分析就不难发现，也是“处处留心皆学问”。自然科学教科书中关于原理、定律、公式、成果等的分析和阐述，对于养成学生的思想素养也十分重要。科学原理在被发现、发明过程中和在被运用的过程中，无不包含着诸如公平、公正、宽容、创造、奉献等人类公认的道德标准和人生追求精神。如在讲同步卫星技术的同时，介绍我国研制和发射卫星的科技人员的先进事迹和艰苦的创业过程，会使大学生受到的教育不仅仅是专业技术方面的，也是“做人”的“德性”方面的。有关调查材料表明，大学生最喜欢听的课是富有“育人”意义的课，他们觉得这样的课不仅使他们学到了科学知识和技术，而且学到了“做人”的道理，“立体感强”。总之，问题不在于“书”中有无思想、道德和政治方面的内容，而在于我们有无发现“书”中内涵这方面的内容的自觉意识和智慧。教师的天职是“千教万教，教人求真”，专业教师党员应该在尽职方面发挥模范作用。

大学课堂是检验高校教师党员先进性的场所，是高校党员教师体现先进性的重要途径。大学要把学术研究、提高学术水平作为学校发展的基本动力。大学的生命在于学术，没有高水平的学术，也就没有高品位的大学。大学的领导和教师，要特别看重学术价值在大学自我发展中的重要作用。大学的学术价值在大学的发展中表现为创造、批判、对人类和社会的终极关怀，其主要特征是求异、探索和超越。没有学术或学术水平很低，大学是难以健康发展的。

（三）科学研究是最重要的业务能力，也是高校教师党员发挥先锋模范作用的重要途径

教师是科学的探求者，是学术的研究者。科学的探求和学术的研究首先是科学真理和学术发展本身，而不是其蕴含的经济价值。如果教师党员能以发展科学和提高学术为己任，

就一定能甘于寂寞，能为科学和学术献身，就能成为一面旗帜，团结和召唤其他的人们聚集在自己周围。

高校教师党员要提高自己的科研能力，不断坚持学习，丰富自己知识内涵，优化知识结构，努力提高教学本领和科研水平，积极撰写论文，进行课题研究，尽快使自己成为本专业学科骨干，成为教学科研中坚力量。高校可通过开展转变教育观念大讨论、教师党员主动牵头实施教育教学改革、教师党员融科研成果于课堂教学等工作，号召广大教师党员结合本科教学评估工作，认真领会党的教育方针，带头更新教育观念，发挥教师党员在教学、科研等工作中的骨干作用。特别是要将共产主义信念、全心全意为人民服务的情操和无私奉献的精神转化为对教育教学工作的热爱。带头学习新理论、新知识和新经验，带头钻研业务知识，勤奋刻苦，争做改革、创新、发展的标兵，在工作中不断提高自身业务技能，并通过实施业务创优工程，推动教育教学水平稳步提升。业务创优工程的内涵包括党员教师在教书育人、科研、教学改革和科研教学相结合等方面的创优。高校教师党员应有深厚的学科专业知识和广博的相关领域知识，在平时的教学实践中学会向书本学习，向他人学习，向实践学习，努力用现代科学知识武装头脑，始终站在知识创新和学术研究的前沿。同时，不仅要掌握所教学科基本理论，了解学科的历史、现状、发展趋势和社会作用，掌握重点、难点，知其然，知其所以然，抓住要领，举一反三，触类旁通，运用自如，激发学生学习兴趣；更要学习新知识，讲课有新意，并能根据社会要求和教育对象的变化，不断更新自己的知识、观点，提高自己的科学文化素质和科研能力。

高校教师党员应注重教学改革的科学研究，把教学内容的探讨和教学方法的研究结合起来，在学科建设、课程设置、教学方法与内容、教学实践环节等方面要勇于改革和创新。要从所涉及的专业或讲授课程的实际情况出发，结合学生的具体情况，研究教学规律，利用现代教育技术，创造出灵活多样的教学风格和教学方法，将抽象的理论具体化、条理化，将枯燥无味的原理用生动形象的语言表达出来，使教育的科学性和艺术性高度完整地统一起来，从而充分调动学生的学习热情，使学生积极主动地投入学习。高校教师党员应注重教学科研相结合，以科研带动教学，以科研方法作为教学的动力源，以科研成果作为教学的奠基石，注重在理论联系实际方面进行深入研究和探讨，进而用自己的研究成果来激发学生的学习热情，用自己的思维方式和研究方法来引导学生如何思考和分析问题，从而不断提高学生独立思考和解决问题的能力。

三、在人才培养中当模范

高校是培养人才的重要基地，必须把培养中国特色社会主义事业的建设者和接班人作为根本任务。办好高校，首先要解决好培养什么人、如何培养人这个根本问题。要充分发挥大学生思想政治教育主阵地、主课堂、主渠道的作用，全方位推进大学生思想政治教育，多方面促进大学生全面发展。

从时代发展来看，当今的社会是知识经济快速发展的社会，它的显著特点是：科技发展的速度进一步加快，知识创新的速度也进一步加快，从而使技术革命到产业革命的周期随之而缩短，技术产品的市场生命周期也随之而缩短。这两个速度加快与两个周期缩短的实质就是知识的不断创新，高新技术迅速产业化。知识创新的水平和速度是经济增长的关键因素，掌握和应用信息的能力是经济竞争的核心，知识创新的源泉在于具有创新意识和勇于探索攀登的人才，这种人才是一个国家可持续竞争和发展优势的根本所在，是最宝贵的资源。加快创新人才的培养，是迎接知识经济的挑战，在激烈的国际竞争中求得生存和发展的唯一出路。

从大学生的特点来看，当代大学生生理上已经成熟，但心理发展滞后。这主要表现为他们心理承受能力差，感情脆弱，容易偏激，对师长的依赖性强，遇到重大事情，很渴望有人给他们提供指点。对社会的要求与期望高，但是对社会上不良现象抵制能力差。加上自小受应试教育的影响，受到的理想主义教育过重，当看到社会上一些与学校教育内容相违背的现象，面对形形色色甚至完全不同的道德观时，自身的道德判断和选择常处于举棋不定、矛盾或茫然无所适从的状态中，道德困惑加剧。同时，在学生心目中，教师占有特殊的地位，因此他们会有选择地汲取他们所尊敬、所信服的教师所传授的知识精华，并在日常生活中以教师的言行为楷模，以教师的生活态度、处世方式为榜样。他们有着得到学校老师指导与关心的强烈渴望，他们希望受到老师的重视、理解、帮助，希望在自己困惑时，老师能指点迷津，渴望自己被塑造为一个有所作为的人。

长期以来，我国高等教育确实存在强调专业知识和技能，忽视人才全面发展的问题。虽然党和国家始终强调德智体美的全面发展，但在教育模式和体制、就业观念的实际导向以及教学内容、方法等制度性安排上，都还存在与学生德智体美劳全面发展不相吻合的缺陷，如普遍存在着专业口径过窄，人文教育薄弱，培养模式单一，教学内容陈旧，教学方法过死等问题，这在一定程度上影响了人才培养的质量。以考试分数作为衡量教育成果的唯一标准，不能从根本上避免高分低能的现象；过于呆板的教育教学制度，不利于学生创新精神和创新能力的培养，从而影响突出人才的成长。这些问题在整个教育领域都非常明显，在高校中的表现更为突出。这就对高校教师在人才培养方面提出了严峻的任务，党员教师如何发挥教书育人的模范作用，有着很大的施展平台。

在坚持社会主义办学方向的前提下，高校必须明确自己的培养目标。高校要培养的是社会主义现代化的建设者和接班人，是为经济建设和社会发展所需要的人才。但是，这并不意味着大学是在制造工具性的人才。大学要摒弃功利化、工具化教育，要针对教育的个体，将教学内容有机整合，形成科学的结构，通过教育教学过程，形成对学生的终极关怀，使学生从大学走出去后，朝气蓬勃，富有创新精神和实践能力。在大学人才培养方面，高校党员要发挥先锋模范作用，必须做好以下几方面的工作。

（一）高校政工党员要努力创造高素质创新人才的成才条件

首先，大力进行教学改革。按照基础扎实、知识面宽、能力强、素质高的总体要求，加强对学生综合能力特别是自学、思维、实践、创新能力的培养，融传授知识、培养能力与提高素质为一体，在教学内容和课程体系的改革中，要注意及时更新教学内容，不断充

实反映科学技术尤其是信息技术和社会发展的最新成果。优化课程结构体系，拓宽专业口径，加宽基础课程，打破学科、课程间的壁垒，加强课程与课程体系之间在逻辑上和结构上的联系。教师要注重教给学生科学的思维方法，开设科学发展史、创造心理学等课程，为学生打下探索新事物、培养创新能力的思想理论基础。应注重突出实践教学环节，加强教学实践基地的建设，按照基础性、综合性、设计性和创新性的改革思路安排实验内容，通过综合实验课的锻炼，提高学生实验、实践和创新能力。

其次，积极倡导启发、讨论、研究式的教学方法，改革灌输式的以及偏重于讲授的教学方法。采用电化教学、电子教案、多媒体课件等先进的教学手段增大课堂教学的信息量，并为学生留出更多的时间和空间去消化、理解、吸收所学习的知识。引导学生养成独立思考、讨论问题、敢于争辩、求真务实的学风，教师应与学生平等地探讨学术观点，鼓励他们提出问题和解题思路，培养和激发学生的创新热情，促进学生创造性思维能力和实际创新能力的提高，对在某些方面有特长的学生，要保护他们的创造性和积极性，鼓励冒尖，使他们的才能得以施展。

再者，建立和形成灵活的管理机制，为学生提供跨学科选修、双学位、主辅修等教学方式，完善学分制。允许学生自主调整学习计划和进度，适当放宽修业年限。鼓励学生创业，发掘自主自立的潜力，培养创业精神。打破单一的以考试分数衡量学生水平的评价模式，构建科学合理的能力评价体系和标准。将重要的课外科技活动、社会实践和研究活动落实在培养计划中，明确制订活动目的、要求、学分、考核等方面的规定。引导学生尽早在专业教师的指导下参与科研和创新活动。逐步向学生开放实验室，提供实验设备、器材和元件、软件并加强指导。结合校园文化建设和第二课堂教育，开展“创新成果大赛”“科技活动大赛”“科技论文交流”等，建立学生科技创新活动基金、奖励基金和基地，激励学生参加课外科技活动和社会实践，从事科技产业、科技服务活动，为培养学生的创新素质创造有利条件。

此外，提高教师队伍素质很关键。积极采取引进、培养、提高的方法优化教师队伍的结构，促进教师的文化底蕴、学术水平、科研能力、创新能力的不断提高，使具有创新意识和能力的优秀青年教师尽快成长，以造就一批高水平的学科带头人和教书育人的专家和骨干教师，形成学科、教学、科研、实验等方面的高素质的学术梯队。在教学中，将优秀的人文社会科学知识和先进的科学技术以及最新的科研成果及时传授给学生，爱护和培养学生的好奇心、求知欲，鼓励学生自主学习、独立思考，善于发现学生的潜在的创造品质。注意从学生的实际出发，因材施教，最大限度地调动学生学习的主动性和积极性，充分发挥每个学生的潜能。

（二）高校教师党员要勇于担当培养高素质创新人才的重任

1. 高校教师党员要树立以下五种意识

（1）创新意识

在知识经济社会里，高新科技的应用，信息高速公路的开通，与之相伴的必然是逐步实现全人类资源共享。在这样的形势下，谁具有创新精神，谁就能赢得未来。创新精神是知识经济社会人们追求的目标，而与之相适应的人才则应该是创造型人才。为此，高校教师党员必须变传统的应试教育模式为素质教育模式，把培养人才的重点转移到培养学生的创新意识、创造性思维方法及从事创造性劳动的能力上来。要达此目的，作为在教育教学活动中处于主导地位的教师就必须强化创新意识，并以自己创造性的劳动培养新一代创造型人才。

（2）信息意识

随着人类步入知识经济时代，世界正经历着一场信息革命。在信息时代，大学教育将成为社会化终身教育的一部分。为适应信息经济的发展，大学教育将从以传播知识为主转向全面提高学生素质，注重培养学生主动获取和应用知识信息的能力以及独立思维能力和创造能力。信息社会不仅要求现代人才必须具有信息观念，还要具有开发信息、储存信息、处理信息和转化信息的能力。大学教师的教学活动就是一个双向信息交流过程，正确认识和处理这种双向信息交流，并使信息交流渠道畅通，是完成教学任务、提高教学质量的重要条件。

（3）“通才”意识

知识经济和信息化的时代，学科、专业之间的渗透、交叉和融合将更加突出，社会面临的重大问题都必须依靠多门学科、多种技术的综合应用，社会需要的人才应该是知识、素质和能力有机统一的通专结合的人才。这就要求教师自身必须是知识面较宽和知识结构较合理的复合型人才。在横向方面，教师应具备作为信息社会知识阶层所需的比较广博的知识面；在纵向方面，教师应对教育科学和其所教的学科有较深入的研究。同时，也要立足现在，着眼未来。今天的知识积累不应是盲目的，要考虑未来社会发展的需要。而未来要解决的问题，决不是我们已经解决了的问题的简单重复，所以要着重储备那些可应万变的知识和能力。21世纪所需要的教师，在素质方面的要求是，除了具备较渊博的专业理论知识之外，还要具备一定的智能。智能可分为特殊智能和非特殊智能两类。特殊智能体现为从事某种专业，如音乐、美术、体育教师所必备的专门教学能力，而非特殊智能则体现为所有科目的教学所应具备的共同的基本能力，如认知能力、表达能力、组织能力等。对当代大学教师来说，在具备专门教学能力的基础上，尽可能多地储备非特殊智能，将会大大增强自己对未来社会的适应性。

（4）竞争意识

21世纪高校之间竞争将主要表现为人才培养质量的竞争，而人才培养的质量又直接决定着各高校对生源的争夺。信息高速公路的发展和教育智能工具的广泛应用，使得现代远程教育成为现实，进而教育突破了传统学校的教室、校园的围墙，“没有校舍的多媒体大学”“虚拟学校”应运而生。在这种教育方式下，教师的讲授和学生的学习可以在不同的地点同时进行，学生能够根据自己的需要自主安排学习时间和地点，自主选择本地区和本国的教材、教师和学校，还可跨地区或国家选择教材、教师和学校，学生足不出户就可“留学”，这样一来，就为那些办学历史悠久、师资力量雄厚、整体实力强的著名大学抢夺生

源提供了便利条件。而那些知名度不高、实力平平的高校将面临生源不足，难以为继的窘境，直至解体，部分教师将因自身的素质和能力问题而失业。随着教育的全球化和智能化发展，教育产业将逐步由劳动力密集型向智力密集型转变，高校教师的数量将向少而精的方向发展，教师面临的竞争将更加激烈。

（5）终身学习意识

在知识经济社会，各种新学科、新专业层出不穷，瞬息万变，终身不断地学习将成为人们生存的第一需要。将终身学习提到"生存概念"的高度，是人类对知识经济和信息社会的响应，也意味着知识经济时代的学习观念必须进行根本性的转变，即把学习从单纯接受学校教育的学习中扩展开来，并从少数人的学习扩展到所有的人，从阶段性的学习扩展到人的终身，从被动的学习发展到主动的学习，从而使学习真正成为所有人终身的学习习惯和自觉行动。

2. 高校教师党员要做好学生的"三师"

（1）学生健康成长的导师

教师的职能主要是传道、授业、解惑，而在知识经济时代，教育作为一种产业，其产品的质量——人才质量是有综合指标衡量的，除了专业知识和能力外，其世界观、人生观、价值观、道德观等也是很重要的方面，因此，教师党员的传道职能必须加强。教师党员在教育活动中除了进行思想政治教育外，还要给学生传授立身之道和处世之道，传授做人之道和做事之道，使其树立正确的理想、信念和科学的世界观和方法论，增强自尊心、自信心、事业心和责任感，形成完善的人格。由于现代教育技术的广泛应用和不断发展，手工作坊式的教学活动将不断地被教育智能工具所取代，再加上信息高速公路和多媒体终端的普及，世界教育资源的共享程度不断增大，学生选择课程和老师的自主性增强。所以教师的授业功能将弱化，主要是制作教学软件、指导学生如何在互联网上查阅资料和信息、开发利用教育资源等。同时，由于现代教育技术广泛应用，学生在家庭多媒体终端上就可学习和查阅资料，长期的人—机对话易造成学生感情冷漠、孤独等心理障碍，再加上互联网上的黄色污染和暴力渲染，极易对青少年健康成长造成危害。因此，教师的组织活动和及时的疏导帮助显得尤为重要。教师成为真正的"导"师，是知识经济和信息化时代的新要求，高校党员教师如何自觉地适应这一新要求，是高校党员先进性建设值得思考的重大课题。

（2）开发学生智能的工程师

随着知识经济和信息化时代的到来，传统的以传授知识为主的教学模式已不适应时代的要求，代之而起的将是以开发智能为主的新型教学模式。开发学生的智能主要是指培养学生的自学能力、科学研究能力、思维能力和组织管理能力，这些能力是知识的生产、传播和使用所不可缺少的。大学教师的任务不同于中学教师之处，就在于它要交给学生怎样获取知识的能力。首先，要培养学生的自学能力。自学能力的强弱决定着学生获得知识的多少，它主要应包括阅读学术著作和科技期刊的能力、检索数据库的能力以及在因特网上查阅信息的能力，熟练地使用多种工具书的能力，查找文献资料的能力。快速、有效地检索、浏览相关文章，从中筛选出有用的信息，是提高科研效率的重要一环。因此，注重培养学生的自学能力，对于提高学生将来的科学研究能力具有重要意义。其次，要培养学生的科学研究能力。要着重培养学生的观察能力、分析能力、基本的实验能力、设计能力和动手能力。未来教育要求大学生从入学开始就要接触研究工作，学习与研究将逐步走向一体化，培养大学生搞科研将成为大学教师培养人才的重要手段。第三，要培养学生的思维能力。思维能力包括分析综合能力、抽象概括能力、判断推理能力和想象创造能力。现代科学研究表明，人的思维方式和能力是多种多样的，有再现型、发现型和创造型之分。再现型人才善于积累知识,并能有效地再现。发现型人才能在前人的基础上,使自己的实践有所提高、有所发现，而技术上的重大突破，往往是创造型人才完成的。为大力培养发现型和创造型人才，教师必须加强对学生思维能力的培养。最后，要培养学生的表述能力、决断能力和组织管理能力。表达能力不仅是口头语言的表述，更重要的是文字表达能力、使用语言文字与人的交流能力及其感染力。组织管理能力则包括计划、管理、协调和控制能力等。

（3）学生未来的设计师

在传统教育中，教育的主要功能是将人类积累起来的文化传递给下一代。这里所说的文化不只是指知识和技能，还包括价值观、道德观、行为准则及生活习惯等。在社会发展缓慢的历史时期，教育并无关注未来变化的内在动力，但随着社会发展速度的加快，人类面临的挑战日益复杂化，对未来社会的发展特征进行预测，并以此为题进行研究，提出对策，已成为人类应对未来挑战的必然选择。对于教师来说，将未来作为教育的重要内容，对学生进行未来教育，已成为教师的重要职责。在面向未来的教育中，教师党员要根据对未来社会发展前景的预测，结合学生自身特点，制订出培养计划，对学生课内外、专业内外、校内外的各教育教学环节进行整体设计，使学生在价值观、个性品质、能力等方面按照所预定的目标发展，使之不仅适应未来，还能预测、预见、构想未来事物的发展变化，勇敢地开拓未来。

参考文献

[1] 白永生 . 大学生党员发展对象培训教程 [M]. 上海：上海交通大学出版社，2019.

[2] 许琰 . 高校党建工作知识问答 [M]. 郑州：黄河水利出版社，2019.

[3] 张凤,郭著 . 新时代“互联网 +”视域下高校党建工作研究 [M]. 成都：四川大学出版社，2019.

[4] 倪铁军 . 高校校园文化建设成果文库校园文化建设的理论与实践 [M]. 北京：光明日报出版社，2019.

[5] 王浩斌 . 高校党员干部思想政治建设研究 [M]. 长沙：中南大学出版社，2019.

[6] 俞进伟，李亚 . 新时代高校学生党员培养创新研究 [M]. 吉林出版集团股份有限公司，2018.

[7] 苏宁，陈朝阳 . 高校师生党课读本 [M]. 南昌：江西高校出版社，2018.

[8] 邹松涛 . 高校学生工作思考与探索 2017[M]. 郑州：郑州大学出版社，2018.

[9] 姚小玲，刘佳 . 改革开放以来北京高校党建史 [M]. 北京：人民出版社，2018.

[10] 王芳，宋来新 . 高校思想政治教育基地育人模式研究 [M]. 北京：化学工业出版社，2018.

[11] 毕东，李春艳 . 高校图书馆党建研究与实践 [M]. 北京：光明日报出版社，2017.

[12] 杜薇 . 科大通讯高校校报优秀作品集 [M]. 北京：光明日报出版社，2017.

[13] 陈雪玲；教育部中南教育管理干部培训中心；华中师范大学公共管理学院组编 . 高校管理案例永启示第 1 辑 [M]. 武汉：华中师范大学出版社，2017.

[14] 朱德友 . 高校人事管理研究论文集 [M]. 武汉：武汉大学出版社，2017.

[15] 杨泉明 . 四川高校党建研究论文选编 [M]. 成都：四川大学出版社，2017.

[16] 查伟大 . 高校大学生思想政治教育工作实践案例分析与研究 [M]. 西安：西安交通大学出版社，2017.

[17] 冉小平 . 新形势下民办高校党组织作用探索与展望 [M]. 成都：西南交通大学出版社，2017.

[18] 赵雪梅 . 探索 · 创新 · 实践高校“双一流”建设调研与思考 [M]. 武汉：武汉大学

出版社，2017.

[19] 王建南 . 党员好故事 [M]. 福州：福建人民出版社，2016.

[20] 马海军 . 高校廉政建设研究 [M]. 北京：知识产权出版社，2016.